天津近代历史人物传略 七

万 新平 主编

荣华 方昀 阎峰 于学蕴 副主编

天津出版传媒集团

天津人民出版社

图书在版编目(CIP)数据

天津近代历史人物传略.七/万新平主编;荣华等
副主编.-- 天津:天津人民出版社,2022.12
ISBN 978-7-201-19818-7

Ⅰ.①天… Ⅱ.①万… ②荣… Ⅲ.①历史人物—
列传—天津—近代 Ⅳ.①K820.821

中国国家版本馆 CIP 数据核字(2023)第 180955 号

天津近代历史人物传略(七)
TIANJIN JINDAI LISHI RENWU ZHUANLÜE(QI)

出 版	天津人民出版社	
出 版 人	刘 庆	
地 址	天津市和平区西康路 35 号康岳大厦	
邮政编码	300051	
邮购电话	(022)23332469	
电子信箱	reader@tjrmcbs.com	

策划编辑	韩玉霞	
责任编辑	李佩俊	
装帧设计	卢炀炀	

印 刷	天津新华印务有限公司	
经 销	新华书店	
开 本	710 毫米×1000 毫米 1/16	
印 张	19.75	
插 页	2	
字 数	380 千字	
版次印次	2022 年 12 月第 1 版 2022 年 12 月第 1 次印刷	
定 价	98.00 元	

编辑委员会

序 一

多年来,天津市高度重视天津近代历史研究工作,在市委、市政府的关怀和支持下,2012 年 3 月,在天津市档案馆成立了近代天津历史研究中心。这是全国档案系统第一家地方近代历史研究机构,为进一步做好天津近代历史研究搭建了一个重要平台。《天津近代历史人物传略》是研究中心成立后,经市委、市政府批准立项的首个大型学术研究和出版工程。

1840 年鸦片战争至 1949 年中华人民共和国成立,一百多年的中国近代史,是灾难深重、落后挨打的屈辱历史,也是中国人民探索救国之路、实现自由民主的历史,更是中华民族抗击侵略、打倒帝国主义以实现民族解放,打倒封建主义以实现人民富强的斗争史。天津城市在近代具有特殊的历史地位,有"近代中国看天津"之说。鸦片战争、第二次鸦片战争、洋务运动、甲午战争、戊戌变法、义和团运动、清末新政、辛亥革命、五四运动、中国共产党成立,党领导下的土地革命、抗日战争、解放战争,等等,这些影响中国近代历史发展进程的重大事件,无不在天津留下了深深的印记。

作为近代中国北方最大的通商口岸,处在东西方文化交汇点的天津近代化的进程也在加速。这个时期,在天津诞生了近代中国第一批近代工厂、第一所国立大学和第一所私立大学、第一批近代银行、第一条铁路、第一个电报局,等等,逐步实现了向北方经济中心城市的重大转变。20世纪二三十年代,中国形成了南有上海、北有天津的经济格局,奠定了天津经济发展的重要地位。对天津近代百年历史进行深入研究,对于促进改革开放、实现天津又好又快发展具有重要的现实意义。

历史是一部厚重的教科书,透过近代中国宏大的历史场景,我们看到的是一个个鲜活的历史人物。在天津近代历史的舞台上,他们与那些重大历史事件一起,共同勾勒了天津近代历史的脉络。在这里,许许多多革命先驱为了人民的解放事业浴血奋斗,留下了可歌可泣的英雄事迹;在这里,许许多多志士仁人为了救国图强,兴产业、办实业,为加快民族工业的发展付出了心血和汗水;在这里,汇聚了国内外许许多多专家学者、有志青年,在教育、科技诸领域构筑了国内人才的一个高地;在这里,涌现出许许多多知名的演员和艺术家,成为民族文化的一方沃土。无数先进人物,在国难与民族危亡关头英勇献身的精神,在救亡图存的磨难与抗争中勇于探索、自强不息的精神,在近代天津的历史长河中永远闪烁着耀眼的光芒!一部天津近代历史给我们留下的历史财富是极为宝贵的!当然,天津也曾是为数众多的清末遗老遗少、军阀买办、达官显贵聚居之地,也是反动黑暗势力麇集的地方。

本书以马克思主义唯物史观为指导,以对历史的敬畏之心,从天津近代百年历史中选取了近千位具有代表性的历史人物编辑成传。这些人物涉及天津近代社会各党派、各阶层、各界别。在编辑过程中,我们牢牢把握三个原则,一是坚持实事求是的原则,注重史料的真实性,充分挖掘和运用第一手史料,参考了大量历史文献和最新研究成果,反复印证所选用的口述史料,对各类史料认真甄别,去伪存真、去粗取精,力求全面、真实地记述每一个人物的生平事迹。二是坚持客观公正的原则,注重撰述的客观性,一切用史实说话,不隐恶,不溢美,以期客观真实地反映入传人物的全貌及其对历史的影响,切实从人物的视角呈现一部客观真实的天津近代史。三是坚持严谨细致的原则,注重行文的规范性,确保传文结构合理、层次分明,文字表述精炼、准确、生动,参考文献与注释体系符合学术要求,力求使这部书成为一部集学术性、资料性和可读性为一体的史学著作。

本书编辑过程中,得到了市委、市政府的关心指导,得到了市有关单位的热情帮助,得到了史学界专家学者的大力支持。这部书凝结着大家的心血和汗水,是集体智慧的结晶。在此,我们向各位领导和所有为本书做出贡献的同志表示衷心的感谢!

由于水平的局限,以及史料的搜集和研究还有待进一步深入,本书需要进一步完善和提高,我们真诚地希望广大读者提出宝贵意见。

今后,近代天津历史研究中心要更好地聚合全市近代史研究人才,发挥好重要平台的作用,充分调动专家学者和全市史学工作者的积极性,进一步搞好天津近代历史的研究工作,讲好天津故事,努力扩大天津历史文化名城的影响力和知名度,切实为建设美丽天津做出新的更大的贡献。

天津市档案馆

近代天津历史研究中心

2016 年 7 月 18 日

序 二

《天津近代历史人物传略》即将出版,这是天津近代史研究领域的一项重要成果,是一部具有权威性的有关近代天津人物研究的著作,对于深入认识和研究天津近代历史具有较高的学术价值。

天津地处京畿,据通衢,扼海口,地理位置十分重要,以 1860 年被迫开放为标志,天津的历史进入近代时期。洋务运动、小站练兵、清末新政先后发端于天津,义和团运动、辛亥革命、五四运动、中共建党、抗日战争、解放战争在天津留下了史迹,还有九国租界的开辟、北方经济中心的确立,都深刻影响了近代中国的历史进程,故有"近代中国看天津"之说。

在这百年剧变的历史中,涌现出一大批中外历史人物,有革命者、实业家、作家、学者、艺术家、达官贵人、失意政客,等等。本书的编者不以传主的政治倾向和职位高低为标尺,坚持收录人物的客观标准,经过深入研究,从近代天津各个领域、各个阶层、各个党派筛选出值得一写的人物,有千人之多,其所涉近代人物的完整性、系统化,在天津近代历史研究领域还是首次。

在记述人物的生平事迹时,编者以马克思主义唯物史观为指导,怀着对历史人物客观公正之心,注重史料的真实性,充分运用第一手的档案史料,参考了大量历史文献和最新研究成果,反复印证所依据的口述资料,对选取的各类史料认真甄别,进行去伪存真地深入分析,确保了人物生平事迹的真实可信。一切用史实说话,不隐恶,不溢美,客观记述每一位传主的言行和作为、形象和面貌,以及对社会的影响,注意避免没有史料依据的主观评价,注重行文的规范性,传文结构严谨、层次分明,文字表述精炼、准确、生动,参考文献与注释体系符合学术要求,全书具有较高的研究价值,是一部精品之作。

这是一部集具学术性、资料性和可读性的大型工具书,以人物的活动反映了近代天津社会的方方面面,成为了解天津、认识天津、研究天津的史料宝库,肯定会受到读者的喜爱。近代中国看天津,读完这部书,你会感觉此言不虚。

魏宏运

2016 年 6 月 18 日

凡　例

一、本书定名为《天津近代历史人物传略》,是具有学术性、资料性和可读性的多卷本工具书。

二、本书收录人物时限,上自 1840 年 6 月 28 日第一次鸦片战争爆发,下迄 1949 年 10 月 1 日中华人民共和国建立。入编人物主要经历和重要事迹应在此时限之内。入编人物 1949 年后健在与否不限,但必须是在 1949 年前确已成名且有重要事迹可书者。凡属 1949 年前仅崭露头角,而 1949 年后始声名大显,或 1949 年前虽已知名,但与天津关系甚浅,而 1949 年后始长居天津者,一般不予收录。

三、本书中关于天津的区域范围,系以现在天津市的行政区划为准,凡属现天津市所辖区之人物,符合收录标准者予以收录。

四、本书收录人物以天津籍为主,包括祖籍天津但流寓外地者;或寄籍天津,出生成长以及长居、终老于天津者。外省市籍人物,视其与天津历史渊源之深浅,在天津具体活动及其影响之久暂大小为依据,酌量收录。

五、本书收录人物为近代天津在政治、军事、经济、文化、社会各个领域的知名人物,包括近代天津各个重要历史时期及历次重大历史事件中有重要活动、重要影响和重要贡献的中外历史人物。具体而言,军界为师长以上;政界为省、市厅、局长以上;经济界为历届商会会长,主要同业公会会长,著名工厂、商号、银行、钱庄的创业人或经理;文化界为大学与比较著名的中、小学创办人或校长,著名的教授、学者、科学家、工程师、文学家、书画家、音乐家、文物收藏鉴赏家,知名报社社长、编辑与记者,著名的演员、民间工艺艺人,主要医院院长、著名中西医师;社会人士为地方名流(乡绅、盐商、买办等),知名的法官、律师、寓津旧军政人员、前清遗老、宗教神职人员与居士、体育家、武林高手,以及三教九流中的代表人物等。全国性知名人物尤应重点收录。

六、本书传略以一人一传为原则,因资料缺少等原因也可同类数人合为一传。

七、本书人物传略以本名为主,其有习惯俗称,向以字、号、别名、艺名流行社会者,用其俗称。人物排列以姓氏汉语拼音字母为序,同音者以声调为序,同声调者以第一二笔的笔形为序,同姓者以名字的汉语拼音字母为序。末卷附有《人物姓氏笔画索引》和《人物分类索引》,以便检索。

八、本书人物传略正文大体上包括生卒年、性别、字号、民族、籍贯、出身、学历、主要经历及在天津重要活动事迹诸项。生卒年均用公元纪年,括注于词目人物姓名之后。不详者以文字或"?"标注。卒年为空白者表示其人健在。汉族一概不特为标注。籍贯一律用当时地名,必要者括注今名。叙事一律用公元纪年,必要时可标注清朝年号。对人物生平事迹一般不做具体评论和评价。

九、本书人物传略撰写中所引用的文献资料,一般注明出处,并在传略正文后列出主要参考书目。

目　录

B

白宝山 ………………………………………………… （1）

卜静安 ………………………………………………… （4）

卜荣久 ………………………………………………… （8）

C

蔡儒楷 ………………………………………………… （12）

陈　荻 ………………………………………………… （15）

陈　逵 ………………………………………………… （19）

陈镜湖 ………………………………………………… （22）

陈潭秋 ………………………………………………… （25）

陈哲甫 ………………………………………………… （29）

陈之骥 ………………………………………………… （31）

D

丁懋英 ………………………………………………… （34）

丁作韶 ………………………………………………… （37）

董秋斯 …………………………………………………… （41）

董毓华 …………………………………………………… （45）

董政国 …………………………………………………… （49）

F

冯文潜 …………………………………………………… （52）

冯文洵 …………………………………………………… （55）

冯武越 …………………………………………………… （57）

冯熙运 …………………………………………………… （60）

冯紫墀 …………………………………………………… （63）

傅作义 …………………………………………………… （67）

G

宫邦铎 …………………………………………………… （73）

郭德隆 …………………………………………………… （76）

郭隆真 …………………………………………………… （81）

H

洪麟阁 …………………………………………………… （88）

胡政之 …………………………………………………… （93）

华凤翔 …………………………………………………… （98）

黄白莹 …………………………………………………… （102）

黄月山 …………………………………………………… （106）

J

籍忠寅 …………………………………………………… （109）

季　安 …………………………………………………………… (112)
姜立夫 …………………………………………………………… (114)
金　隄 …………………………………………………………… (119)

K

邝荣光 …………………………………………………………… (122)

L

李霁野 …………………………………………………………… (125)
李建勋 …………………………………………………………… (130)
李岷琛 …………………………………………………………… (134)
李廷玉 …………………………………………………………… (137)
梁敦彦 …………………………………………………………… (140)
林　枫 …………………………………………………………… (144)
林　皋 …………………………………………………………… (151)
刘不同 …………………………………………………………… (155)
刘华圃 …………………………………………………………… (158)
刘豁轩 …………………………………………………………… (162)
刘家玺 …………………………………………………………… (165)
刘天章 …………………………………………………………… (167)
刘锡瑛 …………………………………………………………… (172)
刘仙洲 …………………………………………………………… (175)
柳无忌 …………………………………………………………… (179)
卢统之 …………………………………………………………… (183)
罗沛霖 …………………………………………………………… (187)

M

马千里 ……………………………………………（191）

马钟琇 ……………………………………………（196）

梅贻琦 ……………………………………………（199）

穆　旦 ……………………………………………（204）

N

南汉宸 ……………………………………………（208）

P

潘子欣 ……………………………………………（214）

R

饶毓泰 ……………………………………………（217）

阮务德 ……………………………………………（221）

S

盛宣怀 ……………………………………………（224）

史俊生 ……………………………………………（228）

史绍熙 ……………………………………………（231）

孙奂仑 ……………………………………………（235）

T

田　野 …………………………………………………（240）

W

王崇实 …………………………………………………（243）
王佩臣 …………………………………………………（246）
王少奇 …………………………………………………（251）
吴家驹 …………………………………………………（254）
吴毓麟 …………………………………………………（257）

X

喜彩莲 …………………………………………………（259）
夏德元 …………………………………………………（264）

Y

杨大章 …………………………………………………（267）
杨慕兰 …………………………………………………（270）
杨瑞符 …………………………………………………（274）
姚依林 …………………………………………………（277）
袁贤能 …………………………………………………（285）

Z

曾延毅 …………………………………………………（288）
张相文 …………………………………………………（291）
张友清 …………………………………………………（294）

白宝山

白宝山(1878—1941)，字峻青，号瑞石，晚年又号瑞石老人，天津人。因家境贫寒，白宝山少年时曾在豆腐坊当学徒。因被其师母虐待，白宝山不堪忍受，逃到"口外"(泛指长城以北地区)谋生。

在"口外"，白宝山不仅学会了烧炭、牧马，还随土匪学会了双手打枪和武术。白宝山通过驯服并出售无主马群赚了一笔钱，并用这笔钱回乡买了一所小房子。

经人介绍，白宝山到北京一位军官家里当马弁。张勋见到白宝山，深为喜爱，就要过来当了自己的卫兵。白宝山逐渐升至卫兵排排长。在为张勋看护私宅的过程中，白宝山深得张勋的信任，加上又会带兵，遂升为营长。清末，张勋出任江南提督兼江防大臣，任命白宝山为定武军第四路统领，率兵驻海州。

1911年10月，武昌起义爆发。张勋被革命军打败，调白宝山部队赴前线断后。此时南北议和，白宝山趁机与革命军谈判。革命军攻入徐州后，张勋率部逃往山东，白宝山固守海州。张勋为白宝山向清廷请功，白宝山被清廷实授九江镇总兵，正二品。但是清朝旋即灭亡，白宝山并没有到九江上任。在清帝退位南北议和时，白宝山曾以这个职位代表张勋与革命军谈判。

1913年，袁世凯派冯国璋率领张勋、雷震春等攻打南京，白宝山为张勋部先锋，仍任统领一职。张勋严令白宝山不惜代价，抢先攻入南京。白勇作战。进城后,按全县抗联队伍统一编制,卜静安率领的上仓五纵队改编为蓟县游击队第四大队,胡香圃任大队长,卜静安任副大队长。8月,伪蒙骑兵队分路进犯蓟县,卜静安率部进行英勇抵抗。

1938年秋,根据中共河北省委和八路军四纵党委的决定,冀东抗联队伍随同八路军西撤。卜静安率领的第四大队也转移至三河县西马坊一带,与党领导的另外几支武装队伍合编,成立平(谷)三(河)蓟(县)密(云)顺(义)五县游击总队,共1500多人,胡香圃任总队长,卜静安任副总队长。

10月,青纱帐长成,日伪军更加频繁地进行"扫荡",斗争环境日益严酷,卜静安所部与蓟县县委失去联系。他们且战且退,向西转移。在行军途中不断遭受敌人袭击,队伍大部分被打散。在这种情况下,为保存革命力量,卜静安等将剩余部队拉到盘山,分散潜伏。之后,卜静安到蓟县大石峪村以教书为掩护隐蔽下来,等待时机以重整旗鼓。

1938年12月,中共蓟县县委书记李子光从平西回到蓟县,与坚持在冀东西部进行游击战争的八路军四纵第三支队取得了联系,继续开展抗日斗争。1939年初,卜静安闻讯后,立即集结潜伏的游击队伍找到第三支队要求收编。收编后部队命名为"盘山游击独立大队",任命卜静安为大队长,刘向道为参谋长。此后,部队在卜静安的率领下,以盘山为中心,在平三公路以东、段甲岭以北、靠山集南部区域,广泛开展抗日游击战争。4月,游击活动区域发展到三河县北部、平谷县西南部的平原地区。5月,队伍发展到500多人,设三个营。8月,卜静安率部伏击上仓伪警备队,大获全胜。除少数敌人被打死打伤外,其余全部被俘,缴获步枪45支、自行车46辆及一批子弹。这场伏击战的胜利,极大地鼓舞了周边地区群众的抗日斗志,震慑了敌人。

1939年9月,日伪军开始进行秋季大"扫荡",向蓟县、三河据点大量增兵。为应对可能的严峻威胁,补充秋冬部队给养,卜静安率部抓紧时间征集粮款。其间,患病尚未痊愈的卜静安及所部被敌人包围,在敌我力量悬殊的情况下,卜静安沉着指挥部队突围。经过激战,腿部负伤的卜静安在警卫员的掩护下得以脱险。养伤期间,卜静安被敌人密探发现,不幸被捕。

卜静安被捕后,敌人采用各种手段进行诱降。卜静安识破敌人的诡计,进行坚决斗争。敌人见诱降无效,对其严刑拷打,卜静安誓死不屈。他说:"我卜静安只要有一口气就要抗日,将你们赶出中国去。"1939 年 10 月,卜静安在通州壮烈牺牲,为中国人民抗日民族解放事业献出了宝贵的生命。终年 37 岁。

参考文献:

中共天津市委党史资料征集委员会编:《天津抗日英烈》,天津古籍出版社,1995 年。

（马兆亭）

宜。会议结束后,卜荣久和王少奇夜以继日地投入了这项准备工作,迅速完成了任务。

栗树沟会议后,由于八路军的到来,形势发展大大超过了预先估计,广大群众热情高涨,纷纷要求早日行动。此时青纱帐已经长成,正是暴动的好时机。根据这些情况,县委决定立即发起暴动。

7月14日,邦均地区打响了蓟县抗日大暴动的第一枪。与此同时,卜荣久等以城内简师、第一高小的进步师生及城南、城北抗日救国会会员为骨干,组建了抗日联军第五总队;李子光等在二区组建了抗日联军第十六总队。暴动队伍组建后,立即发起了声势浩大的收枪和扩军运动,暴动队伍所到之处,得到了各阶层群众的热烈拥护和大力支持,敌伪政权纷纷瓦解,大批伪军、伪警、伪职人员倒戈起义,参加暴动队伍。到7月底,暴动队伍占领了蓟县所有村镇,并配合八路军主力部队一举攻克蓟县县城,摧毁了敌伪县政权,建立了抗日县政权。蓟县抗日大暴动取得完全胜利,给敌人的殖民统治以沉重打击。

冀东抗日大暴动胜利后不久,敌人纠集大批兵力进行疯狂反扑,到处屠杀抗日军民,实行"三光"政策,恢复伪政权,形势迅速逆转,斗争环境日益残酷,加上部队给养发生严重困难,中共河北省委和八路军四纵党委决定,抗日联军和八路军主力暂时西撤平西根据地进行整训。

1938年秋后,卜荣久随八路军四纵主力到达平西。1939年8月,卜荣久担任了昌(平)延(庆)怀(柔)联合县县长,在极端困难的情况下,带领全县人民同日伪军及其反动势力进行了不屈不挠的斗争,给敌人以沉重打击。1942年,卜荣久赴晋察冀分局党校学习。1943年6月,卜荣久又随军转战冀东,担任蓟(县)遵(化)兴(隆)联合县县长。由于他在工作中对党忠心耿耿,密切联系群众,深得群众的爱戴和拥护。1944年4月,党组织又调他担任中共冀热边行署秘书长。

1994年10月16日,卜荣久随同冀热边特委常委、组织部长周文彬赴丰润参加特委扩大会议。会议进行中发现敌情,与会人员转移杨家铺。

10 月 17 日,日军三千多人对杨家铺进行包围合击,在突围中,卜荣久不幸腹部中弹,壮烈牺牲。终年 36 岁。

参考文献:

中共天津市委党史资料征集委员会编:《天津抗日英烈》,天津古籍出版社,1995 年。

（林　琳）

蔡儒楷

蔡儒楷(1869—1923),字志赓,江西南昌县人。其父蔡垣性情豪迈,他"幼承庭训,博通经史,豁达有父风"。

清光绪丁酉年(1897),蔡儒楷中举,"援例以知府用,发直隶佐理教育行政"。1903年至1904年,蔡儒楷先后出任直隶农务学堂、直隶高等农业学堂监督。[①]

1906年至1911年,蔡儒楷转任北洋大学堂监督,总理全校事务。"期间,他参与遴选优秀生官费留学美国;主持增设师范科;1908年主持分设法律甲、乙班,土木工甲、乙班,采矿冶金甲、乙班;主持拟定《各班逐年课程及一切办法》。"[②]此时,严复任留学毕业生考试的考官,与蔡儒楷多有交往。这一时期,蔡儒楷参与的社会活动也是比较多的,比较重要的是在1909年,中国地学会在天津创办,蔡儒楷被公推为评议员。另外,在1911年,蔡儒楷发起成立业余研究京剧的社团——天津戏剧改良社,为天津最早的以改良旧剧、移风易俗为宗旨的社团。之后又主持成立改良戏曲练习所,鼓吹"欧美各国之戏剧家为第一等人格,戏曲有转移社会、辅助政治进行之效力,编纂各种新戏,培养戏曲专门人才"[③]。

[①] 刘大群等主编:《河北农业大学校志 1902—2002》,中国文史出版社,2002年,第731页。

[②] 周川主编:《中国近现代高等教育人物辞典》,福建教育出版社,2012年,第636页。

[③] 中国戏曲志编辑委员会编:《中国戏曲志·天津卷》,中国 ISBN 中心,2009年,第249页。

1912 年,民国肇建,蔡儒楷任直隶提学使,同年 8 月,因直隶布政使曹锐请假,蔡儒楷短暂兼署直隶布政使。1913 年,蔡儒楷出任直隶教育司司长,因丧母丁忧,改为署任。1913 年至 1914 年,他兼任国立北洋大学校长,"任内主持制定《国立北洋大学校办事总纲》;主持开办法文班、俄文班、师范班;按照新颁《大学规程》调整各学门课程,充实法科与工科"①,"其兴学之法,首重择师,而择师又首重德行。由此,师道立而学风盛"②。

1914 年 2 月 20 日,袁世凯任命严修为教育总长,同一天下令:"严修未到任以前,特任蔡儒楷暂行署理。"③5 月 9 日,蔡儒楷任山东民政长,随后改任山东巡按使。他上任不久,恰逢将在美国旧金山举行的"旧金山巴拿马太平洋博览会"筹备召开,实业界人士和政府官员普遍认识到参加博览会可以扩大国货产品的影响,进一步促进实业发展。蔡儒楷十分重视这次展会,专门成立了"山东展览会兼办巴拿马赛会出品协会",并任会长。协会还聘请了山东将军靳云鹏为名誉会长。6 月 15 日至 7 月 15 日,山东省第一次物品展览会在济南商埠公园(今中山公园)举办,"出品陈列者计达累万,全省物品,征集周全,其规模之宏巨,影响之深广,均可谓前所未有"。展览会期间,中外媒体进行了详细报道,并给予了很高评价。④

1915 年,在山东实业司司长潘复的倡议下,蔡儒楷、靳云鹏等人筹办鲁丰纱厂。1919 年 9 月,鲁丰纱厂建成开业,一度为山东省最大的棉纺织企业。新中国成立后改为济南国棉一厂。

1915 年 12 月 12 日,袁世凯称帝封爵,蔡儒楷被封为一等男爵。早在 1914 年 10 月,蔡儒楷就被授予二等嘉禾章。1916 年 6 月 6 日,袁世凯抑

① 中国戏曲志编辑委员会:《中国戏曲志·天津卷》,2000 年。
② 江西省地方志编纂委员会编:《江西省志·江西省人物志》,方志出版社,2008 年,第336 页。
③ 骆宝善、刘路生主编:《袁世凯全集》第二五卷,河南大学出版社,2013 年,第 319 页。
④ 张继平:《济南历史上最早的博览会》,《走向世界》2010 年第 12 期。

郁而死,蔡儒楷亦被免职。

1921年,蔡儒楷出任江西南浔铁路总经理。1923年,蔡儒楷去世,终年54岁。

参考文献:

骆宝善、刘路生主编:《袁世凯全集》,河南大学出版社,2013年。

李盛平主编:《中国近现代人名大辞典》,中国国际广播出版社,1989年。

(徐燕卿)

陈　荻

陈荻（1909—1940），原名陈世雄，字临武，化名陈自秋、陈荻。1909年出生于河北省玉田县鸦鸿桥镇河东村。幼年在本镇小学读书，后入昌黎县汇文中学学习，毕业于丰润县商业职业中学。1927年初加入中国共产党。

1927年初，经中共玉田县委决定，陈荻以共产党员的公开身份参加国民党玉田县党部，任宣传干事。不久，大革命失败，蒋介石及国民党右派势力疯狂"清共""剿共"，实行反动的独裁统治。根据党的指示，陈荻转移到乡村秘密从事党的工作，任中共玉田县委秘书。

1930年6月，在中共京东特委召开的京东党代表大会上，陈荻被任命为中共遵化县委书记。会后，陈荻赴遵化县城，准备继续组织与发动木瓦泥石工人反对国民党县政府侵占鲁班庙工会会址的斗争。此时李立三提出以武汉为中心发动全国总暴动和集中红军进攻中心城市。为加强对玉田暴动的领导力量，陈荻奉京东特委之命回玉田县，并亲自参加了由特委书记叶善枝领导的"七八""七十"武装斗争。①

"黄林暴动"失败后，陈荻为躲避玉田县反动政府的通缉，不得不潜往东北，在哈尔滨市靠朋友接济或当代课教师度日。尽管生活艰难，但他

_____

① 即7月8日，20余名游击队员袭击玉田警察局；7月10日，48名游击队员攻打"反共会"首领、黄林村地主张楷的"黄林暴动"。

并未动摇信心,设法与当地党组织取得联系,并与其他革命同志一道办起《哈尔滨新报》,并担任主编,宣传革命思想,团结进步力量,抨击国民党反动统治。随后,陈荻考取了哈尔滨邮政局邮务佐一职。为了壮大革命力量,他不计收入低微,仗义疏财,广泛交结有志之士;为了提高自己的政治理论水平,他把办报所得稿酬用于购置马克思主义著作,一有时间便潜心研习。

九一八事变后,陈荻目睹无辜百姓横遭日军铁蹄践踏而流离失所的惨状,决心弃职回关内抗日。此时适逢南京邮政总局在局内进步势力的强烈要求下,决定将东北三省全体邮政人员调进关内。陈荻到南京邮政总局报到后,被分配到安徽省芜湖市邮政局工作。因他为人耿直、主持正义,不久便被同仁推举为邮政工会委员,积极从事工人运动。此后他又与当地党组织接上关系,利用工会委员的合法身份和邮政工作之便,一方面组织职工群众、宣传革命思想,通过办工会会刊激发职工群众的爱国热情;一方面为党组织传递秘密文件,护送地下党员,密切与进步党派和无党派爱国人士的关系。他曾亲自护送朱学范①由芜湖去上海。

1934年,中共京东特委调陈荻回河北省芦台(今属天津市宁河区)工作,任中共宁河县委委员兼芦台党支部书记,负责建立地方党组织,设立秘密联络站。到芦台后,他以邮政局邮务佐的公开身份,秘密从事党的工作。他与中共党员张家声、张家庆、田泽林在芦台中街天齐庙东侧建立医院,挂牌"新生医院门诊部",借行医为名建立交通站,从事秘密交通工作。不久又在丰台镇建"柏林医院",作为联络站下的联络点。芦台系水陆交通要道,党组织不但通过联络站传递信息、接送人员,确保途经芦台的革命同志的安全,而且通过联络站购置军需物资和医疗药具,运往抗日前线。在陈荻的积极努力下,党组织营救了多名被捕入狱的同志出狱,并

---

① 新中国成立后,朱学范历任邮电部部长、中华全国总工会副主席、全国人大常委会副委员长、民革中央主席等职。

妥善安排了他们出狱后的工作与生活。为把物资与药品及时运往抗日前线,他绞尽脑汁,甚至动员妻子高田化装成走亲戚的样子,冒着生命危险,抱着孩子携带药品通过日伪封锁线。

在这期间,陈获还以投递信件为掩护,深入宁河中学、商会、绸缎庄、书店等处宣传动员各界人士结成爱国统一战线,投入抗日斗争,并积极慎重地秘密发展党员,建立和扩大党的组织。陈获与地下党员、宁河中学教员刘亚夫接上了关系,并决定由刘亚夫出面团结进步学生,以"宁河中学读书演讲会"的形式秘密宣传抗日,开展对敌斗争。七七事变后,刘亚夫带领"读书演讲会"成员及其他进步学生,从芦台出发奔赴抗日根据地。由于陈获的尽心尽责,交通站在冀东的抗日救国斗争中做出了很大贡献。

1937年秋至1938年上半年,在冀东抗日大暴动酝酿组织期间,陈获和秘密联络站的同志不失时机地购进药品,由陈获等扮成商人或装作走亲戚,通过封锁线,将药品秘密运往冀东暴动指挥机关,为暴动做了必要的准备。1937年秋,中共河北省委派李楚离(1937年9月任华北人民抗日自卫委员会党团书记,后任冀东区党分委书记兼冀东军分区政委)取道芦台,深入冀东,了解冀东各地党组织和群众基础状况,以便对暴动做出部署。陈获和秘密联络站的同志出色地完成了护送李楚离由芦台进入丰润等地的任务。1940年,李楚离在战斗中负伤,再次来到芦台,受到了联络站同志们的精心医治和护理。冀东特委书记胡锡奎、丰(润)玉(田)宁(河)联合县县长胡光、《救国报》编辑柳梅等人,都曾多次由联络站护送奔赴各地进行革命活动。

1938年6月末,冀东大暴动前夕,党组织指示陈获带领芦台的部分地下党员参加大暴动。当时陈获的家属都在芦台,时刻都有被搜捕抄家的危险,但陈获在国难当头之时,不顾个人与家属的安危,告别妻子和3个年幼的孩子奔向了冀东抗日暴动的最前线。陈获到达冀东暴动指挥机关后,被派往冀东抗日联军李运昌部第五总队任政治部主任,后任冀东军分区宣传科长、部长等职。

1940 年 6 月,陈获与阎锡九等转移到丰润县郭庄子村时,突然被王官营与丰润城关的日伪军包围。陈获、阎锡九奋力组织突围,但因敌我众寡悬殊,只能且战且退。在敌人包围圈压缩得愈来愈小的危急时刻,他们突然发现一条河挡住了退路。此河名叫泉水河,本来河面不宽,河水不深,但因当时正是雨季,山洪下泄,沟渠灌满,河面加宽,水深流急。在无路可走的情况下,陈获便带领阎锡九等几名同志强行涉水。陈获水性好,很快便游到对岸,但他发现阎锡九离河岸还很远,此时敌人已经追上来,在这千钧一发的时刻,他丝毫不顾个人安危,毅然下水回游,去救助阎锡九和其他同志。由于体力消耗过大,他与阎锡九被卷入旋涡,不幸牺牲,终年 31 岁。

参考文献:

中共天津市委党史研究室:《中国共产党天津历史》第 1 卷,中共党史出版社,2005 年。

中共天津市委党史资料征集委员会编:《天津抗日英烈》,天津古籍出版社,1995 年。

(赵凤俊)

陈 逵

陈逵(1902—1990),曾用名陈弼猷,湖南攸县人。1902 年 7 月,陈逵出生于湖南省攸县凤岭乡(今柏市镇)樟井村。陈逵天资聪颖,5 岁就被送入私塾学习。陈逵上小学期间,辛亥革命爆发,这对他影响颇深。1915 年,陈逵进入长沙明德中学读书, 明德中学由著名教育家胡元倓在 1903 年创办,学校的新思想影响着陈逵。1918 年冬,陈逵在明德中学毕业。1919 年,陈逵来到上海沪江大学预科班学习。

1920 年 8 月,陈逵得到赴美勤工俭学的机会,他先后在南加州克莱蒙高中、加州大学农学院学习。1922 年夏,陈逵在内布拉斯加大学文理学院学习,直至大学毕业。1926 年秋,陈逵继续在内布拉斯加大学研究院研习哲学,转年他又进入威斯康辛大学研究院研习欧美文学和哲学。在大学期间,陈逵就开始用英文作诗或译诗。1925 年,他开始在美国的《世纪》《书人》等著名刊物上发表英语诗。1926 年,在内布拉斯加大学毕业典礼上,陈逵获"桂冠诗人"的称号。在接下来两年里,他的英文诗创作达到高潮,作品多次刊登在几家美国著名杂志上。陈逵曾在美国最有影响的《日晷》(*The Dial*)上发表了 5 篇作品。1927 年 8 月号的《日晷》扉页介绍了 5 位作者,第一位就是陈逵(Kwei Chen)。与此同时,陈逵的名字还出现在《诗刊:一本诗文杂志》(*Poetry:A Magazine of Verse*)上,他也是当时在该杂志撰稿的唯一中国人。Kwei Chen 这个名字也在其他著名杂志如"*The Nation*""*World Tomorrow*"中相继出现。他成了当时在美国最活跃的东方诗人。美国贝宁顿大学文学系主任菲比·赵女士(Dr. Phebe Zhao)提到陈逵,曾赞誉到:"他就是卓越的撰稿人,与美国诗坛的名流相比毫不逊色。"

1925年5月,五卅惨案发生,陈逵得知消息后彻夜难眠,满怀悲愤地写了短篇小说《耻辱》,在纽约"The Nation"上发表,引起了有正义感的美国人士的义愤和关注,收到百余封读者同情信。20世纪30年代,上海商务印书馆的英语周刊曾分期转载《耻辱》并附译文。1905年创刊的《中国留美学生英文月报》,是中国留美学生会的会刊,以介绍时事政治为重点。1927年8月,陈逵被选为该报主编,他在编辑的过程中表达了强烈的民族自尊心。美国南部密西西比州的黑人儿童和白人儿童一直是分校读书。1927年10月,该州教育委员会决议:华裔儿童只能进黑人学校。《中国留美学生英文月报》将这一消息原封不动地登载在首页上,只加个标题《美国之愚昧的暴露》,一时舆论哗然。远在柏林的史沫特莱也写信赞扬陈逵的行为,她写道:"编辑方针是空前的。"以著名教育家杜威为首的一批美国教授联名成立了"全国争取中国人法律防卫委员会",为在美华人争取平等权利。

1928年秋,陈逵谢绝友人的挽留,毅然回到祖国。他先后在北平大学女子文理学院、北京大学、南开大学、暨南大学、复旦大学、湖南大学等大学任教,并创办南开大学英文系。他是南开大学英文系第一任系主任、文学院院长。1933年陈逵离开南开大学,又先后在山东大学、浙江大学、中山大学、云南大学任教。1942年秋,陈逵返回家乡,在湖南大学任教并创办外文系,兼系主任之职。

1956年,陈逵任外交学院英文系教授。1960年秋,陈逵任解放军技术工程学院(洛阳解放军外国语学院前身)教授和顾问直至退休。陈逵辛勤教学数十年,为国家培养了大批优秀的外事人才。

为了向西方世界介绍中国的优秀文化,陈逵于1924年便开始汉诗的英译工作,翻译包括白居易、元稹、王维等唐代诗人的诗篇。1951年,陈逵被聘为《毛泽东选集》英译委员会委员。1957年,在印度出版的《亚非评论》发表了陈逵译成英文的《沁园春·雪》《水调歌头·游泳》《长征》《西江月·井冈山》等8首毛泽东诗词。

陈逵精研西方文学,尤其是诗歌。而他于传统诗歌,也同样深深嗜爱与熟谙,故他的旧体诗往往呈现一种中西融合的情味。他的英诗汉译26首主要为戴维·赫伯特·劳伦斯（D.H.Lawrence）和托马斯·穆尔(Thomas Moore)的诗。这些诗多数反映了沉沦民族对命运的无可奈何的至痛,对本民族执着的热爱,感情强烈,真挚缠绵,沉郁深厚,感人至深。陈还与友人合译了英国作家萨克雷的名著《亨利·艾斯芒德的历史》。

20世纪60年代以后,陈逵赋闲在家,不再公开发表诗歌或有译著问世。

1990年1月,陈逵在北京病逝,终年88岁。有《陈逵诗集》《陈逵中英诗文选》等著作存世。

参考文献:

彭长江、顾延龄:《译海探秘》,湖南师范大学出版社,1999年8月第1版。

姚莫诩:《记忆中的陈逵先生》,《粤海风》2009年第1期。

南开大学办公室编:《南开人物志》,南开大学出版社,1999年。

南开大学新闻中心编:《回眸南开》,南开大学出版社,1999年。

（冯智强）

陈 镜 湖

陈镜湖(1901—1933),字印潭,号小秋,曾用名陈龙川、陈士秋,化名李铁然,热河建平(今辽宁省建平县)人。

1918年秋,陈镜湖考入天津直隶省立第一中学。1919年五四运动爆发后,他和于方舟、韩麟符等同学组织学生救国团,率领学生参加向省公署请愿、示威游行和街头演讲等活动,宣传革命理论,揭露帝国主义侵略中国的罪行。随后,陈镜湖等组织成立了以直隶一中学生为骨干的"新生社",创办了带有社会主义色彩的刊物《新生》杂志。在李大钊的帮助下,"新生社"改为马克思主义研究会,学习社会主义理论,宣传新思想、新文化。

1922年,陈镜湖中学毕业,同年8月考入天津南开大学文科。1923年1月,他和韩麟符等同学创办了天津向明学会半月刊《向明》。同年,陈镜湖在李大钊、张太雷等人的介绍和帮助下,加入中国社会主义青年团,负责团的组织工作,不久转为中国共产党党员。同年冬,陈镜湖回到直隶一中工作,秘密发展党、团组织,传播马克思主义,为天津市早期党的活动贡献了力量。

1923年6月,中共"三大"决定,共产党员以个人名义参加国民党,以建立民主革命的统一战线。陈镜湖遂以个人名义加入国民党。1924年1月,陈镜湖赴广州出席国民党第一次全国代表大会。会后,被派到冯玉祥部国民军任支队长,到热河、察哈尔、绥远等地从事革命活动。同年,冯玉祥发动"北京政变",经过李大钊的工作,冯玉祥接受中共主张,参加国民革命,同意将军队改编为中华民国国民军。陈镜湖任国民军热河民军司令,他曾到建平县、围场、多伦等地组织武装力量,扩充民军。他带的军队不扰民、不害民,他和士兵同甘共苦。12月,孙中山北上到天津时,陈镜湖几次同孙中山见面,并受中共北方区委指派,任孙中山的北上特派宣传员,宣传《北上宣言》。

1925年初,陈镜湖被中共北方区委任命为中共热河工作委员会负责人,公开身份是国民党热河省党部执行委员。他领导建立、发展热河地区的中共组织,积极组织开展促进国民会议的群众运动。同年冬,陈镜湖出席在张家口召开的农工兵代表大会,被选为内蒙古农工兵大同盟中央执行委员。此后,同盟在热察绥各地发展盟员、建立组织,开展斗争。当时,中共为了在冯玉祥的国民军中建立一支自己的武装力量,组建了3个骑兵纵队,命名为"内蒙古特别民军",加入冯玉祥的国民军。陈镜湖任第二纵队司令,率领特别民军配合国民军向热河进发,攻打奉军。第二纵队与奉军作战几个月,伤亡很重,仅剩数百人。1926年夏,陈镜湖率部同国民军一起撤到包头,国民军在包头整编后,重建一个骑兵旅,陈镜湖被任命为骑兵旅旅长。9月17日,他带领骑兵旅参加了冯玉祥在五原举行的"五原誓师",然后随冯部向西挺进,先后到甘肃、宁夏、陕西等地讨逆。

1926年底,陈镜湖被冯玉祥派到陕西省蒲城县任县长。陈镜湖到任后,致力于减轻百姓赋税,将每年的粮税减免三分之二,深受老百姓的爱戴。他看到当地文化落后,百姓子弟无受教育的条件和机会,便主持创办了"蒲城县立国民师范学校",并兼任校长,还书写了校匾。他不但要求全县各学校开设"三民主义"课,还亲自到师范学校讲课。

1927年4月12日,蒋介石发动反革命政变。在蒋介石的拉拢下,冯玉祥一度实行"清党"政策。陈镜湖面对严重时局,秘密离开陕西回到北京,在北方区委的领导下,在北京与天津之间从事党的秘密活动。同年4月27日,中共"五大"在武汉召开,陈镜湖被选为内蒙古代表。

大革命失败后,陈镜湖于1928年回到天津参与组织中共临时工作委员会,任负责人之一。1930年,因党组织被破坏,陈镜湖与党组织失掉了联系。为了尽快接上组织关系,他会同有关同志徒步去苏联找共产国际,和党组织接上关系后,旋即回国。回国后,陈镜湖任中共内蒙古特委临时书记,兼管组织工作,化名李铁然。

1931年九一八事变后,他积极领导组织内蒙古特别是热河地区的抗日救亡运动,发展群众性组织"民众抗日后援会"。10月,中共内蒙古特委正式成立,陈镜湖被选为书记。他经常往返于北平、天津、围场、多伦、张家口、热河等地,巡视指导基层党组织的整顿和平绥路工运等项工作,传达中央指示精神,深入动员民众,卓有成效地开展抗日救国斗争。1932年末,日本侵略军蓄意向热河发动进攻,中共内蒙古特委面对强敌,决定成立蒙汉抗日同盟军事委员会,由陈镜湖直接负责,随即发表了《坚决抵抗日本帝国主义的宣言》。

1933年3月,日军侵占了热河省会承德,并进一步入侵察哈尔。5月,沽源、多伦等地先后失陷,陈镜湖率中共特委机关大部分人员奔赴张家口,参与领导发动长城内外各县民团参加民众抗日同盟军,任民众同盟军总司令部参议。5月12日,陈镜湖奉命带领参谋朱耀远及警卫员从张家口乘车去张北县北部点验抗日武装时,在桦树梁遭到当地反动民团袭击,不幸牺牲,终年32岁。

参考文献:

董济民、秦奎一编:《革命楷模陈镜湖》,白山出版社,1989年。

《陈镜湖》,载朝阳市史志办公室编:《朝阳党史人物》,辽宁民族出版社,2002年。

《陈镜湖》,载廖盖隆主编:《中国共产党历史大辞典·总论·人物》,中共中央党校出版社,2001年。

陈德仁:《陈镜湖在天津》,《天津史志》,1994年第3期。

（欧阳康）

陈潭秋

陈潭秋(1896—1943),原名陈澄,字云先,化名徐杰。1896年1月4日出生于湖北省黄冈县陈宅楼。祖父陈畴,是清末举人,终生在乡间教书。父亲陈厚怙,一生守田躬耕,母亲龚莲馨操持家务。陈潭秋兄弟姐妹共十人,八男二女,他排行第七。由于父亲多病,兄弟姐妹多在上学,所以家庭经济每况愈下,到他和八弟荫林大学毕业时,家中田地已所剩无几了。

陈潭秋的童年,正值帝国主义列强加紧瓜分中国,中华民族危机日益深重,清政府腐败无能,民不聊生的年代。陈潭秋目睹人民的悲惨遭遇,深感旧社会的罪恶,愤恨不已。

幼年的陈潭秋读书勤奋,文思敏捷,同时下决心改造旧中国。1912年,陈潭秋入湖北武昌省立第一中学。1915年,入私立武昌中华大学补习。1916年,入国立武昌高等师范学校学习。在中学和大学读书期间,他广泛阅读进步书刊,并广泛结交进步青年,时常在一起议论时政。俄国十月革命爆发后,他更加努力阅读《新青年》《每周评论》上登载的文章,眼界大为开阔。

1919年五四运动爆发后,他毅然投入斗争之中,并逐步成为运动的骨干。此后,随着革命斗争形势的迅速发展,陈潭秋、董必武等具有初步共产主义思想的知识分子,于1920年秋成立了武汉中国共产党早期组织,陈潭秋作为主要负责人,立即带领小组成员开展了一系列革命活动。

1921年湖北人民通讯社创办，陈潭秋任社长。1921年7月，中国共产党第一次全国代表大会在上海举行，陈潭秋和董必武作为武汉共产党早期组织的代表，出席了这次具有伟大历史意义的大会。大会结束后，陈潭秋回到武汉，继续领导学生运动、工人运动等革命斗争。1923年，他参与领导了震惊中外的京汉铁路工人大罢工，后去安源负责工会教育工作，并任中共安源地委委员、社会主义青年团安源地委委员长。1924年秋，从安源回到武汉，组建中共武昌地委并担任委员长职务，参与领导了武汉地区的五卅反帝爱国运动。第一次国共合作期间，与董必武等参加并领导了国民党湖北省党部的筹建工作，曾任国民党湖北省执行委员会组织部部长。此后，陈潭秋曾担任中共湖北区委组织部部长。1927年5月，在中共第五次全国代表大会上当选为候补中央委员。

大革命失败后，陈潭秋任中共江西省委组织部部长、江西省委书记、中共中央组织部秘书等职。其间，他领导和组织了江西农村的秋收暴动。不久，又奉调到党中央工作。同年6月，党中央派陈潭秋以中央巡视员的身份，前往中共顺直省委检查工作。7月，陈潭秋到达天津，召集了顺直省委常委会、省委扩大会，并深入基层调查研究，了解省委和北方党组织的工作情况和存在的问题。8月，陈潭秋完成巡视任务后返回上海，向中央详细汇报了巡视顺直省委的情况。

为了进一步整顿北方党的组织，1928年10月，党中央派陈潭秋再次去天津。行前，李立三交待说："'六大'已经结束了，周恩来同志不久就会回国。由他来天津召开北方党的代表会，传达'六大'精神，整顿北方党组织，你们先去筹备。"①陈潭秋与徐彬如等到达天津时，中央已决定撤销北方局，由陈潭秋、刘少奇、韩连惠以"潭少连"的名义代行北方局的工作。为了筹备顺直省委扩大会议，陈潭秋、刘少奇、徐彬如等阅读了大量基层

---

① 徐彬如：《陈潭秋同志战斗在顺直省委》，载中国革命博物馆党史研究室编：《党史研究资料》第1集，四川人民出版社，1980年，第387页。

送来的工作报告;然后又分别深入保南、保北、唐山、北平等地了解情况,并在陈潭秋的主持下,创办了党内刊物《出路》。陈潭秋为《出路》创刊号写了发刊词,第二、第三期仍有他的文章;周恩来(笔名伍豪)、刘少奇(笔名肇启)也都分别在《出路》上发表过重要文章。这份刊物对北方党的建设起了重要作用。12 月,周恩来取道上海到天津。月底,顺直省委扩大会议在天津举行。会议由陈潭秋、刘少奇轮流主持,周恩来作政治报告,传达"六大"精神。政治报告中吸收了陈潭秋肯定"北方党有基础"等意见,通过了陈潭秋主持起草的《当前形势和北方党的任务》等决议案,并组成了新的顺直省委(即北方局),韩连惠任书记,陈潭秋任宣传部长。为了贯彻会议精神,会后不久,陈潭秋等即分头深入基层工作。

1929 年 7 月,陈潭秋被调回党中央工作。1930 年 8 月,任满洲总行动委员会书记。9 月,参加中共六届三中全会,补选为候补中央委员。11 月,任中共满洲省委书记。12 月,在哈尔滨被捕。经组织营救于 1932 年 7 月获释。在此后相当长的一段时期中,他先后担任江苏省委秘书长(进入中央革命根据地)、福建省委书记、中华苏维埃共和国中央执行委员会委员、粮食人民委员(粮食部部长)等职。红军长征后,陈潭秋留在南方坚持游击战争,后到苏联入莫斯科列宁学院学习,并参加中共驻共产国际代表团的工作。1939 年 5 月,陈潭秋从苏联回延安途中,按照党中央的指示,任中共中央驻新疆代表和八路军驻新疆办事处负责人。在他的领导下,新疆的工作顺利开展,由此扩大了我党在新疆各族人民中的影响,统一战线得以发展,但也引起敌人的仇视。陈潭秋同新疆军阀盛世才进行了灵活巧妙的斗争。当盛世才公开走上反苏反共道路后,1942 年夏,党中央同意在新疆工作的共产党员全部撤离,陈潭秋把自己列入最后一批。1942 年 8 月,陈潭秋、毛泽民等人被盛世才逮捕。在狱中,陈潭秋等人与敌人进行了英勇顽强的斗争。1943 年 9 月 27 日,陈潭秋、毛泽民、林基路在狱中被秘密杀害。陈潭秋时年 47 岁。

新中国成立后,陈潭秋烈士的遗骨被安葬在乌鲁木齐市南郊风景秀美的烈士陵园中,受到全国人民,特别是新疆各族人民的永远悼念。

参考文献:

中共天津市委党史研究室:《中国共产党天津历史》第 1 卷,中共党史出版社,2005 年。

《中共中央北方局》资料丛书编审委员会编:《中共中央北方局·综合卷》,中共党史出版社,2002 年。

(王凯捷)

28

陈哲甫

陈哲甫(1867—1948),名恩荣,天津人。陈家原籍浙江山阴县,1867年,陈哲甫祖父在北京做官时,其家由浙江迁到天津。

1892年,陈哲甫入县学,第二年中举人,其后虽屡应会试,但均未考中。此后,陈哲甫不再参加科举考试,而是在家中授徒。1900年,陈哲甫到严修的严氏家塾应聘,得习新学。1903年,经严修推荐,陈哲甫赴日本留学,入弘文书院学习。1906年,陈哲甫回国,任直隶省学务处视学,周历直隶各县,宣讲劝学,并倡组天足会开通民智,对直隶各县创办新学发挥了重要作用。数年后再度赴日本考察教育。1911年辛亥革命后,陈哲甫创立红十字会天津分会,对救护伤员出力甚多。1912年,陈哲甫应邀到北京,出任北京高等师范学校(北师大前身)斋务长、庶务长兼教授,先后共八年,并曾兼任北京贫儿院院长。后在燕京大学担任国文系主任兼教授。1927年前后,陈哲甫返回天津,在汇文学校担任国文教员。陈哲甫注重培养学生的国学基础,同时吸纳新的教育教学方式。在汇文学校任教期间,他还创作了极具时代特色的学堂乐歌,同时在国学研究社讲授《周易》。

陈哲甫既是民国时期的一位教育家,也是书法家、诗人,尤其精草书,喜为涛词,擅昆曲,著有《学易刍言》《天津丧礼说略》等书。其母亲喜好卫子弟书并且非常内行,常招艺人到家中演唱,能够随时指出艺人所唱的字音和曲调之瑕疵。陈哲甫自幼亦喜爱卫子弟书,而且能唱,常在学界聚会联欢时演唱,撰有《卫子弟书之价值》等文章。在他的影响下,其子也是卫子弟书票友,对于推广和保存卫子弟书曲种作出一定贡献。

1937 年 7 月,日本侵略军占领天津后,陈哲甫离开天津,南下江宁,辗转上海、武汉、长沙、重庆等地,致力于讲授《周易》与注疏,并游历山川名迹,赋诗甚丰。

抗战胜利后,陈哲甫返回家乡天津居住。1947 年,在西门里创立丁亥周易学习社,讲授《易经》。①因年老体衰,六十四卦未讲完,即去世。陈哲甫的学术思想十分严谨,他曾用"尽其当然,顺其自然,而不知其所以然"来描述《易经》,用现在的观点看来,是非常严密而中肯的评价。②

1948 年 4 月 3 日,陈哲甫在天津病逝,终年 79 岁。

参考文献:

刘炎臣:《刘炎臣文集》,天津古籍出版社,2015 年。

章用秀:《沽上文谭》,天津古籍出版社,2015 年。

(郭登浩)

---

① 天津市李叔同——弘一大师研究会、天津大悲禅院编:《弘一大师的精神境界》,天津教育出版社,2015 年,第 131 页。

② 天津文史资料研究委员会编:《天津近代人物录》,天津市地方史志编修委员会总编辑室,1987 年,第 203 页。

陈之骥

陈之骥(1884—1964),字叔良,天津宁河人。1884 年 11 月 4 日,陈之骥生于宁河县丰台镇。

1903 年,陈之骥赴日本留学,先后在振武学校、日本陆军测量修技所、联队士官学校学习 5 年,见习士官半年。1905 年加入中国同盟会,[1]并与黄兴、李书城等组织成立"铁血丈夫团"[2]。1908 年,陈之骥在日本陆军士官学校中国学生队第五期步兵科毕业后,追随孙中山、黄兴等共同筹划中国革命方略。

1909 年,陈之骥回国,先到桂林,在广西陆军干部学堂担任教官。陈之骥做事情肯负责,为人又很讲义气,他的表现得到时任广西巡抚张鸣岐的赏识,让他做了兵备处教练总办兼干部学堂监督。1911 年,陈之骥北上京师,在军咨府任职。在京城候命时,他与冯国璋的女儿喜结连理,成为冯国璋的女婿。

1911 年 10 月,武昌起义爆发,陈之骥颇为活跃,他"奔走于京、津各地,出入窥测于权贵显要之门",亲历亲闻北方革命的许多内幕。中华民国建立后,孙中山将大总统之位让给袁世凯,并派专使赴北京迎接。孰料

---

① 张功臣:《民国先驱:清末革命党人秘史》,新华出版社,2014 年,第 346 页。

② 中国人民政治协商会议全国委员会文史资料研究委员会编:《辛亥革命回忆录》第 1 集,文史资料出版社,1961 年,1981 年重印,第 180 页。

北京发生兵变,并波及天津、保定等地。陈之骥奉冯国璋之命协助禁卫军布置警戒、镇压乱兵,随后又赴天津联络直隶总督张锡銮、天津警察厅厅长杨以德平定兵变。

陈之骥拥有革命党人与冯国璋女婿的特殊身份,因而受到孙中山和袁世凯的看重,革命党人与北洋政府一致推举他担任新组建的陆军第八师师长。1913年,陈之骥率第八师驻南京,随黄兴参加"二次革命"。冯国璋率北洋军第二军由津浦线南下与黄兴率领的革命军接战,黄兴率部苦战数日,勉强支撑到7月底,匆忙乘船离开南京,临行前嘱咐陈之骥妥善维持南京秩序,免遭乱兵践踏。在张勋、冯国璋部的围攻下,南京失守,第八师从内讧发展为兵变,最终导致官兵溃散,全师解体。陈之骥在日本驻南京领事船津的护送下到下关码头,搭乘兵轮转渡上海,逃亡到日本。

1914年,陈之骥秘密回国,隐居在上海,后来又住进南京的冯府。冯国璋督理江苏及任大总统时,陈之骥虽未受任何职务,却以冯国璋女婿的身份代表冯国璋奔走南北、联络各省。同时,陈之骥的政治理念、政治观点对冯国璋影响很大,在代理大总统一年多的时间里,冯国璋力主与南方军政府罢兵言和,极力推行"和平统一"政策,这与主张"武力统一"的段祺瑞发生冲突。

1918年,冯国璋与段祺瑞矛盾激化,通电辞职,返回河间故里养病。冯国璋下台后,陈之骥举家离开北京,告别政治舞台,迁居天津,到意大利租界做寓公,自此不再过问政治。冯国璋素有爱财之名,自发迹后在老家河间、天津及北京聚敛土地财富无数,据称仅房屋就有千余间,死后都分给了子女们。陈之骥夫妇由意租界迁到河北律纬路仁仁里,与失势的北洋官僚来往密切,但不再参与政务,而是转向投资实业。其间,他与冯国璋三子冯家遇及老友孙庆泽合资创办天津东方油漆厂,所生产的"灯塔牌"油漆,物美价廉,很快就驰名北方,销路甚广。直奉军阀混战后期,陈之骥与当时已转任张宗昌部总参议的师景云等人,纵横于军阀吴佩孚、孙传芳之间,对于消弭北方战火,多有贡献。

新中国成立后,陈之骥举家移居北京,将其在天津的住宅花园捐给天津铁路局充作铁路职工托儿所,其夫人冯家逊曾任该托儿所的名誉所长。1960年,陈之骥被聘为中央文史研究馆馆员,通过回忆自身经历,撰写了多篇文章,为人们留下许多鲜为人知的史料。

1964年7月30日,陈之骥病逝于北京,终年80岁。

参考文献:

王俯民编著:《民国军人志》,中国广播电视出版社,1992年。

中央文史研究馆编:《中央文史研究馆馆员传略》,中华书局,2001年。

张功臣:《民国先驱:清末革命党人秘史》,新华出版社,2014年。

(郭嘉宁)

丁懋英

丁懋英(1892—1969)，江苏镇江人。出生于中医世家，祖父谙岐黄之术，父亲曾师从清末宫廷御医马培之，并在上海行医成名。

1903年，11岁的丁懋英入私塾读书。1905年，丁懋英被父亲安排与一富家子弟订婚，当她了解到男方有吸食鸦片的恶习后，悲愤逃婚，前往香港，准备参加孙中山组织的革命队伍。她在香港找寻两个月，最后身无分文，衣食无着，被好心人送到了孤儿院。丁懋英的父亲接到消息后勃然大怒，自此不准她踏进家门。外祖父得知消息后，将丁懋英接回自己家中居住。后来在二哥的帮助下，丁懋英进入南京金陵女中读书。1911年，她在上海中西女校毕业，之后留校任教两年。

1913年，丁懋英考取清华大学留美官费生，翌年，赴美入麻州何乐山女子学院就读预科。1916年开始就读密歇根大学医科，毕业后在底特律女子医院担任实习医师。1921—1922年先后在西费城女子医院、费城医学院的附属医院及纽约韦拉派克医院任住院医师。

1922年夏，丁懋英学成回国，受天津女医局董事会会长严范孙之邀任女医局局长。丁懋英上任后，积极利用多方特别捐款建立和改善医务基础设施。

1929年，丁懋英得到奖学金，再度赴美国密歇根大学深造。

1932年，丁懋英为纪念前任局长曹丽云，在天津女医局(此时已恢复名为北洋女医院)内建丽云护士楼，并创建了天津女医院附设私立丽云护士学校,亲自兼任校长。

1935年,丁懋英在伦敦路(现成都道186号)创办私立天津女医院分院。院内除设妇产科病房外,增添了儿科、内科、外科、耳鼻喉科和牙科病房,还特约了当时在天津较有声誉的几位开业医师,每周分别来院坐诊。

1937年5月,丁懋英应南开女中的邀请,为毕业班学生作了一次演讲,讲演的题目为《青年人成长的要点》。她从一位医生的视角,对青年人提出了健康成长的要求。她指出:"青年时期是人生最宝贵的时期,一切习惯的养成、事业的成败都取决于青年时期。"她主张青年成长要注重朴实,要崇尚自然成长,主张天然健康,反对过度修饰,"不随波逐流地模仿人家,偏要涂那么多胭脂,使人看了感到一种不痛快"。她主张"依时睡,依时起,心里快活,精神充足",做"自己的事业"。在"个人的地位和身份"要求中,她主张"严格管束自己"。作为医生,她以录用护士的标准要求青年学生,对头部的要求是:"不要涂多少油,整齐便够了";对牙齿的要求是:"口对于牙不能不负责任。口腔是食品的必经孔道,怎么能不要洗刷洁净呢";对着装的要求是:待客、会议时,不只要注意外衣,在里面更注意不要裹着"肮脏的衬衣"。这些要求看起来似乎是常常被忽视的生活小节,却是文明生活的基本要求。在待人接物方面,父亲教诲她:"对于长者要恭敬,对于同事要体恤,对于(自己)以下要宽容。"她将其作为给青年同学的忠告。在"宗旨"要求中,她主张"每人要确定自己的宗旨,依着它做去,只要是你能力所及的,保你会成功的"。最后,在"公共知识"要求中,她说:"人类生活有两种目的:(目的)A.对于社会国家的贡献:要做社会上有用的'钉子',不要放在墙外刺人。家庭要负起教育的责任。(目的)B.快乐:要有'比上不足,比下有余'的心理,那样才有快乐。快乐地做有益国家的事……只要有恒心,什么难关不可打破呢!"①

---

① 崔国良:《妇产科医生视角:青年成长要点——丁懋英大夫在南开女中的讲演》,《今晚报》,2010年4月12日。

除了聘请社会名流入医院董事会以增大经济实力外,丁懋英还在八里台吴家窑置园田耕耘兼作牧畜。抗战全面爆发后,天津女医院经费不仅自给自足,而且略有盈余。丁懋英分别在第十一区南开四马路与救世军合办分诊所,在小白楼女青年会内设分诊所,在八里台吴家窑本院职工宿舍内设立乡村卫生所,在河北公园附近设立天津人民肺病疗养院等六处医院和卫生机构,为平民义诊。

1945年,抗日战争胜利后,联合国救济总署援华物资运抵天津,经美国驻天津领事推荐,丁懋英担任这批物资的监管,负责将救济物资发放到难民及贫民手里。1948年3月20日,丁懋英出资,委托监狱缝纫科制作棉衣500件发给劳役犯人作为囚衣。①

天津解放以后,市卫生局于1950年1月1日接收了天津女医院,并改名为天津市市立人民妇产科医院,丁懋英任院长。6月,她提出辞职,将天津女医院及成都道私人医院的房舍均捐献给天津市人民政府,孤身赴美。1952年,60岁高龄的丁懋英又考取了美国三州医师执照,仍坚持在美行医。

1969年,丁懋英在美逝世,葬于旧金山郊外,终年77岁。

参考文献:

政协天津市南开区文史委员会、天津市南开区文化局编:《南开春秋文史丛刊》第5辑,政协天津市南开区文史委员会、天津市南开区文化局,1992年。

天津医专校史编写组编:《从学堂到医专:庆祝天津医学高等专科学校百年华诞(1908—2008)》,天津人民出版社,2008年。

(赵云利)

---

① 薛梅卿、从金鹏主编:《天津监狱史》,天津人民出版社,1999年,第92页。

丁作韶

丁作韶(1902—1978),本名丁作诏,字舜廷,河南夏邑人。1902 年 1 月生于河南夏邑,其祖父、父亲参加过清末维新变法与辛亥革命,具有初步的资产阶级民主进步思想,进而也深深地影响着丁作韶。

1917 年,丁作韶考取河南留学欧美预备学校英文科,仅用 3 年时间就完成了按照教学计划需要 5 年才能修完的该科学分,并于 1920 年 9 月破格转入法文科插班学习,随后再次提前毕业。1922 年,丁作韶考取上海震旦大学法律学系,1927 年获法学士学位。同年,他将法国布立厄耳所著的《现代三大帝国主义》一书译成中文在国内刊行,同时他还独自撰写了《英俄与犹太人》一书。1928 年,丁作韶赴法国留学,在巴黎大学先后获得法学硕士和博士学位。留学期间,他还兼任《时事月报》《中央日报》《中央月刊》及《世界日报》驻欧特约通讯员,足迹遍及欧洲各主要国家,阅历丰富。

1931 年 9 月,丁作韶从法国学成归来抵达上海。早在丁作韶启程回国之前,他就已经收到了时任厦门大学法律系主任的震旦大学老学长徐砥平教授的来函,言明已向厦门大学林文庆校长推荐并获得同意,力邀他到厦门大学法律系执教。由于丁作韶在巴黎留学期间,曾与张作霖的公子张学文及被派到欧洲考察军事的东北将领吴克仁有约,遂决定先赴东北一游。丁作韶在北平顺道拜访几位旧友,稍事休整后,便毅然登上驶往沈阳的列车。是时正是 1931 年 9 月 18 日晚上。当列车从北平东站徐徐开出时,日本在沈阳发动九一八事变的消息尚无所闻。然而随着 19 日早上列车抵达山海关,有关日军已经侵占沈阳的消息便开始在站台上传开。由于沈阳已经易手,城市正处于戒严之中,通往沈阳的列车只能停靠在皇姑屯,丁作韶只好在车站附近觅得一家小店暂且住下。20 日一早,丁作韶不顾旁人的苦苦相劝,将随身携带的行李委托旅店老板看管,并留下家人的联系方式以防不测,决意只身冒险前往沈阳城。丁作韶此次本为奔张学文、吴克仁而来,但故人已不知去向,久留沈阳没有意义,而且日军烧杀抢掠的暴行愈演愈烈,随时都可能有生命危险。在友人的规劝下,丁作韶于 9 月 22 日混在成千上万的逃亡难民之中搭乘火车返回北平。

1931 年 9 月底,丁文韶到达厦门,受聘为厦门大学法律系教授,承担刑法总则、刑法分则、国际公法、国际私法等课程的教学任务。10 月 2 日下午,丁作韶受厦门大学学生抗日救国会的邀请,在群贤楼大礼堂公开演讲中日问题。全校学生为了出席听讲,特地向学校请假两小时。1931 年 10 月间,受集美抗日救国会之邀,丁作韶作有关日军侵占沈阳城情况的演讲,听者群情激昂,同仇敌忾。1931 年 11 月 30 日和 12 月 16 日,丁作韶先后两次率领厦门大学学生请愿团前往广州、南京请愿,吁请政府"早日消弭内争,一致御侮"。一年间,丁作韶抗日宣讲的足迹遍及北平、天津、济南、南京、上海、厦门、漳州、泉州、汕头、广州、福州、开封等地,不遗余力地为唤起民众抗敌自救而奔走呼号。丁作韶的抗日演讲辞及相关文章,后来汇集成四本专书刊行于世,即《抗日救国方案》(张克那等编,厦门大学印务处,1931 年)、《抵抗主义》(楼桐茂记,中山大学中日问题研究会,1931 年)、《抵抗主义——民众自救方案》(原景信编,中国抵抗总社,1932 年)、《丁作韶博士言论集》(大学书店,1936 年)。《厦大周刊》第 11 卷第 17 期(1932 年 4 月 6 日)也刊登有丁作韶撰写的《大学与救国运动》一文。1932 年 3 月 24 日下午,丁作韶再次应厦门青年会之请,在该会大礼堂演讲"全国抗日救国运动之经过"。

1932 年夏，丁作韶离开厦门大学，受聘为四川大学法学院教授。1933年转赴天津，担任河北省立法商学院教授，还兼任过民国大学、中国大学教授，以及北平《晨报》《新北平报》、北平《益世报》《世界日报》主笔。

1937 年抗日战争全面爆发后，丁作韶赴重庆执律师业，并兼任内迁此地办学的朝阳大学教授。旋又转往桂林，任广西大学教授、西南商业专科学校教授。抗日战争胜利前夕，丁作韶再次受聘为四川大学教授，并任训导长，兼任重庆《益世报》主笔。此时的丁作韶思想"右"倾，曾经多次在四川大学校内阻扰破坏学生的进步活动，更于 1946 年 3 月 12 日参与策划制造了"三教授事件"，鼓动一些不明真相的学生围攻李相符、彭迪先、陶大镛三人，诬称他们"主张把东北送给苏联""支持新疆、蒙古独立"等。事件平息后，他的行为引发进步师生的强烈谴责，被迫辞职。

1946 年，丁作韶离开四川大学，回到天津重执律师业，并任天津《益世报》法律顾问，同时当选为天津临时参议会议员。1947 年曾与李宜琛、李朋三一道担任金璧辉（川岛芳子）间谍案的辩护律师。1948 年一度受聘为河南大学教授。

天津解放前夕，人民解放军包围天津，敦促天津国民党守军缴械投降，要求守军尽快派出代表前来谈判投降条件。1949 年 1 月 8 日，丁作韶与杨云青、康相久、胡景薰等四人被委任为守军代表，出城与解放军参谋长刘亚楼进行谈判。谈判先后进行了 3 次，但以破裂告终。

1950 年，丁作韶随李弥部国民党残军 1000 余人退往缅甸境内。1953年赴中国台湾后，丁作韶受聘为台北大学教授，致力于中国台湾的法学高等教育，培养法学专门人才。同时还曾兼任过台南市"议会议员"、台湾中华训育学会理事长等职。

丁作韶一生著译较丰。其主要著作有：《英俄与犹太人》《五四运动史》《兵役手册》《国家总动员法释义与实施》《东南亚游记》等。主要译著有：《现代三大帝国主义》《法国宪法之演进》《法国政治思想史》等。

1978 年，丁作韶在中国台湾病逝，终年 76 岁。

参考文献:

刘卫东主编:《河南大学百年人物志》,河南大学出版社,2012年。

杨瑞春:《中国国民党大陆工作组织研究 1950—1990》,九州出版社,2014年。

（柏艺莹）

董秋斯

　　董秋斯(1899—1969)，本名绍明，字景天，自 1939 年起以笔名"董秋斯"代替本名，天津静海人。他出生于一个农民家庭，贫寒的家境造就了董秋斯坚强的性格和报效国家的满腔热忱。就读南开中学期间，品学兼优的董秋斯积极参加五四运动。1921 年，董秋斯从天津南开中学毕业报考燕京大学，依靠半工半读来完成学业。1925 年五卅运动爆发，身为燕京大学学生会主席的董秋斯与同学刘谦初合编《燕大周刊》，宣传文学革命，后来又与熊佛西等发起并成立燕大文学会。

　　1926 年，董秋斯大学毕业后，应聘到广州协和神学院教书。在那里，他得以接触一些马列主义书籍。12 月初，国共合作的国民政府由广州北迁，武汉成为革命中心。他和刘谦初、孟用潜随即奔赴武汉，并加入国民革命军第十一军政治部从事宣传工作。1927 年 2 月，董秋斯主编理论周刊《血路》，继续传播反帝反封建的先进思想。

　　1928 年，董秋斯不幸染上肺病，无奈转去上海医治。在求医期间，只要精神体力稍微好转，董秋斯就会一头扎进学习中。董秋斯以高度的热情阅读了所能找到的苏联文学作品，并尽力从中汲取营养和力量。在阅读《士敏土》一书的过程中，董秋斯为其人物情节所深深感动。该书描绘了苏联结束内战向社会主义建设过渡的过程中，产生的一连串重要问题并逐一得到解决的艰苦历程。董秋斯随即决定翻译此书，把它介绍给中国民众。在翻译的过程中，鲁迅先生在精神和物质上都给予他极大的支持与帮助,并为此书作了代序和图序。这本书是董秋斯翻译的第一部长篇小说,自此他便与翻译工作结下了不解之缘。

在中国共产党上海党中央宣传部的挚友张采真的大力举荐下,病中的董秋斯接办了《世界月刊》,这是中国共产党领导下的一个外围刊物。1930 年,董秋斯参加左联和社联的发起工作,并主编《国际》月刊。1931年,经史沫特莱的推荐以及中共地下党的批准,董秋斯与第二国际东方局领导佐尔格直接建立起联系,并积极参加该局的工作。1934 年,因劳累过度,董秋斯的病情加重,转入北平协和医院诊治。手术虽然成功了,但在手术中董秋斯被截去 8 根肋骨,右肺完全压缩。此后在上海的 11 年里,董秋斯把养病和地下工作之余的大部分时间都用于翻译外国文学作品,其中费时最多的是托尔斯泰的《战争与和平》。董秋斯从 1938 年开始翻译这部作品,1949 年出版上半部,直到 1958 年才全部完成这部 130 多万字的巨著。在翻译的过程中,董秋斯凭借扎实的语言功底和坚强的毅力,付出了巨大的辛劳。全书面世后,获得了茅盾先生的好评。董秋斯还翻译过列昂诺夫的长篇小说《索溪》,这本书叙述了 20 世纪 30 年代苏联人民在索溪的原始森林里和大自然作斗争, 建起一座大型造纸厂的故事。和《士敏土》一样,《索溪》也受到了高尔基的赞赏。除了上述 3 部俄苏小说,董秋斯还翻译过其他国家的许多优秀作品,如英国著名作家狄更斯的《大卫·科波菲尔》、美国著名作家欧文·斯通的《杰克·伦敦传》、加德维尔的《跪在上升的太阳下》与《美国黑人生活纪实》、多丽丝·莱辛的《高原牛的家》、保加利亚著名作家艾林·彼林的《安德列希科》、斯坦倍克的《红马驹》《相持》、以色列著名作家罗丝·吴尔的《安静的森林》,董秋斯还翻译了奥茨本的《精神分析学与辩论唯物论》(再版时恢复原名《弗洛伊德与马克思》)。董秋斯每译一部作品,都要在叙言或译后记中说明自己为什么要翻译这部作品,以便读者对它的来龙去脉有更多了解。

董秋斯非常赞同鲁迅的文艺观,主张为人生的文艺。这也是董秋斯鉴别作品和选材的尺度。董秋斯在加德维尔等作家的短篇小说集《跪在上升的太阳下》的译后记中,明确地说过自己的想法:"假如有人觉得我这个看法太近功利主义,就是说,太富于社会倾向性。我只好说一声'对不起!'因为我原就是一个俗人,从来不懂什么叫'为艺术而艺术'。在我眼中,文学和艺术也是一种工具。它可贵,因为它有用,因为它能指导我们趋吉避凶,活得更好一点。否则就一钱不值。"为帮助读者了解弗洛伊德的反抗精神,他在《精神分析学与辩论唯物论》的译后记中,引章士钊的弗洛伊德《自叙传》文言译本中一段话:"余籍犹太,与有国立者,竟下一等。人卑视我,随向可见。……未同恒人,共受权利。……余初涉世,即逢横逆。每日所接,俱属异己。势惟凭一己胆智,奋竦而往。此药石也,后来稍能自持,不为世屈,未始非得力于是。"他在《杰克·伦敦传·译者叙》中说:"杰克·伦敦用来表达思想的主要形式是小说。他在小说中写社会主义,写进化论,写实实在在的人生,写贫血的、纤巧的、怯避的、伪善的十九世纪文学所不敢正视的一切东西。由于他那长于说故事的天才,也由于他学习前辈大家的努力,他锻炼成一种文学技巧,足以攻下顽固分子的森严壁垒,也侵入了暖室一般的太太小姐的深闺。这在美国,确乎是一种前所未有的成就!"

1945年底,上海成立中国民主促进会,董秋斯是发起人之一,并当选为民进中央委员兼宣传部长,还担任《民主》周刊编委。此后一段时间,董秋斯为《民主》周刊写过不少文章,也翻译过一些西方记者介绍解放区状况的作品,如《外国军火与中国内战》《记原子弹下的广岛》等。1946年董秋斯加入中国共产党。1949年上海即将解放的时候,组织上决定创办《翻译》月刊,以便传达党在文化方面的方针政策,介绍社会主义国家的文学成就,由董秋斯任主编。不久上海翻译工作者协会成立,旨在发现和培养翻译人才、提高翻译水平,董秋斯又接任了协会主席。新中国成立后,董秋斯历任上海翻译工作者协会主席、《翻译》月刊主编、中国作协编审、《世界文学》副主编。1950年,董秋斯奉调来京,进入出版总署编译局主编《翻译通报》,为联系全国翻译工作者、调查研究、交流翻译经验等付出了许多心血。1952年加入中国作家协会。1953年初,中国作家协会创办《译文》月刊(1959年改名《世界文学》),董秋斯任副主编。1964年,该刊划归中国科学院外国文学研究所领导,董秋斯也到外国文学研究所工作。董秋斯历任全国文协理事,民进中央理事、宣传部长,上海中苏友协理事等职。

"文革"期间,董秋斯遭到迫害。1969年除夕,因病在家中去世,终年70岁。1979年,董秋斯终获平反昭雪,恢复名誉。中国社会科学院在悼词中对董秋斯作了高度评价,表彰他几十年来"一贯忠于党,忠于人民……是好党员,好干部"。

参考文献:

凌山:《深深的怀念——回忆董秋斯同志片段》,《中国翻译》,1980年第4期。

凌山:《董秋斯与翻译工作》,《俄罗斯文艺》,2000年第2期。

那艳武:《翻译家董秋斯研究》,天津财经大学2010年硕士学位论文。

（冯智强）

董毓华

董毓华(1907—1939),又名美棠,号实存,曾化名王春裕、李家栋、王仲华、鲁渝、魏嘉祥、王大惠等。1907 年 11 月 18 日,董毓华出生于湖北省蕲春县狮子口董家冲四房湾的一个教师家庭。幼年时,董毓华品学兼优,思想追求进步。1924 年考入武昌启黄中学,后又跨读湖北省第一师范学校艺术科。他不仅学业成绩优秀,而且十分关心国家和社会进步,积极参加学校革命活动,被誉为"蕲春三杰"①之一。

1925 年 5 月 4 日,董毓华筹备并直接参加了中共湖北地方组织领导的纪念五四运动六周年游行示威活动,受伤后仍然坚持指挥,直至被抬到医院。同年夏,董毓华由董必武介绍加入中国共产党,在武汉从事革命活动。

大革命失败后,董毓华根据党的指示返回家乡,以教书为掩护从事地下斗争。第一次国共合作时期,他组织成立中国国民党蕲春县狮子口区党部并任负责人。后发起成立农会、妇女协会、学生会和儿童团等群众组织,广泛开展革命宣传。斗争中,董毓华深刻地认识到建立农民革命武装的重要性,并组建了一支百余人的狮子口农民武装自卫队,亲自任队长和教练。1928 年初春,董毓华再度赴汉,考入湖北省立师范学校,在求学的同时开展党的青年工作,毕业后在汉阳十五小学教书。

---

① 另两位是张天佑、陈博。

1930年下半年,武汉党组织遭到严重破坏,董毓华与党组织失去联系。1933年秋,董毓华考入北平的中国大学政治经济系,继续寻找党组织。在校期间,他深入钻研马克思主义著作,组织政治经济学、土地问题和东北问题等三个研究会,引导大家学习马克思主义理论,宣传革命思想,逐渐成为全校学生活动的中心人物。

1935年春,北平党组织恢复后,董毓华成为中国大学党组织的主要领导人,并担任中华民族武装自卫委员会北平分会、北平大中学校学生黄河水赈济会的领导工作。

华北事变后,面对愈加深重的民族危机,北平大中学校学生在党的领导下,成立北平市大中学生联合会,董毓华被推选为学联主席,负责抗日救国的宣传工作。为反对国民党以"冀察政务委员会"管理华北工作的卖国行为,12月8日,北平学联在党的领导下,决定发起反对成立"冀察政务委员会"的请愿活动。董毓华积极参与请愿的联络和组织工作,被推举为西城大中学校学生请愿活动指挥。12月9日,请愿活动遭到反动军警阻止,董毓华毅然担任请愿队伍总指挥,率领队伍向国民党政府北平军分会发起请愿。由于反动当局没有谈判意愿,董毓华与北大学生代表宋黎等人商量后决定将请愿改为示威。在示威游行中,学生们遭到反动军警的血腥镇压,董毓华率领学生同军警展开英勇斗争,谱写了震惊中外的"一二·九"学生爱国运动的重要篇章。针对国民党当局宣布16日正式成立冀察政务委员会,董毓华等人研究决定,联络天津各大学学生会,举行更大规模的示威游行。18日,天津大中学校举行抗日集会和示威游行,成立天津市大中学校学生联合会,以有力的行动声援了"一二·九"爱国运动。26日,平津学生联合会成立,董毓华被推选为学联主席。为回击国民党政府企图扑灭学生抗日救亡运动的烈火,促进学生运动与工农运动的紧密结合,董毓华根据党的指示,与天津学联组织"平津学生南下扩大宣传团"进行抗日宣传。在斗争过程中,董毓华认为"应建立一个适应新的斗争形势的统一的广泛群众性的青年救亡组织,才能更广泛地团结广大青年投入抗日救亡运动"。1936年1月底,北平党组织决定在宣传团的基础上成立一个具有广泛群众性的青年救亡组织——"民族解放先锋队",简称"民先",它成为党领导抗日救亡运动的得力助手,为党领导抗日战争提供了一支重要的干部队伍。

2月21日,董毓华由平入津,以北洋工学院学生的公开身份活动,组织成立平津各界救国联合会,并任党团书记。3月中旬,董毓华受刘少奇委派,赴上海筹建全国学生救国联合会和全国各界救国联合会,将抗日民族统一战线推向全国。经过周密的准备,董毓华于4月首先邀集各地学生代表在太湖秘密召开全国学生救国联合会筹备会议,讨论通过联合会的章程和宣言。5月29日,全国学生救国联合会在上海成立,董毓华当选执行主席。随后,在董毓华的积极筹备下,全国各界救国联合会于6月1日在上海成立,董毓华担任联合会党团书记,负责组织联络工作。全国学生救国联合会和全国各界救国联合会的成立,有力地推动了抗日救亡运动的蓬勃发展,为全国抗日民族统一战线的形成打下了坚实的基础。

6月,董毓华奉调返回天津,担任中共中央北方局特派员和中央军委华北联络局成员,在华北地区开展上层人士的统战工作。与此同时,他还以深入细致的工作,将平津各界救国联合会扩大成为华北七省两市的华北各界救国联合会,并担任联合会党团书记兼华北"青年救国会"的负责人。华北地区的抗日救亡运动更加广泛地开展起来。

西安事变和平解决后,全国性的抗日民族统一战线初步形成。1937年上半年,董毓华先后参加或主持了"民先"第一次全国代表大会、华北学生救国联合会成立大会和华北各界救国联合会执委扩大会议,积极领导和推动华北学联和华北各界救国联合会创办刊物进行抗日救亡宣传,为即将爆发的抗日民族解放战争做了充分的准备。

抗战全面爆发后,河北省委根据北方局的指示,将工作重点转向农村,平津大批党员、干部和抗日志士转移到冀东、冀南、山东、山西等敌后农村开展抗日游击战争。1937年9月,根据党的指示,董毓华等将原华北各界救国联合会改组为华北人民抗日自卫委员会,并任党团成员兼军事部长。他深入冀东和津南等地大力开展组织群众武装的工作。为了使华北人民抗日自卫委员会取得合法地位,董毓华冲破重重封锁,与国民党经过多轮谈判,终于取得自卫会的合法地位。随后,他又受河北省委派遣到高志远部队任党代表,通过对这支民团武装的改造,使之成为接受党领导的一支具有雄厚实力的抗日武装。

1938年6月,八路军第四纵队挺进冀东。董毓华在田家湾召开军事会议,决定成立抗日联军司令部,董毓华任政委,并决定发起冀东抗日大暴动。暴动胜利后,根据北方局的指示,成立冀热辽军区和行政委员会,统一对部队的领导,董毓华任军区政委和行政委员会主任。面对敌人的疯狂反扑,中共河北省委、八路军四纵党委和冀热辽特委做出将部队撤往平西根据地进行休整的决定。面对外有敌兵围追堵截,内有队伍思想不够统一的状况,董毓华以卓越的指挥才能,为党保存下一支经受严格考验和锻炼的抗日队伍。到达平西后,董毓华所部改编为八路军,他任平西抗日联军司令。

1939年1月,冀热察区党委成立,董毓华任区党委秘书长,后又任华北人民抗日联军司令员,曾作为冀热察区代表赴延安出席会议。6月,在前线指挥作战的董毓华因长期奋战劳累而病倒,由于医疗条件有限,抢救无效,不幸逝世,终年32岁。

参考文献:

中共党史人物研究会编:《中共党史人物传》第41卷,陕西人民出版社,1989年。

中共天津市委党史资料征集委员会:《天津抗日英烈》,天津古籍出版社,1995年。

（孟　罡）

董 政 国

董政国(1879—1947),本名慎峰,字蓬山,号赞勋,山东即墨县下泊村人。

1879 年,董政国出生于山东即墨一个清贫的农民家庭。董政国天资聪颖,勤奋好学,幼年时,家境贫寒,经济拮据,但父母对其寄予厚望,虽忍饥受寒,仍在他 8 岁时,送他进本村的私塾念书。董政国很能理解含辛茹苦的父母供自己求学的用意,他求知若渴,潜心攻读,塾师见他勤奋有为,亦格外器重,每天将所教课程数倍授于他。这样,董政国在不到四年的时间里就将塾师所能传授的知识全部学完。但终因家境贫苦,无力供他继续求学进取,只好于 12 岁时辍学,回家务农。

1896 年,17 岁的董政国经父亲的朋友介绍,去青岛从军,投奔章高远军门,在其手下当杂务兵。第二年,章军门调防,董政国无处可去,遂回乡务农。1898 年,19 岁的董政国不甘心像父辈那样耕种为生, 他怀着谋出路的想法,毅然只身去天津小站从军,参加了袁世凯的新建陆军。由于他身强力壮、作战勇敢、机敏过人,又肯于吃苦,很快在士兵中崭露头角,由士兵晋升为班长、排长,并被选送到河北保定武备学堂深造。毕业后,先后在北洋军中担任教官、营长、团长等职。

董政国在任职期间,不论是训练,还是作战,都能做到身先士卒,与下属官兵同甘苦。1917 年由第二团团长升任北洋军第五旅旅长。1920 年,直皖战争爆发,董政国指挥第五旅在湖南衡阳与皖军交战,一举击溃皖军,大获全胜,董政国荣获二等嘉禾勋章,并被提升为第十三混成旅旅长。1922年第一次直奉战争中,董政国任直系左翼军司令官,司令部设在天津东部的芦台镇。4月,董政国率部击溃防守长辛店的奉军。由于董政国指挥有方、战功显赫,荣获一等文虎勋章及五狮军刀的荣誉和奖赏。1924年9月,江浙战争爆发,奉系军阀张作霖乘机派兵入关,第二次直奉战争爆发。战前,董政国已被擢升为第九师师长,又被吴佩孚晋升为陆军中将、勋四位,并被任命为讨奉第一军副司令官兼第三路军司令官,司令部设在北京北苑。战争开始后,董政国奉命率部出兵榆关(今山海关)外大杖子,阻击奉军;同时,第十六混成旅旅长冯玉祥作为右翼军率部出兵古北口。直奉双方正在交战中,冯玉祥突然于10月发动政变,率部回师北京。此举导致直系军前线的全体官兵军心涣散,失去战意。奉军乘乱猛攻,董政国部为奉军张宗昌所败,几乎全军覆没。吴佩孚取道海路逃往长江一带,董政国率残部退守桃林、冷口间待命。

1926年,北伐战争开始,国民革命军挥师北伐。直系军阀吴佩孚亲任"讨赤"(指北伐军)联军总司令,集中十余万兵力于湖北、湖南一带,妄图与北伐军相对抗。董政国被任命为"讨赤"援湘第八路军司令,作为吴佩孚的主力部队在湖北咸宁一带防守。7月,国民革命军(即北伐军)第四军、第七军、第八军相继在湖北、湖南向北洋军发起了进攻。汀泗桥位于粤汉路上,是武汉南面的第一门户,它一面高山耸立,三面环水,地势险要,易守难攻,吴佩孚派第一师师长宋大霈率部镇守此桥,董政国部也被调来协助防守。①经过激烈的战斗,北洋军被叶挺独立团击溃,董政国率残部撤退至武汉以北驻扎防守。

同年12月,董政国父亲病逝,他守孝之后,便于次年回到天津闲居,从此脱离军界,不问军政事务。1933年,董政国参与发起组织山东旅津同乡会(山东会馆),并担任副会长。

---

① 程舒伟、郑瑞峰:《周恩来与黄埔军校》,中央文献出版社,2014年,第65页。

1947 年 5 月,董政国因病在天津去世,终年 68 岁。

参考文献:

即墨县政协文史资料研究委员会编:《即墨文史资料》第 4 辑,1988 年。

陈贤庆、陈贤杰编:《民国军政人物寻踪》,南京出版社,1991 年。

天津市政协文史资料研究委员会编:《天津文史资料选辑》第 56 辑,天津人民出版社,1992 年。

(郭嘉宁)

冯文潜

　　冯文潜(1896—1963),字柳漪,河北涿县(今河北涿州)人。1896 年 12 月 2 日,冯文潜生于涿县一个盐商家庭。1903 年,冯文潜入私塾读书,两年后在其父自办的养正小学堂接受新式教育。1912 年起,冯文潜先后就读于天津南开中学和大学预备班,开始接触新思潮、新知识,并因此与周恩来、黄珏生等熟识。他与黄珏生等共同创办的"三育(德、智、体)竞进会"(后改名为"敬业乐群会")受到时任南开校长张伯苓的赞赏。

　　1917 年,冯文潜赴美国留学,在艾奥瓦州格林奈尔学院(Grinnell College)学习,主修哲学,获文学学士学位。1920 年入美国芝加哥大学研究院学习,两年后获哲学硕士学位。1922 年又远赴德国柏林大学哲学系学习哲学和历史,他与周恩来等人一起讨论国际形势。冯文潜还认识了陈寅恪、俞大维等中国留学生。他们常在一起讨论国事,认为中国只有发奋图强才能抵御外侮。冯文潜注重社会实践,常利用假期徒步旅行访问德国农村和中小城市,进行社会调查,这为其之后多年的教学生涯提供了模式和思路。在调查期间,他积极向在德华侨介绍祖国形势,宣传爱国主义。

　　1928 年,冯文潜回国,在南京中央大学哲学系任讲师、副教授。1930 年,应张伯苓之邀,任南开大学哲学教授,开设西方哲学史、美学、德文等课程,治学严谨,诲人不倦。七七事变以后,日军加紧侵略华北。1937 年 7 月 24 日,南开大学紧急疏散人员和图书、仪器等物资。当时,冯文潜伤寒未愈,抱病与黄珏生及文科师生一起抢救文科图书设备,避至英租界,后冯文潜又主动留守南开大学,直至1938年才随师生一起南迁至西南联合大学,任西南联合大学哲学系教授兼系主任。此时冯文潜贫病交加,身患斑疹伤寒和膀胱结石,但仍坚持上课,并和黄珏生、陶云达一起负责筹备南开大学边疆人文研究室。

抗日战争胜利后,南开大学迁回天津,冯文潜一直担任哲学教授兼文学院院长、哲学系和历史系主任。1952年,南开大学院系调整,南开大学哲学系合并到北京大学,冯文潜离开讲台改任校图书馆馆长,直至1963年逝世,冯文潜又为南开大学图书资料建设做出了巨大贡献。

冯文潜学贯中西,博古通今,治学严谨,诲人不倦。他常有意识地将国外相关学术动态、新的学派、学术思潮等介绍给学生。讲授西欧古代哲学史、美学史时,他每课必认真备课,让知识融会贯通于自己的头脑中,从不照本宣科,不讲无用之话。他对学生要求极严,反对学生"读死书""死读书",强调学生要读懂读通原著,并能复述;注意引导学生联系实际,研究社会实际问题;极力宣传鼓励文科师生组织课外学习团体,促使南开大学哲教系师生联合组织了"哲教学会",开展学术讨论、社会调查等课外活动。

冯文潜学识渊博,精通汉学和英、德、法、俄、意、日等多国文字,酷爱图书。任南开大学图书馆馆长期间,他根据"百花齐放,百家争鸣"的方针,结合高校图书馆的性质、特点、服务对象,有重点、有选择地搜集了一些与本馆收藏重点有关的古今中外书刊资料,初步建立了南开大学图书馆的藏书体系。[①]同时,他注重利用藏书,改变了之前图书重藏轻用的理念。

冯文潜精于美学研究,谙熟西方美学史,包括康德、黑格尔等人的美学思想,并且认真地研究了中国先秦诸子有关美学的著作和言论,并热衷于进行中西美学思想的比较研究。讲到中西美学之不同时,他以建筑

---

① 张峰著:《大学图书馆馆长研究》,合肥工业大学出版社,2007年,第165页。

为例,认为中国的建筑和它的处境,就像母子一样,彼此关系十分密切,十分融洽,是一种与自然的相安、相亲,而西方则处处要征服自然,处处要表现人的力量,显露人为的痕迹。

冯文潜多年讲授西方哲学史、美学、柏拉图哲学、逻辑学、德语等课程,培养了一批西方哲学史的研究人才。他治学极为严谨,从不轻易发表文章、论述。终其一生,共留下30多本用中、英、德三种文字写成的哲学史讲稿及大量手稿、笔记、信札、日记等。著有《冯文潜美学讲演录》《西方哲学史讲稿》,译有《近代哲学的精神》等。后人可从中寻绎其学术思想的轨迹。

1963年4月,冯文潜逝世,终年67岁。天津市人民政府、南开大学等单位联合举行了公祭。周恩来和邓颖超送了花圈,挽联上写着"鞠躬尽瘁,永树风规"。

参考文献:

尚海、孔凡军、何虎生主编:《民国史大辞典》,中国广播电视出版社,1991年。

方克立、王其水主编:《二十世纪中国哲学·人物志》,华夏出版社,1994年。

天津市政协文史资料研究委员会编:《天津文史资料选辑》第31辑,天津人民出版社,1985年。

张峰:《大学图书馆馆长研究》,合肥工业大学出版社,2007年。

（张雅男）

冯文洵

冯文洵(1880—1933),字问田,祖籍天津,出生于河北涿县一个盐商家庭。

冯文洵曾在北京警官学校学习,毕业后赴四川成都从事警务工作。1904年,回到天津学习。1914年,他被派赴黑龙江,1917年至1921年间先后担任泰来、海伦知事。冯文洵一生漂泊,多在警务、政府等部门工作,但其在政事之外,还十分擅长文事。1926年,冯文洵开始撰写《丙寅天津竹枝词》,有些"丙寅词"陆续刊载于(天津)汉文《泰晤士报》。1928年,冯文洵离开天津再赴黑龙江,担任黑龙江省政府秘书。

清末民初,由白菜腌制的酸菜开始普及。他的《即事》诗写道:"雁叫霜天木落初,边城习俗似村居。捷泥户为防寒馑,垒垛柴因度岁储。白水沸锅朝渍菜,红盐瀹瓮夕腌菹。笑予泛宅习家惯,终觉谋生计总疏。"在他的《海伦杂咏》中也写到了酸菜:"纯洁耕牛乳,权桠野鹿茸。旱烟消永昼,酸菜备严冬。熊掌脂何厚,猴头味正浓。青山虽咫尺,难得是飞龙。"冯文洵不仅喜欢作诗,而且在诗文内容也多有偏好,不论是咏酸菜诗还是出版《丙寅天津竹枝词》,其诗文所涉猎的内容多是社会生活、风俗习惯等方面。

1931年,九一八事变爆发,冯文洵"归隐天津"。但实际上不是真正的"归隐",在津期间他曾担任河北省北运河河务局局长。1934年,《丙寅天津竹枝词》由天津泰晤士报社铅印。竹枝词的形式与七言绝句无异,内容则以咏百业民情、岁时风俗为主,且文词上比较直白和通俗,因而具有较高的史料价值。《丙寅天津竹枝词》中的三百首诗词均描绘天津一地,而且多首诗描写天津某一方面的情况,详细咏述了天津的风土人情,以诗歌的形式反映出天津的时代特色。

冯文洵是天津城南诗社的主要成员,著有《紫箫馆诗存》《丙寅天津竹枝词》等,尤以《丙寅天津竹枝词》著称。

1933 年夏,冯文洵因病去世,终年 53 岁。

参考文献:

冯邦编:《中华冯史文典》(上),2009 年,内部印行。

李兴盛主编:《流人名人文化与旅游文化·黑龙江历代旅游诗选与客籍名人》,黑龙江人民出版社,2008 年。

董丛林:《由"丙寅词"看天津近代社会》,《河北师范大学学报》(哲学社会科学版)2014 年第 1 期。

(葛宜鑫)

冯 武 越

　　冯武越（？—1936），广东番禺人，学名冯启镠，以"武越"名于世。

　　冯武越家族显赫，家庭条件优越。其父冯祥光①供职于外交界，晚清时为五大臣出洋考察团随从人员，民国时曾任驻墨西哥公使。因此冯武越对于西方文化有着较为丰富的认识。

　　冯武越早年曾留学比利时、法国、瑞士多年，学习航空机械。1921年归国后曾在奉系军界任职，一度担任张学良的法文秘书，1925年任职东北航空署，逐步产生"弃武就文，以笔墨为生"②的想法。

　　据冯武越自述，少年时同小伙伴"在北京合办了一个誊写版印的什么《儿童杂志》，那时不过十三岁而已，放着书不去念，干这无谓的玩意儿，给家长大大的申饬了一番"③。但也自此"立下了办报的根基，到得壮年，不但喜欢看报、玩报，而且玩外国报，也是常干的事"④。20世纪20年代初他，先后在北京创办《电影周刊》和《图画世界》。《图画世界》以"时事、艺术、科学"为口号，内容包罗万千，靡有遗弃，为知识分子所赞赏。仅出版三期，便因战事突起，销路阻滞，亏损甚多而停刊。后来在《京报》副

---

　　① 俞志厚的《一九二七年至抗战前天津新闻界概况》(《新闻研究资料》1982年第4期)中将冯武越的父亲误为其叔父冯耿光。

　　② 吴秋尘：《记冯武越》，《益世报》，1936年4月26日。

　　③④ 武越：《笔公自述》，《北洋画报》第101期，1927年7月6日。

刊上刊发的《图画周刊》，算是《图画世界》的后续，但也只出过十多期便停止。冯武越认为《电影周刊》和《图画世界》可算是北方铜锌版画报的鼻祖。《电影周刊》和《图画世界》虽然夭折，但是冯武越由此积累了办报经验，为日后《北洋画报》的成功打下了基础。

1926 年，冯武越创办《北洋画报》于天津，"当年办画报、看画报者，无不知有武越其人"①。冯武越本人"能书画，工摄影，长小品文字，具美术天才"。冯武越利用这份报纸，尽力交结一些名流。有些名士写稿无有稿费，只是每期赠给经常写稿人画报一份。冯武越好客，每星期邀请名士和撰稿人举行宴会一次，佳肴美酒，谈艺论诗。其内弟赵道生为大华饭店经理，当然可以办到又丰盛、又省钱的筵席。大华楼头，一夕盛会，就算他对投稿朋友的厚谢了。许姬传将《北洋画报》社称为天津的"沙龙"。

1928 年张学良改旗易帜后，冯武越曾在东北文化促进社任职。他还积极参与一些天津文化团体的活动，并先后担任群一社社长、旅津广东音乐会会长和北洋摄影会总干事等职。20 世纪 30 年代，冯武越还曾提倡国民体育普及化，他认为要想造就"强健体魄之国民"，就决不能"仅仅在推广学校体育做法而得称止境，必也使不能得到学校体育训练利益之普通国民，咸有享受体育之机会，并使曾在学校久经锻炼之壮儿，于出校入社会以后，仍得维持其体魄之强健，然后国家乃能得到多数体魄健全之国民，肆力于各种工作，社会乃能有进步。欧美各国各城市均有无数的体育会、体育学校、健身房，不是为学生而设"。②而中国目前"太偏重于学校体育，而置国民体育于不顾，殊非国家社会之利，是宜亟亟普及民众体育，俾养成全体国民的健全体魄，使人人皆有健全的精神，然后乃能造成健全的社会与国家"③。冯武越的提议得到了培才学校校长郝铭的响应，

---

① 吴秋尘：《记冯武越》，《益世报》，1936 年 4 月 26 日。
② 武越：《国民体育应普遍化》，《北洋画报》第 629 期，1931 年 5 月 26 日。
③ 武越：《国民体育应普遍化》(续六二九)，《北洋画报》第 631 期，1931 年 5 月 30 日。

二人共同发起志成健身会,并制定会章,选举常务委员,宣布该会成立。

　　冯武越本患肺疾,1931年九一八事变后,华北形势趋于紧张,冯武越的病情受时局影响而加重,又适逢其父去世,使得他对经营《北洋画报》感到力不从心。1932年初,冯武越南游广东,本欲借机休养。孰料春夏时节北平、天津霍乱流行,其弟冯至海不幸染霍乱病逝,年仅30岁。这更给冯武越以打击。同年,冯武越为茔葬先人遗骨再度南返。1933年3月,冯武越将《北洋画报》全部让渡于同乡同生照相馆经理谭林北接办。此后冯武越赴北平西山山居疗养,但仍乐于参与京津社会文化活动,写有《山中杂记》数篇叙西山景致,发表于《北洋画报》。

　　1936年1月,冯武越病逝于北平,终年不详。

参考文献:

《北洋画报》,书目文献出版社,1985年影印版。

《益世报》,南开大学出版社、天津古籍出版社、天津教育出版社,2005年影印版。

《大公报》,人民出版社,1983年影印版。

（王兴昀）

冯熙运

冯熙运(1885—1951),字仲文,天津人,出生于天津河东的一个世家望族。

冯熙运自幼在冯氏私塾就读,天资聪颖,深得塾师的赞扬。1900年,冯熙运脱离家庭私塾,改入学堂学习西学。1904年,冯熙运以优异的成绩毕业于天津官立中学堂,考入北洋大学堂,攻读法科法律学门。上学期间,冯熙运学习非常刻苦,除学习专业课程外,经常出入图书馆,埋头读书,考试成绩均列优等,深受授课外籍教授的赞扬。1907年,冯熙运被清政府选派赴美国留学,入哈佛大学学习法律。1909年,哈佛大学毕业,获学士学位后,冯熙运又考入芝加哥大学研究院攻读博士学位,1911年毕业回国。

中华民国建立后,冯熙运担任直隶省检察厅检察官。冯熙运精通律法,为人正直,在检察官任上颇多政绩。

1913年,冯熙运应聘到北洋大学堂任教。他学识渊博,精通中外法律,在讲课中联系实际案例,旁征博引,调动起学生们的兴趣,因此深受学生的欢迎。1912年,北洋大学堂改称北洋大学校,教育部派赵天麟担任校长。赵天麟与冯熙运是北洋大学法律系的同学,又是同乡、同事,更成为要好的知己。冯熙运一心想协助赵天麟把学校办好,努力改进学校管理,提高办学质量。

1920年1月,冯熙运担任北洋大学校长,他积极贯彻严谨治学的传统,对招生、升留级都认真把关,不循私情,对政府拨给的经费也精打细算。1923年,他利用节约的办学经费,建设了新的学生宿舍楼。原来的学生宿舍是利用武库的6座库房改建而成,以两米高的木板隔成了两米见方的小屋,库房很高,上面完全通着,两侧和中间各留一条走道,各屋在走道一边挂有布帘,两间屋共用一个电灯。中间堂屋是公用洗脸处所。多年来学生一直就生活在这样条件简陋的宿舍里。新建的这幢楼房平面形状如英文字母U,人称"U字楼",是当时学校中颇具规模的正规学生宿舍,不仅房间宽大、采光明亮、设施齐全,而且有盥洗室、浴室、卫生间等,学生的生活条件得到较大改善。

按当时的社会风气,"U字楼"的施工方要对学校的负责人进行馈赠,冯熙运对此陋习断然拒绝,他让施工方用此款购买一批树苗,在校门口的北运河堤岸上种植桃树,成为本校师生和附近居民憩游之所。这些桃树栽下后,每值春季桃花盛开之时,桃红柳绿,景色宜人,号称"桃花堤",不但为成本北洋大学师生憩游之所,也为津沽增添一景。直到今天,冯熙运兴建桃花堤的义举仍为人传颂。北洋大学校歌中"花堤霭霭、北运滔滔",正是对这一景色的描写,至今仍为天津大学的学子们广为传唱。

冯熙运担任校长时,动辄以强硬的手段处理学潮,要求所有参加罢课的学生必须写出悔过书方准上课,不写者统统开除,还以停水、停电、停办伙食相威逼,一时被开除者达一百多人,占全部在校学生之半数。1924年春,难以忍耐的学生们掀起了"驱冯运动",列举了冯熙运昏愦、腐化、蛮横、顽固等种种事实,推举代表向教育部请愿。冯熙运恼羞成怒,竟宣布将学生带头人予以开除。此举无疑是火上浇油,全校学生一起罢课,结队赴北京,到教育部请愿,要求驱逐冯熙运出学校。在校内外舆论的巨大压力下,冯熙运只得辞去校长职务,离开北洋大学。

1927年,离开北洋大学的冯熙运与赵天麟、王龙光等人筹办了天津公学,学校包括中学教育和小学教育。后来又选新校址、建新校舍,更名为耀华学校,冯熙运担任学校的董事。

应滦州矿务公司之聘,冯熙运担任该公司的法律顾问,他对公司的经营管理提出许多切实可行的建议。与此同时,冯熙运还被选为启新洋灰公司、滦州矿务公司、开滦矿务公司、耀华玻璃公司、振华纸板公司等八大财团企业董事会的董事,为推动我国北方实业的发展做出了一定的贡献。

冯熙运喜书法、善篆刻、好收藏,曾治印多方分赠亲友。晚年酷爱近代名人字画,曾收集华、孟、严、赵等名家书法,以及南张、北溥、齐白石、刘奎龄等大师的绘画,每以品评欣赏字画为公余之乐。新中国成立后,冯熙运的大部分藏品都捐赠给天津艺术博物馆和天津图书馆。

1951年秋,冯熙运因病医治无效,在天津去世,终年66岁。

参考文献:

周川主编:《中国近现代高等教育人物辞典》,福建教育出版社,2012年。

左森、胡如光编:《北洋大学人物志》,天津教育出版社,1990年。

天津市档案馆、天津市河北区档案馆主编:《旧天津意奥租界故事》,天津人民出版社,2011年。

天津大学校史编写组编:《天津大学简史》,天津大学,1980年。

(郭嘉宁)

冯紫墀

冯紫墀（1902—1981），字子持，天津人。

1924年，冯紫墀毕业于南开大学商学系，先任教于南开中学、省立中学，后到何廉主持的国货研究所任研究员。1927年，英商平安电影有限公司董事长兼总经理卢根将该公司所属的天津平安、北京平安、光明等三个电影院，与以罗明佑为首的北京真光电影公司所属的北京真光电影院、中央电影院、天津皇宫电影院等三影院合作营业，双方六个电影院的总管理处定名为华北电影公司。1929年秋，冯紫墀考入华北电影公司，在短暂充任平安电影院院务主任后旋即回到国货研究所。1930年春，国货研究所停办，冯紫墀受华北电影公司的聘请，充任公司总管理处英文秘书兼编译之职。当时，冯紫墀等人编写了《人道》《城市之夜》等剧本，影片上映后轰动一时。

1932年4月，真光电影公司与英商平安电影有限公司的合同期满，华北电影公司宣告解散。真光电影公司、英高平安电影有限公司收回各属影院自办。平安电影有限公司董事长兼总经理卢根派丹麦人克林从上海来北京接办。冯紫墀受邀担任了原华北电影公司同人合办的河北电影院经理。华北电影公司解散后，原公司董事兼司库陈霁堂组织了北中电影公司，承租经营两个平安及光明等三影院。陈自任经理，邀请冯紫墀为副理。管理处设在光明电影院楼上。影院直接与美国米高梅、华纳及雷电华三大电影公司签订了头轮片在京津两个平安电影院上映的合同，并选择了对白少、易于中国人理解的影片在光明及北京真光、中央等电影院作二轮放映。这三家影院又联合与明星、联华等国产片公司签订了供应合同。但头轮片放映情况并不十分顺利,天津平安与当时另外两家头轮片影院大光明及光陆影院形成鼎足之势。

1936年,泰康商场内主演曲艺的小梨园,经营每况愈下,更换了几任经理也无济于事。冯紫墀得知后,便把小梨园租下,委托族兄冯登墀为经理。经过调研,他发现旧"三行"制度(即手巾把、糖果案子、茶房)是观众一致反对的恶俗,便予以废除。采取预先售票、对号入座、不收小费等新式管理方式。在园内备花茶,茶资算在票价内,改善了环境和观看体验,受到观众的欢迎,小梨园的营业状况得以大大改观。

1939年,庆云戏院改演曲艺节目,将小梨园的名角全都挖走,小梨园遭受沉重打击,一度被迫停演曲艺节目。冯紫墀毅然决定改演评戏。当时天津评剧还处于成长阶段,但冯紫墀已从观众对它的喜爱程度中看出了评戏在天津的发展势头。他特邀新翠霞戏班进园,戏班除演传统评戏外,还以新的电影片为脚本,在他的指导下排演了很多新编戏目。冯紫墀利用自己在光明电影院的身份,在晚场电影散场后,把来津后尚未公演的新电影片先让评戏演员观摩,再按照故事情节排成新戏,在极短的时间内排练了《红花瓶》等新剧,受到观众的喜爱。同年,冯紫墀又租下经营不善的大观园,改名为大观园方记,专门演出曲艺节目。他任辛德贵为经理,参照小梨园的方式进行经营,使大观园方记成为又一个有新意的娱乐场所。

1937年卢沟桥事变以后,日伪军警特务横行,影院生意大受影响,北中电影公司亏损严重,拖欠片租及职工工资,内外交困。1939年秋,天津闹水灾,平安、光明两影院均被水淹。陈霁堂把公司仅有的流动资金从银行中提取干净,逃往上海。为维持平安、光明两影院的生存,卢根、冯紫墀、刘锜三人合组平安影业公司,承租平安、光明两影院继续营业。新公司资本总额为伪银联券12万元,卢根认股半数,冯紫墀入股35000元,刘锜认股 25000 元。

平安影业公司于 1940 年 4 月 1 日成立,卢根仍居沪上,以总经理名义签订影片合同,商洽排片、演期等事务。平安影院直接与美片商派拉蒙、联美、雷电华、环球等公司签订合同,继续营业;光明影院则施工改善内部设备,力求革新。9 月 12 日,光明电影院开幕,首演米高梅、派拉蒙公司拍摄的影片。因光明电影院声光设备好,实行对号入座新办法,宣传花样翻新,一时营业之盛,甲于同业。

冯紫墀经营电影业有自己的特点:一是大力争取首先放映美国新片的专利,当时美国八大公司(如华纳、米高梅、哥伦比亚、环球、二十世纪福克斯等)的新片,都在平安影院首轮放映,光明影院二轮放映;二是善于联络英法两国工部局和租界内的印度警察、越南警察,因此影院秩序良好;三是学习英商的经验,改进影院的服务工作,注重效率,讲究礼貌,清洁卫生;四是在电影放映中场休息时,他常常请杂耍艺人加演曲艺节目,拥有大量拥趸。加上光明和平安两影院地处租界繁华地带,设施设备先进,虽然天津影院众多,但始终不能与平安、光明相抗衡。冯紫墀在电影业中享有盛名。

1941 年 12 月,太平洋战争爆发,美国影片被禁运,中国片及存片均由日本人控制的华北电影公司统筹配给,京津大小影院排片大权完全掌握在日本人手中。由于卢根为英国国籍,1942 年底,日军天津防御司令部宣传班长史野荣策中尉偕日商田中公等到平安、光明两院,声称两院均系敌产,应予军管。田中公等人出面组织"天津影业协会",准备由冯紫墀任理事,同时担任企划职务,冯紫墀婉辞未就。后经卢根、冯紫墀等人多方奔走,日方发还平安、光明两影院。1944 年,日方仍借机将光明电影院强行接收,因平安影院地处偏僻,无利可图,免遭灾难。

抗战胜利后,光明影院被国民党中宣部驻津办事处"接收"。冯紫墀托人多方说情,始得发还。平安、光明两院同时恢复了营业,美国影片充斥其中,娱乐场所营业又繁荣起来。但这时国民党伤兵到处横行霸道,军警也动辄寻衅,苛捐杂税名目繁多,加之官吏百般挑剔,趁机敲诈,往往扣除影片放映租金外,所余有限,几乎难以维持开支。市面上通货膨胀严重,物价飞涨,影院业务不振,光明、平安两影院的运作极为艰难,冯紫墀为此开办了一家亨孚银号。1946 年,冯紫墀出任南开校友会天津总会常务委员。1947 年 8 月,南开校友成立"公能学会",冯紫墀出任常务委员。1949 年 4 月,冯紫墀担任私立南开中学董事会董事。

新中国成立后,冯紫墀继续担任平安影业公司经理。平安、光明两影院除上演少数苏联影片外,仍继续大量上演留存的美国影片。1952 年,光明影院由市文化局接管。1953 年,大观园方记歇业。1956 年,影剧业实行全行业公私合营,小梨园也停止演出,冯紫墀到中学任教。

1981 年,冯紫墀病逝于昆明,终年 79 岁。

参考文献:

天津市档案馆、天津市河北区档案馆主编:《旧天津意奥租界故事》天津人民出版社,2011 年。

冯紫墀:《我在平安电影院二十年的经历》,载天津市政协文史资料委员会编:《天津文史资料选辑》第 75 辑,天津人民出版社,1997 年。

中国曲艺志全国编辑委员会、《中国曲艺志·天津卷》编辑委员会编:《中国曲艺志·天津卷》,中国 ISBN 中心出版社,2009 年。

王文俊、梁吉生等编:《南开大学校史资料选(1919—1949)》,南开大学出版社,1989 年。

《天津南开中学志》编修委员会编:《天津南开中学志》,天津教育出版社,2014 年。

(高　鹏)

傅 作 义

　　傅作义(1895—1974),字宜生,山西运城人。1895 年 6 月 27 日出生于荣河县安昌村。傅作义祖辈世代务农,父亲当船工,靠摆渡、贩煤为生。后家境渐殷实,成为当地富户。

　　傅作义 6 岁入私塾,1905 年入荣河县立小学堂,3 年后考入运城河东中学堂。1910 年考入太原陆军小学,辛亥革命时参加太原起义,任起义学生军排长。1912 年被保送入北京清河镇第一陆军中学读书。

　　1915 年,傅作义以优异成绩升入保定陆军军官学校第五期步兵科,1918 年毕业后分配到阎锡山晋军独立炮兵第十团任见习官,后历任排长、连长、营长等职。1924 年 10 月,第二次直奉战争爆发,傅作义随军出兵石家庄,因战功升任第四旅第八团团长。1926 年 5 月,冯玉祥国民军攻打天镇,傅率部坚守 3 个月,天镇解围后升为第四旅旅长,翌年晋军扩编,旋升为第四师师长。

　　1927 年 6 月,阎锡山附蒋反奉,1928 年 2 月晋军改为国民革命军第三集团军,后兵分三路出京汉、京绥线攻打奉军。傅作义的第四师作为别动队,间道出太行,突袭攻入直隶涿州城。后长期被奉军包围,坚持守城近 3 个月,城中军民断粮。次年初,傅作义亲赴保定与张学良议和,所部接受奉军改编,傅被软禁于保定。

　　1928 年 4 月 25 日,傅作义在友人的帮助下潜逃至天津,设法集结旧部。6 月,奉军撤往关外,阎锡山接管天津,任命傅作义为国民革命军第三集团军第五军团总指挥兼天津警备司令。他对部下约法三章:"不吃喝嫖赌,不敲诈勒索,不贪赃枉法,有触犯者,必予严惩。"①他本人也身着布装,不近烟酒,仅嗜好骑马、打猎和照相。在津期间,傅作义延请学者讲授时事政治,请南开大学英语教师段茂渊讲英语,与南开大学校长张伯苓、《大公报》主编张季鸾等名流过从甚密,还结交了北大校长胡适。

1930年5月,蒋、冯、阎中原大战爆发,傅作义任阎锡山部第四路军指挥官,负责指挥津浦线北段战事,率部进占济南,任济南行辕主任。不久,阎锡山和冯玉祥国民军大败,傅作义密赴沈阳企图说服张学良支持阎锡山未果,返津痛不欲生,举枪自裁,幸被家人所救。9月,张学良入关,傅接受改编,所部移防绥远,出任第三十五军军长、代理绥远省政府主席。九一八事变后,傅作义与宋哲元等50余名将领于9月28日联名通电抗日。

1933年1月,日军侵占榆关(今山海关),危及华北,傅作义致电南京国民政府,请缨抗战。15日,以省主席名义发表《告全省民众书》,号召救国御侮。25日,率三十五军开赴察热地区抗击日寇。长城各口相继陷落后,北平形势骤然紧张,国民政府急调数军增援。2月上旬,傅作义出任第七军团总指挥。4月30日,傅奉命驰援昌平,乃亲率五十九军急行军到达昌平。5月14日,部队开至怀柔、牛栏山一线。19日,日寇攻占密云,进犯怀柔,遂向守军发动总攻。傅作义沉着应战,打退日寇的多次进攻,三次收复阵地,痛击日寇早川联队,使战局形成对峙局面。傅作义挑选能征善战的500人组成奋勇队,夜袭敌营,以扩大战果。怀柔之战是五十九军在长城抗战中的最后一战,毙敌346人,伤600人。国内各报以《以血肉当敌利器,傅部空前大牺牲》《肉搏数十次,使敌失所长》《沙场战士血,死也重泰山》等大字标题,赞誉抗日官兵。②

随后,国民政府令各部队南撤,傅作义率部返回归绥,制定了治绥的

---

① 潘纪文:《跟上时代的步伐——记傅作义将军走过的道路》,载全国政协文史和学习委员会编:《回忆傅作义》(《文史资料百部经典文库》),中国文史出版社,2013年,第36页。

② 黄存林主编:《长城察绥抗战》,中国文史出版社,1993年,第116页。

具体规划,重点抓了剿匪清乡、安缉地方,建设农村基层政权,稳定社会、整顿市容,整顿金融、开源节流,城乡建设和发展教育等六方面工作。短短三年,绥远地区的经济、教育均有较大发展,社会秩序基本安定。1935年4月,傅作义晋升为陆军二级上将。

1936年初,在日本人的策划下,德王和汉奸李守信等成立伪蒙古军总司令部和伪蒙古军政府,公开叛国。6月下旬,日军在拉拢收买傅作义碰壁后组织日伪军进犯绥边兴和,傅指挥守军奋力抵抗,并指挥骑兵等多次反击。11月12日,日伪军再次集中兵力,在数架飞机的掩护下进犯红格尔图。傅作义召开军官会议,立志为抗战而死,死而无怨,要各部队全力以赴。16日,傅作义亲赴集宁,令董其武率部突袭日伪军。18日夜,董其武指挥3个步兵团、1个骑兵团及炮兵营等部发起总攻,围歼日伪军于土城子村,19日上午取得红格尔图战斗胜利。傅作义决定乘胜收复百灵庙。11月23日,傅作义所部夜袭敌前沿阵地,随即山炮营占领百灵庙东南高地炮轰敌机枪阵地,装甲车队冲入百灵庙。经10小时激战,日伪军溃退而逃,傅军一举收复百灵庙,共毙伤日伪军1000余人,俘虏400余人,缴获大量火炮、物资。毛泽东、朱德发来贺电,称此战为中华民族争一口气,为中国军人争一口气。[①]

1937年7月,全民族抗战爆发。8月,傅作义出任第二战区第7集团军总司令,命董其武收复察北商都等地,赴平绥路东段张家口至南口一线抗日。旋转赴山西,参加平型关战役、忻口会战。10月承担太原防务,苦战三昼夜,终因所部伤亡过重,退至石楼、柳林修整。

1937年底,傅作义任第二战区北路军总司令,设总部于柳林镇,派员赴延安与中国共产党建立联系,建立了北路军政治工作委员会等,邀请共产党员协助建立机构。1938年4月,为策应徐州会战,北路军发动绥南

---

① 《毛泽东、朱德贺绥远守军抗日胜利》(1936年11月21日),载黄存林主编:《长城察绥抗战》,中国文史出版社,1993年,第374页。

战役,全歼日军岩田骑兵联队。1939年1月,傅作义担任第八战区副司令长官,从此脱离阎锡山晋军体系。12月,傅作义指挥部队奔袭日军占据的包头,激战半月,歼灭日伪两个团。1940年3月,傅作义又率部对盘踞五原之敌发起猛攻,血战两昼夜,收复五原,击毙日酋水川一夫中将,取得五原大捷。其间,成立战地复兴委员会、土地整理委员会、水利指挥部、军耕农场,以保证军需。

1945年5月,傅作义赴重庆出席国民党第六次全国代表大会,当选为国民党中央委员。8月,任第十二战区司令长官,奉命东进绥远、察哈尔、热河,接受日军投降。内战爆发后,傅作义不愿内战,决心引退,向国民党政府提交辞呈,未获批准。1946年10月,傅作义率部占领张家口,被南京国民政府任命为察哈尔省政府主席。

1947年12月,傅作义出任华北"剿总"总司令,设总部于北平西郊。1948年11月初,傅作义飞往南京参加最高军事会议,他在会上提出"固守平津塘倚海作战"主张。傅作义返北平后,将张家口的眷属移至天津,令陈长捷积极构筑工事,以缓和蒋要南撤的胁迫。11月中旬,傅作义密电毛泽东表达和平解放北平的愿望。12月,傅部主力35军在新保安被围歼,104军、105军在怀来、张家口先后被歼,傅作义深受震动。

1949年1月15日,天津解放。傅作义派邓宝珊为代表与解放军平津前线司令部林彪、聂荣臻商谈,签订《北平和平初步协议》。21日,傅作义召集高级将领会议,宣布北平城内的国民党守军接受和平改编,并颁布《关于全部守城部队开出城外听候改编的通告》。第二天,各部队以师为单位分别开赴指定地区听候改编。1月31日,中国人民解放军举行隆重的进入北平城仪式,北平宣告和平解放。8月28日,傅作义携毛泽东"不用武力解决绥远问题"①的亲笔信,从北京乘专车到归绥市(今呼和浩

---

① 《傅作义生平大事纪要》,载全国政协文史和学习委员会编:《回忆傅作义》(《文史资料百部经典文库》),中国文史出版社,2013年,第458页。

特),协助绥远和平起义工作。9月19日,国民党绥远省政府主席董其武、兵团司令官孙兰峰等联名通电,率部6万余人举行起义,宣布脱离蒋介石反动集团,绥远和平解放。

1949年9月,傅作义参加中国人民政治协商会议第一届全体会议,当选全国政协委员、中央人民政府委员会委员。新中国成立后,中央人民政府任命傅作义为水利部部长,并担任中央军事委员会委员。12月,傅作义出任绥远军政委员会主席、中国人民解放军华北绥远省军区司令员。

1950年6月,傅作义上书毛泽东,积极主张抗美援朝。12月,向毛泽东建议,调原绥远起义部队入朝参战,得到毛泽东的批准。

1954年,傅作义当选第一届全国人民代表大会代表。相继担任水利部部长、水利电力部部长、国防委员会副主席,全国政协第二、第三届全国委员会常务委员、第四届全国委员会副主席,授予一级解放勋章。

傅作义不忘祖国统一,撰写《给台湾一些旧朋友的公开信》在《大公报》发表;还抱病参加全国政协纪念台湾人民"二二八"起义26周年座谈会,并发表谈话说:"血浓于水,落叶归根,七亿同胞无不殷切期望,热烈欢迎亲人归来。"①

1972年10月,傅作义因病辞去水利电力部部长职务。1974年4月19日,傅作义在北京医院逝世,终年79岁。其骨灰安放在八宝山革命公墓内。

参考文献:

全国政协文史和学习委员会编:《回忆傅作义》(《文史资料百部经典文库》),中国文史出版社,2013年。

李新等主编:《中华民国史·人物卷》,中华书局,2011年。

---

① 《傅作义生平大事纪要》,载全国政协文史和学习委员会编:《回忆傅作义》(《文史资料百部经典文库》),中国文史出版社,2013年,第464页。

荆楠编著:《1936绥远大捷报——绥远抗战影像全纪录》,长城出版社,2015年。

《北平和平解放全过程纪要》,载林可行编著:《决战北平》附录1,吉林文史出版社,2006年。

(井振武)

宫邦铎

宫邦铎(1881—1941),字振声,祖籍山东德平县,幼年随父经商到天津。[①]1898年,宫邦铎入武卫右军随营步兵学堂,1899年被选派至日本,先入日本陆军成城学校完成预备学业,继入日本陆军联队步兵大队实习,1902年6月考入日本陆军士官学校第三期,1903年11月毕业。

回国后,宫邦铎投效北洋军李纯部,曾于1904年出任北洋督练处委员,1906年任陆军第六镇步十二协第二十三标教练官。1906年5月考入陆军行营军官学堂(后改为陆军预备大学堂第一期)学习。1908年2月毕业后,复归李纯部,任该部步兵标炮兵营管带、参谋官。1912年10月任李纯将军公署咨议官,1912年12月任北京政府中央陆军第六师(师长马继增)步队第十二旅第二十四团团长。1914年8月7日任北京政府中央陆军第六师第十二旅步兵第二十三团团长,率部驻军江西南昌地区。1916年11月,署北京政府中央陆军第六师第十二旅旅长,率部驻军湘西地区。1917年,李纯任江苏督军,宫邦铎任中央陆军第六师第十二旅旅长,率部驻军南京地区。1919年6月9日被北京政府陆军部授予陆军少将衔。1920年6月11日,被北京政府陆军部授予陆军少将加中将衔。

1920年10月,李纯突然死于督军署内,齐燮元自行宣布就任江苏

---

① 陈予欢编著:《中国留学日本陆军士官学校将帅录》,广州出版社,2013年,第331页。

督军。宫邦铎投归齐燮元麾下，1920 年 12 月任江苏江宁镇守使。1921 年 12 月被北京政府陆军部授予陆军中将衔。1923 年 11 月被北京政府陆军部授予将军府振武将军。1924 年 7 月任直系控制北京政府中央陆军第十九师师长，兼任淞沪镇守使。1924 年 9 月任直系军苏军总司令部第一陆军司令部司令官，兼任陆军第十九师师长，统辖四个师两个混成旅兵力，率部参加江浙战争。后任齐燮元部前敌总指挥部总指挥、淞沪护军使等职。1924 年 12 月 13 日，北京陆军部电令宫邦铎回任第六师师长，所遗第十九师师长即令何丰林继任。①齐燮元战败后被迫下野，离宁赴沪。直系失势使宫邦铎倒向奉皖。齐燮元见宫邦铎已离心离德，唆使驻上海之第六、第十九师军官逼迫宫邦铎离职。1925 年 1 月 10 日晚，宫邦铎致电段祺瑞和卢永祥，宣布辞职下野。随后，宫邦铎到天津英租界寓居赋闲。

1927 年 6 月，张作霖任大元帅的安国军政府成立，宫邦铎任张作霖军政府军事部陆军署军械司司长。1928 年 6 月，安国军政府垮台，宫邦铎再次下野，到天津租界当了寓公。1930 年春，冯玉祥邀宫邦铎赴郑州赞襄军务，任国民革命军第二集团军第四方面军新编军军长、冯（玉祥）阎（锡山）反蒋联军第一方面军总司令部预备炮兵军军长。1930 年 6 月中原战败后，宫邦铎仍回天津寓居，从此不问军政事务。

宫邦铎在天津寓居期间沉溺于天津最大的赌场——回力球场，终至家业败落，妻离子散。

1941 年 11 月，宫邦铎病逝于天津，终年 60 岁。

---

① 《军务厅关于宫邦铎、何丰林分任第六师、第十九师师长函稿》，载中国第二历史档案馆编：《中华民国史档案资料汇编·军事》（一）（上），江苏古籍出版社，1991 年，第 252 页。

参考文献：

陈予欢编著:《中国留学日本陆军士官学校将帅录》，广州出版社，2013 年。

陈玉堂编著:《中国近现代人物名号大辞典》(续编)，浙江古籍出版社,2001 年。

辛平编著:《民国将领录》,辽宁人民出版社,1992 年。

（万亚萍）

郭 德 隆

郭德隆(1905—2008),出生在山东临朐县城北的农村,9岁时举家迁到天津。起初,他到教会做童工。15岁时才有机会上学读书,在汇文中学毕业后考入燕京大学。在威尔逊教授(S.D.Wilson)的帮助下,郭德隆得到谷润德大夫(T.C.Greene)的资助,顺利完成学业。谷润德资助郭德隆的条件只有一个,"毕业后只能在医学校或医院工作,不要开业行医"①。

1936年,郭德隆从山东齐鲁大学医学院毕业,获医学博士学位,1940年进入燕京大学担任校医。1941年秋,他带领工作人员来到天津,借用天津中华基督教青年会(下文简称"天津青年会")部分房室,为燕京大学当年在天津录取的新生进行健康检查。检查的内容除一般体检外,还做了结核菌素试验和肺部X线透视,以便及时发现肺结核,实施治疗。这项工作引起了天津青年会的注意,邀请郭德隆在联青社的例会上,作了题为《肺结核病对青年的危害及其预防方法》的演讲。演讲结束后,仁立毛纺厂总经理朱继圣非常激动地说:"我的将要高中毕业的爱女,就是由于我们缺乏结核病的知识死去了!"②随后,天津青年会总干事杨肖彭写信给燕京大学校务长司徒雷登,约请郭德隆来津为青年会会员检查肺病。青年会会员都表示支持开展预防肺结核的工作,一致认为应建立天津结核

---

① 郭德隆:《勤奋·机遇·服务》,载天津市政协文史资料研究委员会编:《天津文史资料选辑》第53辑,天津人民出版社,1991年,第32页。

② 郭德隆:《天津公立结核病防治院的始末》,《结核病健康教育》2000年第1期。

病院,遂成立了"天津结核病院筹备小组"。其成员有:仁立公司总经理朱继圣、百货售品所经理吉玉如、东亚毛织公司总经理宋棐卿、东亚毛织公司副经理陈锡三、天津航业公司经理王更三、青年会董事卜俶成、陈芝琴,青年会会员倪念先、冯紫墀等人。并推举朱继圣为组长,杨肖彭为秘书,聘郭德隆为顾问,委托郭德隆购置 X 光设备。

郭德隆与通用电气公司联系,购买一台 100 毫安的 X 光设备,售价3600 美元。在筹备小组第二次会议上,决定由仁立毛纺厂朱继圣、东亚毛纺厂宋棐卿、中华百货售品所吉玉如、天津航业公司王更三、天津中央银行行长卜俶成和天津外贸经营人陈芝琴各承担六分之一的费用。由朱继圣用其在美国的存款与通用电气签订合同。不料 1941 年底太平洋战争爆发,所订购的 X 光设备被冻结,天津市结核病院的筹备工作陷于停顿。

1942 年春节期间,郭德隆来津拜访朱继圣,朱继圣决定再次出资,购得德商兴华公司所存北京德国医院替换下来的一台 X 光设备,并委托原协和医院的胡技师给予修理和配件。筹备小组会议决定,将筹备小组改为天津结核病院董事会,由朱继圣任董事长,郭德隆任院长。1942 年 7 月4 日,门诊部举行了开诊仪式并接受肺结核患者就诊,门诊收费等事由青年会人员负责。从此,天津结核病患者有了就诊之处,不必再往北平奔波了。在这里看病做透视所花的费用,比外面私人诊所要便宜四分之一。

同年秋天,经过周密的准备后,医院将门诊部的 X 光设备运到仁立和东亚两厂,对约计 4000 名职工进行了肺结核病早期检查。当时,两厂每年各有 10 余名青壮年死于肺结核病。郭德隆与厂方共同商订相关的劳保条例,"对需要停工治疗的肺结核病患者照发工资,一切治疗费用全部由厂方支付。在当时,这样的优越条件是从未有的,在全国也属首创"[①]。在董事会的资助下,郭德隆在马场道租到一所意大利式的两层楼房,院内有较

---

① 郭德隆:《勤奋·机遇·服务》,载天津市政协文史资料研究委员会编:《天津文史资料选辑》第 53 辑,天津人民出版社,1991 年,第 36 页。

大的空地,还有平房,环境安静,适合养病。房屋修缮后设 36 张病床,还有手术室和化验室。初期收入患者多为东亚和仁立两厂的工人。后又在北平香山设立疗养所,以供轻度肺结核患者休养。

1943 年,郭德隆辞去北平道济医院职务,来津专任结核病院工作。1944 年,又在长沙路建立了肺部保健处。天津结核病院包括门诊部、住院部和肺部保健处,共有医护人员和职工 20 余人。医疗设备费由董事会筹措,日常开支及工作人员薪金由医院收入支付,不足部分由董事会资助。郭德隆"以结核病院为中心策源地,展开了防痨工作,以工厂、公司及学校团体为对象,实施普遍检查。先后经过那一副老黑透镜检查的有很多的单位:工厂方面如仁立、东亚、恒源、北洋等;公司银行方面如百货、中原、河北、新华、上海、交通、久耐等;学校方面如耀华、圣功、三中、工商等。职工及学员被检查者数千人,其收获不言可知"①!

抗日战争胜利后,郭德隆赴南京卫生署汇报北平、天津两市肺结核病的流行情况,获得联合国救济总署和美国红十字会提供的防痨设备,并于 1947 年 5 月携设备回到天津。回津后,郭德隆向杜建时市长作了汇报。杜建时当即批示:"将旧英国侨民医院院址拨给天津结核病院永久使用,即时办理交接手续。"②

朱继圣、宋棐卿等几位董事对该医院进行实地考察后,决定出资对该院进行整修。新院址修缮一新后,董事会召开了特别会议,决定为了更确切地表达医院组织性质,将"天津结核病院"改称"天津公立结核病防治院",仍由朱继圣任董事长,郭德隆任院长。③

1947 年 11 月 17 日,天津公立结核病防治院举行了隆重的揭幕仪式,开幕式由朱继圣主持。天津公立结核病防治院"共设有内、外、预防 3

---

① 《平津防痨协会近况》,《益世报》,1946 年 8 月 29 日。

② 郭德隆回忆,郭姝珠整理,任勇撰:《天津防痨事业的开拓者》,《天津日报》,2009 年 3 月 21 日。

③ 参见郭德隆:《天津公立结核病防治院的始末》,《结核病健康教育》2000 年第 1 期。

科,设 25 张病床,此外还有 X 光室、化验室和手术室。X 光和化验设备除美国红十字会捐赠的以外,还有 X 光设备 6 套,供做集体照肺部 70 毫米片的设备两套,其中一套便于到院外进行团体检查"①。天津公立结核病防治院的成立结束了以前门诊、住院部四处分散的局面,使医院的软硬件水平得到大幅提升。同时,郭德隆邀请黄夏、李永春、朱宗尧、张纪正等著名医学专家来津充实技术队伍。天津防痨事业的规模和技术水平得到充分发展和不断提高。

天津公立结核病防治院特别注意肺结核病的预防工作,提倡团体肺部检查。在防治院成立后的几个月中,在结核病'防'的方面已经收到相当效果,各机关、学校请求作肺部团体检查的愈来愈多,经检查的达万余人。

1948 年,郭德隆赴丹麦、瑞士、英国,参观学习肺结核的防治。1949 年1 月,天津解放,郭德隆谢绝国外朋友的挽留,于 5 月回津,继续致力于结核病的防治工作。1949 年秋,中纺医院开始建立,缺少 X 光设备,经董事会同意,将美制 100MA 的 X 光设备转让给中纺医院,用所得款买到大理道一所楼房,设立了有 65 张治疗病床的分院。1950 年 10 月间,市卫生局与天津公立结核病防治院董事会协商达成协议:将防治院交由市卫生局领导,并改称天津市第一结核病防治院。不久举行了隆重的移交仪式,卫生局仍任命郭德隆为院长。

此后,郭德隆继续致力于结核病的防治工作。1955 年发表《异烟肼对于早期和轻度浸润型结核在继续工作情况下疗效的初步审定》《于继续工作情况下锁骨上下浸润型肺结核之转归观察》等 6 篇论文。1957 年又撰写了《早期轻度肺结核患者服用异烟肼不休息的处理方法》一文,在印度新德里召开的十四届国际防痨联盟大会上进行宣读,得到与会专家的好评,并刊登于国际防痨汇编。

---

① 郭德隆:《勤奋·机遇·服务》,载天津市政协文史资料研究委员会编:《天津文史资料选辑》第 53 辑,天津人民出版社,1991 年,第 39 页。

1957 年郭德隆被错划为"右派","文化大革命"期间蒙冤入狱五年。1977 年恢复工作后，他把主要精力放在危害全市人民健康的恶性肿瘤、冠心病、高血压、脑卒中等病的防治研究上，多次到广州、哈尔滨、石家庄等地作专题报告，在广播电台、电视台作《吸烟与健康》《吸烟对人体的危害》《吸烟对心血管系统的影响》《冠心病的预防》等专题讲座。1982 年，郭德隆在太原召开的全国卫生科普积极分子表彰大会上获奖。1992 年获国家科技成果奖。

2008 年，郭德隆在天津去世，终年 103 岁。

参考文献：

朱宗尧:《从事防痨五十年回顾》，载天津市政协文史资料研究委员会编:《天津文史资料选辑》第 45 辑,天津人民出版社,1988 年。

杨肖彭:《天津结核病院的创建经过》，载天津市政协文史资料研究委员会编:《天津文史资料选辑》第 38 辑,天津人民出版社,1987 年。

萧英华:《郭德隆与天津防痨事业》，载天津市和平区政协文史资料委员会编:《天津和平文史资料选辑》第 4 辑,1992 年。

（王兴昀）

郭 隆 真

　　郭隆真(1894—1931),本名郭淑善,1894 年 4 月生于直隶省元城县金滩镇一户回民家庭。1909 年,聪明好学的郭隆真便和父亲一起在自己家里办了一所女学,定名为元城县第一女子小学堂,免费招收了 20 名女孩子读书。1913 年,郭隆真到天津直隶第一女子师范学校学习,先入简易师范班,再入预科,之后才考入师范本科第八级,1919 年暑期毕业。

　　1919 年五四运动爆发。郭隆真同周恩来、马骏、刘清扬、邓颖超等一起领导天津学生参加五四运动。5 月 5 日晚上,经郭隆真和邓颖超等研究后,于 6 日下午由郭隆真主持召开直隶女师各班代表会议。会上,她慷慨激昂地陈述巴黎和会上中国所受的耻辱,揭露帝国主义与卖国贼,并大声疾呼:"国难当头,妇女应当从深渊中跳出来,冲破封建束缚,救国救民,爱国不分男女,救国不能后人!"

　　为了把天津各女校学生组织起来参加爱国运动,郭隆真和刘清扬、邓颖超等到各女校联络,筹备建立妇女组织。经过她们紧张的活动,5 月 25 日,天津女界爱国同志会成立大会举行,参加会议的有天津中西女中、高等女校、普育女中等女校的学生 600 多人。会议公推女师毕业生刘清扬和女师附小教员李毅韬为正副会长,邓颖超、郭隆真、张若名为评议委员,并组成爱国宣传讲演队,以邓颖超、郭隆真为讲演队队长。女界爱国同志会成立后,郭隆真率领讲演队日夜奔波在天津的大街小巷上,讲演的内容除揭露帝国主义和卖国贼的罪行外,还宣传争取妇女解放、男女自由平等、反对包办婚姻、保护妇女儿童等。

在爱国学生和全国各界人民的斗争下，北京政府于6月上旬罢免了曹、章、陆3人。6月中旬全国学联成立后，号召和组织各地学生，投入拒签和约运动。各地学联纷纷通电呼应，天津学联和女界爱国同志会推选马骏、刘清扬、郭隆真等10人为代表，与北京学联等一起到总统府请愿。这是郭隆真第一次进京参加请愿活动。在全国人民抗议活动的压力下，参加巴黎和会的中国代表没有在和约上签字。

1919年8月，山东军阀济南镇守使马良枪杀山东回教救国会会长马云亭和其他两位领导人，宣布山东戒严，野蛮镇压爱国运动。马良的暴行引起全国公愤。这时天津当局在回民中散布"天下教友是一家"的谬论，企图挑拨离间回汉青年的团结。郭隆真和刘清扬等召集天津一部分回族群众开会，向大家指出：既然教友是一家，为什么身披"教友"外衣的马良下毒手杀害了回民马云亭？这分明是骗人的迷魂药，是挑拨回汉团结的阴谋。接着，郭隆真又一次参加了进京请愿活动。天津学联推选她和刘清扬、张若名以及男学生代表共10人于8月23日进京。到北京后，他们联合北京学生代表瞿秋白等15人，组织了25人的请愿团到总统府前请愿，要求惩办刽子手马良，要求爱国自由。大总统徐世昌拒不接见。郭隆真在总统府门前向过路的各界群众演讲，痛斥卖国贼枪杀爱国领袖的罪行，带领群众高呼"打倒卖国贼""还我山东"等口号。经过一天一夜的斗争，反动政府派军警逮捕了学生代表，将代表们拘押在北京警察厅。请愿代表被捕后，全国各地强烈抗议。在强大的压力下，反动政府不得不在8月末释放了郭隆真等请愿代表。

9月初，在从北京回天津的火车上，郭隆真首先提议：为了今后斗争的需要，男女同学要更好地联合起来，天津学生联合会和天津女界爱国同志会应该更紧密地合作，成为天津爱国运动的核心。经过一番酝酿和准备，1919年9月16日，两个组织在草厂庵天津学联办公室召开会议，决定各派10个人参加。其中男代表有周恩来、马骏、谌志笃等，女代表中有刘清扬、郭隆真、邓颖超等。会上决定出版刊物《觉悟》,主办刊物的团体就叫觉悟社。觉悟社成立后请李大钊来津指导。李大钊特别称赞他们男女同志合组团体,勇敢打破封建隔阂的精神,鼓励他们团结奋进,努力学习新思潮。

觉悟社成立后,郭隆真第三次进北京请愿。应山东爱国团体的要求,天津、上海、南京、河南等省的18个爱国团体的31名代表陆续到京。天津各界联合会派出代表8人,其中有郭隆真等3名女生。10月1日,全体代表齐集新华门前,要求徐世昌大总统接见。在请愿书中,除要求惩办马良、解除山东戒严外,还要求不得补签对德和约,不得与日本直接交涉,取消“二十一条”,解散安福俱乐部等。徐世昌避而不见。当晚9时,京师警察厅派出五六百军警,将郭隆真等代表强行押至警察厅。由于郭隆真等全体代表的坚决斗争和全国人民的声援,北京反动政府于11月10日被迫释放了全体代表。

郭隆真被释放后,回到天津参加领导抵制日货斗争。1920年1月23日,天津学生从奸商处查获日货后,遭到日本浪人殴打。天津各界联合会推举代表到直隶公署请愿,要求惩办凶手和奸商,但省公署逮捕了请愿代表,查封了天津各界联合会和学生联合会,激起天津人民的极大愤慨。在周恩来、郭隆真、于兰渚、张若名等人的直接领导下,天津一千余名学生于1月29日举行大规模的示威请愿活动。他们来到省公署,省长不见。周恩来、郭隆真等奋不顾身,从省公署大门挤了进去,向省长请愿,遭到警察逮捕。在警察厅拘押期间,周恩来、郭隆真等秘密串联全体被捕代表,进行绝食斗争,坚决反抗非法拘押,要求公开审判。在全市人民的声援下,他们的绝食斗争取得胜利,4月17日全体被捕代表被移送到检查厅。他们在检查厅得到可以看书学习、互相往来和开展娱乐活动的权利。其间,郭隆真虽曾患病,但始终保持乐观精神和旺盛斗志。她积极地学习,热情地联络和照顾大家,受到了大家的敬重。由于全体被捕代表和天津各阶层人民的坚决斗争,反动当局不得不于7月17日宣布所谓"期满释放"。

五四爱国运动后,中国知识界兴起赴法勤工俭学运动的浪潮。郭隆真决心赴法勤工俭学,以开阔自己的眼界,寻求救国救民的真理。觉悟社和天津学联的同学们热情地支持郭隆真,并为她筹措出国的旅费,帮助她实现了赴法勤工俭学的愿望。

1920 年 10 月 31 日,第十五届赴法学生团组成。周恩来、郭隆真、张若名等都是这届赴法学生团的成员。11 月 7 日,郭隆真等乘坐邮轮出发,于 1921 年初到达法国。

当时法国正值第一次世界大战后经济不景气的时期,许多工厂裁减工人,大批赴法国勤工俭学学生遇到极大困难。法华教育会不仅不履行代找工作、安排就学的承诺,反而把来自国内的一点捐款也贪污了,许多勤工俭学学生求学不能,做工不得,生活无着。为了改变这种困难处境,1921 年 2 月 27 日,勤工俭学学生召开了代表大会,通过了争取"吃饭权、工作权、读书权"的斗争口号;28 日组织了 400 多名勤工俭学学生到中国驻法公使馆请愿示威,郭隆真、张若名等参加了这次运动。

此后,郭隆真与张若名进入巴黎郊区一家云母厂当工人,工作条件非常艰苦。其间她接触了法国工人和华工,与他们一起感受到了资本主义对工人的剥削与压迫,也进一步了解了法国及欧洲工人运动的情况。她努力学习法语,阅读大量法文版的马克思主义著作。

留法勤工俭学学生虽然多次斗争,但经济困难问题一直未得到解决,许多人无法维持生活,有的被遣送回国,有的饥寒交迫,有的甚至自杀,而女生之苦尤甚。郭隆真于 1921 年秋考入法国省立女子高等学校,但她和许多女学生一样,生活异常困苦。为此,她写了血书及泪书寄回国内,刊登在 1921 年 12 月 22 日的上海《时事新报》上,在国内引起很大的震动和同情。

1923 年夏,山东临城匪徒劫车案发生后,英、美、法、意、日、比、荷等帝国主义外交使团多次开会,以"中国土匪猖獗,政府无能"为由,议决在中国设国际警察，共管全中国铁路，并已讨论具体实施办法。在法华人闻此消息，愤慨万分，于7月8日集会巴黎，商量对策。郭隆真代表旅法女子勤工俭学学生参加会议，参与领导旅法华人斗争，也鼓舞了国内各阶层人民的斗志。各帝国主义慑于中国人民斗争的威力，也由于帝国主义之间的矛盾，共管中国铁路的阴谋未能得逞。

郭隆真在斗争实践中得到了锻炼，坚定了对马克思主义的信仰，于1923年加入团组织，同年转为中共党员。1924年秋，郭隆真结束了4年的勤工俭学生活，与李富春、蔡畅等一起离开法国，到莫斯科东方大学进行短期学习。

1925年春，在国内革命高潮的形势下，郭隆真回到北京，在李大钊负总责的北方区党委领导下工作。这时，正处于第一次国共合作时期，郭隆真被派往国民党北京市党部妇女部工作，负责创办《妇女之友》刊物。郭隆真还经常到香山慈幼院及北京女高师、清华大学、燕京大学等处活动，进行发展党团组织等工作。

1926年6月，奉系军阀张作霖进占京津，加紧镇压革命。白色恐怖笼罩着北京，环境异常险恶。1927年4月6日，反动军阀袭击苏联驻中国大使馆，逮捕李大钊等共产党员。接着郭隆真也被捕，关押在北京第一模范监狱。她在狱中毫不屈服，还鼓舞同狱难友坚持斗争，并向监狱看守宣传爱国反帝的思想。由于没有证据，郭隆真被判处十二年徒刑。后经亲友和同学多方营救，于1928年末释放出狱。

由于党组织遭到很大破坏，不少同志调离北京，有的被捕殉难。郭隆真出狱后和组织失去了联系。1929年初，郭隆真赴上海寻找党组织，并与党组织接上关系。

1929年春，郭隆真被派到东北，在满洲省委负责组织职工运动。郭隆真受党派遣来哈尔滨工作，与共产党员李梅五假扮夫妻组成家庭，开展革命活动。中东路事件后，东北当局借机大批裁减中国工人，企图把责任推给苏方。郭隆真领导三十六棚总工厂的产业工人，组织失业复工团，同失业工人一起投入了反裁工斗争。失业复工团在在业工人后援会的支持下团结一致,斗志昂扬。他们派代表找铁路局副局长郭宗熙谈判,使铁路当局一刻也不得安宁。迫于工人的压力,铁路当局答应失业工人的要求,恢复了他们的工作。这是以郭隆真为首的党组织领导三十六棚工厂工人取得的首次胜利。

反裁工斗争有力地推动了反对"黄色工会"的斗争。1918年10月,受俄国十月革命的影响,三十六棚工业维持会成立。工业维持会起初还为工人做了一些好事,其后逐渐被铁路当局收买,变成"黄色工会",站到工人的对立面。郭隆真按照刘少奇的指示,在反裁工斗争一开始,便领导工人开展推倒工业维持会,筹备成立工人自己工会的斗争。但是,李梅五一心想当工业维持会的会长,拉拢一部分人,非法搞小组织活动,与党唱反调。为此,刘少奇曾严厉地批评李梅五,不要另搞一套,一定配合郭隆真组织赤色工会。但李梅五阳奉阴违,继续背离党的指示,另搞一套。新工会成立后,工业维持会越来越孤立,李梅五想当会长的美梦也彻底破灭。于是,他与工业维持会头头勾结,开始捣乱和破坏。李梅五的真实面目暴露后,市委内部开展了反对以李梅五为首的托洛茨基取消派的斗争。李梅五对自己的错误毫无改悔之意,终于被清除出党。

此后,刘少奇在给中央的报告里表扬郭隆真是"在工作上最积极,在政治上又是很正确的好干部"。在省委召开的全满工运工作会议上,她被邀请进行专题经验介绍。她还被选为满洲省委委员,担任了职工运动委员会书记,挑起了领导东北工运的重担。

1930年3月,郭隆真离开哈尔滨去沈阳工作。1930年夏秋之交,郭隆真被中央派到山东省委工作。郭隆真到山东后,任青岛市委常委、宣传部长。1930年8月间,青岛市委发动了一次大规模游行集会,遭到敌人镇压,党组织也暴露了,一部分同志被捕。这时敌人疯狂地搜捕共产党人和革命群众,地下党的活动十分困难。1930年11月2日,郭隆真被捕。

被捕后,郭隆真被关押在济南监狱。敌人对她施行各种惨无人道的酷刑,她始终坚贞不屈。1931年4月5日,英勇就义,终年37岁。

参考文献:

中共党史人物研究会编:《中共党史人物传》第13卷,陕西人民出版社,1984年。

（周　巍）

洪 麟 阁

洪麟阁(1902—1938),本名洪占勋,号洪侨,满族人,出生在河北遵化县地北头村。

1917年,洪麟阁考入丰润县车轴山中学。1921年就读于直隶法政专门学校。同年年底,与同窗好友结伴到北京,听李大钊在马克思主义研究会上所作的专题演讲,初步接受了马克思主义的洗礼。时值国内军阀混战时期,由于政局动荡,学校经常停课,洪麟阁借机走向社会,与同学共同创办地毯工人临时医务所、工人"千字课班",还成立了"天津青年勉励会",并在1924年毕业后帮助"青年勉励会"创办起一所旨在普及文化知识的平民学校。

1927年北伐期间,洪麟阁离开天津,到河南省担任主管司法的"帮审"。当时驻县的冯玉祥部士兵中有人酗酒寻衅闹事,洪麟阁掌握证据后,立即将歹徒关押,并致函冯玉祥申明原委。冯玉祥看过信后,对洪麟阁依法处置此事非常满意。不久,在母校校长的推荐下,洪麟阁参加冯玉祥部,踏上了从军之路。

1933年5月,日寇相继侵占长城各关口和冀东各县,华北形势危急,洪麟阁随冯玉祥、吉鸿昌等率领的察哈尔民众抗日同盟军进击侵犯察北的日伪军,一度收复失守的张北、沽源、康保等地。然而,在日军的反扑和国民党军队的进逼之下,察哈尔抗战最终以抗日同盟军被迫解散而告终,冯玉祥也被迫下野。洪麟阁既为察哈尔抗战失败惋惜,也为冯玉祥的处境担忧。经反复考虑，他找到冯玉祥，忍痛当面请辞，说："军阀混战，独夫拥兵，就是不打日本人。我回去换个阵地，继续抗日。"①

1933年秋，洪麟阁辗转抵达唐山，受《工商日报》总经理马溪山和报社社长王恩朴的赏识，出任报社总编辑。在他主持编务期间，宣传抗日救国，尖锐抨击时政，报纸一度被当局查封。洪麟阁、马溪山等人作为被告，被传唤到北平的法庭上。公堂之上，洪麟阁慷慨陈词："如今国家处于危急存亡之秋，凡引狼入室者为卖国，抗战图存者为爱国。我们报纸宣传抗日救亡，罪在何处？"②报社查封期间，洪麟阁等人积极协助唐山人力车夫反对增加车捐的斗争，公开支持开滦煤矿、启新洋灰公司、华新纺纱厂工人以增加工资、要求抗日为目的的罢工。

1935年夏，洪麟阁进入天津的河北工学院任职，分管斋务科行政事务。由于尽心筹办专供平民学生用餐、轮流帮厨的简易食堂"穷膳团"，他深受学生爱戴。洪麟阁晋升教授后，经常在课堂上对学生进行爱国教育，指导学生阅读进步书刊，热情地鼓励他们投入抗日救亡斗争。

1935年底，华北形势更加危急。北平学生在党的领导下，举行了大规模的爱国示威游行，即"一二·九"运动，天津学生获悉后立即响应。洪麟阁积极组织学生参加游行，声援北平学生。当游行队伍路遇军警阻挠时，洪麟阁指挥学生分成两队，分批行进，最终冲破阻截，按预定路线会合。

1937年，七七事变爆发，日寇占领平津。侵略者的飞机肆意轰炸，河北工学院顿成火海，建筑物全部被夷为废墟。河北工学院代理院长路秀三召集洪麟阁、杨十三等知识分子在天津法租界吉泰大楼秘密开会，共商对策。在座者同仇敌忾，指出："中国已经到了最危难的时刻，应该万众一心，拿起武器，抗击日本侵略军。"③他们以河北工学院师生为主，组织成立

---

① ② 中共天津市委党史资料征集委员会：《天津抗日英烈》，天津古籍出版社，1995年，第67页。

③ 中共天津市委党中央资料征集委员会：《天津抗日英烈》，天津古籍出版社，1995年，第69页。

了"工字团"。此时,受中共中央派遣,共产党员李楚离、胡锡奎到天津开展地下工作,领导抗日民族统一战线。洪麟阁作为党外人士、社会名流,被吸收为华北人民抗日自卫委员会的主要领导成员。

1938年2月,洪麟阁带着中共河北省委以华北人民抗日自卫委员会名义发出的"组织发动冀东抗日暴动"的指示,回到故乡遵化县地北头村,组织民众抗日暴动。5月,洪麟阁以地北头村为大本营,在丰润、玉田、遵化一带组织抗日联军队伍。

为了筹措军费,洪麟阁变卖了自己的房产和土地,还将妻子陪嫁的首饰、银元拿出来凑款。在洪麟阁的带动下,当地巨商豪绅积极响应号召,为抗战捐款捐物。天津、唐山的爱国人士得知他的爱国行动后,也纷纷解囊相助。

在组织起义前,洪麟阁进行了大量的抗日宣传鼓动。他经常以宴请宾客为名,邀请各村进步人士开会座谈,开展抗日民族统一战线工作。他还经常组织本村青年上"千字课",通过识字学文化,动员他们参加抗日斗争。他还请来评书老艺人为当地群众讲《水浒传》《杨家将》《说岳全传》等,中间穿插抗日宣传内容,使群众的爱国情绪更为高涨。短短3个月内,洪麟阁组织的抗日队伍由最初的五六十人,发展到1000多人。

1938年6月,冀热边特委在丰润县召开军事会议,正式建立抗日联军,洪麟阁任副司令员及第三路纵队总指挥。会议决定7月16日在遵化、丰润、迁安、滦县等6个县同时举行起义。洪麟阁将起义指挥部设在地北头村,部队定名为冀东人民抗日联军第三军区第四军分区游击队,活动范围在丰润、玉田、遵化三县。

暴动前夕,洪麟阁等人一方面抓紧做好起义准备工作,一方面仔细研究战局和社会动向。不料,由于叛徒告密,伪丰润县县长率警备队袭扰地北头村。洪麟阁率众奋起抵抗,击退了敌军。由于这一意外情况的发生,起义时间不得不提前到7月9日。

洪麟阁宣布起义后伪丰润县政府的日本顾问亲自出马,调来玉田、丰润的保安队和民团1000多人及日军200多人。当时联军分散在各村,仓促间来不及通知,洪麟阁便带100多名战士组织突围,直奔玉田,随后转战丰润,集结抗日力量。这时,不少民团在抗战形势的影响下,纷纷投奔联军,抗日武装力量日益壮大。联军采取破坏交通、砸毁日军汽车、砍倒电线杆等斗争方式,搅得敌伪惶惶不可终日。

经过休整,洪麟阁率部进军沙流河日伪军据点。抗日联军借助地形,打一阵转一阵,使敌人晕头转向。经过两小时激战,联军终于拿下沙流河镇,缴获枪支600多枝,俘敌700多人。在洪麟阁的带领下,联军越战越勇,先后在北小家和王庄子一带击溃从玉田县城出来的日伪军,并攻克鸦鸿桥、窝洛沽两大重镇,连同沙流河在内共拔掉日军在冀东腹地插下的三颗"钉子"。7月12日,在蓟县第五总队的协助下,洪麟阁趁守敌空虚,率部攻入玉田县城。攻下玉田县城,大大增强了乡民们抗日必胜的信念,他们踊跃参加联军,洪麟阁部扩大到5000多人。洪麟阁所属各纵队,分别到鸦鸿桥、高桥、鲁家峪集训,洪麟阁驻防玉田境内。

8月初,上级命令洪麟阁攻打遵化县城。当洪麟阁北进遵化珠山、笔架山时,伪县政府发觉联军行动,秘密组织日伪军伏击联军。由于敌军人多势众,洪部且战且退,迂回突围,大部队得以转移,随后进驻玉田鸦鸿桥。

1938年8月,由邓华主持,四纵党委、冀热边特委及抗联各路指挥员在遵化铁厂举行会议。会上总结了暴动的成绩,提出建军建政和建设根据地的任务,决定成立冀察热辽军区统一指挥抗日军队。不久,日军突然大量增兵,镇压冀东抗日暴动。

10月,党组织决定抗日联军退出冀东,洪麟阁率部西撤。西撤途中,洪部走在最后。队伍行至范家坞、燕山口一带,日军发觉抗日联军动向,立即调兵堵截。洪麟阁沉着指挥,战士们冒着大雨,英勇杀退敌军。进驻蓟县台头村后,洪部遭到日伪军更加疯狂的反扑。战斗中,由于敌众我寡,洪麟阁头部和腿部负重伤。负伤后的洪麟阁扯下杨树皮,用血写下誓言:"还我河山"。在用尽力气扔出一颗手榴弹炸死10余个日军后,他把最后一颗子弹留给了自己。牺牲时,年仅36岁。

参考文献:

中共天津市委党史资料征集委员会编:《天津抗日英烈》,天津古籍出版社,1995年。

（杨　颖）

胡 政 之

胡政之(1889—1949),本名嘉霖,后为霖,字政之,笔名冷观。祖籍四川。1889 年 6 月 25 日出生于四川成都。9 岁那年,因父亲胡登崧在安徽做官,他随父入皖,就读私塾,继而进安庆省立高等学堂,开始接触西方文明。他喜读《天演论》,有扎实的古文基础。

18 岁时,父亲病逝,他退学扶灵回川。1906 年,承家庭资助,胡政之赴日留学,在东京帝国大学主修法科。在日留学期间加入同盟会。1911 年,胡政之学成回国,先在上海一家馆教英文,后通过律师考试,与友人共办律师事务所。嗣在河南淮阳任法庭推事,不久任江苏高等法院第二庭庭长。1912 年,他在上海服务于于右任的民立图书公司,并以"冷观"的笔名投稿于《民立报》。翌年,他应聘章太炎主办的《大共和日报》,任新闻栏目日文翻译兼写评论,深受章的赏识,被提升为总编辑。1913 年,他与四川万县前清举人之女文英结婚,女儿出生不久,便迁居北京,在某大学教书,并兼《大共和日报》驻京特派员。1915 年,他前往东北吉林任法院推事,不久被吉林巡按使王揖唐选任秘书长。

1916 年,胡政之随王揖唐回到北京,任北洋政府内务部参事,9 月,迁家天津。10 月,在津与英敛之面洽后,担任《大公报》经理兼总编辑。胡接手《大公报》后,锐意革新,对该报进行改版,使其内容更加丰富,形式更加美观、实用。

胡政之任职天津《大公报》经理兼总编辑的前五年中,已流露出办报的思想。1917 年 1 月,他在《大公报》刊文《本报之新希望》,指出:"新闻事业之天职有二:一是报道真切公正之新闻,一是铸造稳健切实之舆论。"

1917 年至 1918 年,他多次外出,赴南方和东北等地采访,以"冷观"笔名,冷眼观察,写出了大量新闻通讯和时事评论。他在《大公报》上陆续发表了《今后实业界之隐忧》《世界大势与中国》《内外暗潮》《国内永久和平之前提》等文章,可以看出血气方刚的他对第一次世界大战爆发及其战争本质的独到分析,对当时中国出路的担忧与关注,彰显了他作为年轻政论家的基本素质。

1918 年 12 月,他以《大公报》记者的身份赴巴黎采访巴黎和会。此为中国记者第一次采访国际会议,是巴黎和会上唯一的中国记者,在中国报业史上被誉为"国际新闻的先驱"。巴黎和会期间,他发回了大量专函专电,及时详细地报道了会议情况。1919 年 7 月 9 日至 12 日,他在《大公报》发表巴黎特约通讯《平和会议决定山东问题实纪》,揭露了日本勾结英法等国强夺我国山东青岛主权的情况。在巴黎,他还参加招待会发表讲话,并以中国报界的名义向巴黎新闻界发表"声明",说明中国不能在对德和约上签字的理由。1920 年 5 月,胡政之回国。次月,他在《大公报》刊出《本报之改良》,意在提倡"世界潮流"和"新文化"的新闻思想,可惜国内社会状况使他的改革纲领难以实施。8 月 12 日,他在《大公报》发表《启事》云:"余自欧洲返国,仍主持大公报社务,原欲以最新知识唤醒国人迷梦,今见社会空气愈益恶浊,断非一时……将《大公报》主笔兼经理职务概行辞退……"1920 年 9 月,胡政之参加著名报人林白水主持的《新社会日报》,担任主编。

胡政之在欧洲采访期间,曾考察了日本、美国、法国、德国、意大利、英国等著名通讯社,即决心回国创办一家全国性通讯社,以争取中国新闻报道的独立性。1924 年秋,他设国闻通讯社总社于上海,此后陆续在天津、北京、沈阳、汉口、长沙、重庆、广州、贵阳等地建立分社或聘请特约通讯员。国闻通讯社每天发稿由最初的六七千字到后来的万余字,且有英、日文翻译稿。所发消息除被国内各报大量采用外,美联社、路透社及法国哈瓦斯、日本联合社等都订有国闻通讯社的稿件。同年8月,胡政之在上海创办《国闻周报》,是当时国内刊物中发行量最大、影响最深远的周刊。

1925年11月,天津《大公报》因经济困难而停刊。胡政之与张季鸾、吴鼎昌商议接管《大公报》,遂将《国闻周报》和国闻通讯社总社迁往天津。翌年6月,胡与张、吴共同组织"新纪公司",接盘《大公报》,并于9月1日复刊。胡政之与同仁确定了"不党""不私""不卖""不盲"的"四不"方针,使报纸销量大增。

1927年1月,《大公报》第一个专门性副刊《白雪》创刊。此后,《家庭妇女》《电影》《戏剧》《儿童》等专栏副刊陆续创刊。转年,《大公报》副刊《小公园》创刊,由何心冷主编,成为连续出版时间最长的综合性文艺副刊。同时,由著名学者吴宓主编的《文学副刊》《体育周刊》《电影周刊》也陆续创刊。由于新纪《大公报》办刊形式多种多样,内容丰富详实,日发行量大增,广告收入也逐渐提高,成为当时华北地区影响最大的一份报纸。

1928年6月2日,皇姑屯事件爆发的前两天,胡政之进京采访张作霖的部下杨宇霆。3日,在《大公报》发表《张作霖出京详报》。4日,张在军阀混战中失利,被迫从北京乘火车撤回东北,途中经京奉铁路和南满铁路交叉的皇姑屯车站时,被日本关东军预先埋设的炸弹炸死。5日,胡在《大公报》发表《沈阳站头之大炸弹案》,报道了张作霖专车遇难的消息。9月,他出关赴东北采访,探询军事与外交情况,历访张学良及各界要人,连续在《大公报》发表《东北之游》,揭露日本侵犯我国领土,掠我东北资源的罪行,引起各界人士对东北问题的关注。

1931年,九一八事变当晚,胡政之接到张学良用暗语打给他的电话,胡立即派记者连夜搭车赴沈阳,第二天一早赶到现场。转天,《大公报》及时报道事变消息,为当时各报报道之先。与此同时,他亲自赴平,到协和医院访问张学良,是九一八事变发生后第一个见张学良的记者。由于《大公报》不断发表抗日宣传方针,引起日军不满。11月8日,《大公报》在津办事处被日军包围寻衅闹事,致使空气紧张。胡政之与张季鸾及全体工作人员坚守报馆,防止日军破坏。由于日军滋事,使得当天的报纸发不出去,不得不停刊数天,工作人员陆续撤离。报馆迁到法租界30号路161号新址后,仍然坚持抗日宣传。1932年,新年伊始,《大公报》为配合抗日宣传,创设《军事周刊》,并在"本报特辑"专栏连载王芸生所辑《六十年来中国与日本》,以助国人"明耻",反响强烈。

为了创新《大公报》版面,1933年,胡政之和张季鸾一起去北平,宴请包括蔡元培、胡适在内的文化界人士数十人,为即将开辟的"星期论文"约稿。1934年1月,胡适的《报纸文字应该完全用白话》成为"星期论文"的首篇文章。同年4月,胡政之离津赴南方五省,在南昌与蒋介石见面。回津后,在《国闻周报》发表《四十五天的五省旅行》。

1935年7月,萧乾正式任职《大公报》,此前他曾有五年时间兼职为该报撰稿。在胡政之的支持下,萧乾将《大公报》之《文学副刊》和《小公园》合并,创办《文艺副刊》。同年8月,胡与张季鸾决定开设上海《大公报》馆,并着手筹建。次年4月,在上海增出《大公报》沪版。

1937年7月,卢沟桥事变后第二天,胡政之亲自撰写社评《卢沟桥事件》,旗帜鲜明地反对对日妥协。七七事变后不久,津版《大公报》宣布停刊。8月,上海抗战开始,沪版《大公报》也面临办报难问题,胡政之只好送张季鸾赴汉口创设《大公报》汉口馆,9月发刊,由张季鸾主持。12月13日,沪版《大公报》停刊,人员分赴汉口、四川等地。1938年3月,胡政之率杨历樵等人由沪飞赴香港,亲自领导《大公报》港版筹备工作,并请萧乾到香港主持《大公报·文艺副刊》的复刊工作。13日,港版《大公报》创刊。同年10月,汉口版《大公报》停刊。12月1日,重庆版《大公报》发刊,仍由张季鸾主持。1939年5月,日机轰炸重庆,《大公报》被迫停刊。8月,在胡的主持下重庆版《大公报》选址复刊。在抗战大后方的重庆,《大公报》无疑还是宣传抗日和革命文艺家敢于亮剑的阵地,先后发表了《抗战三周年献辞》及于右任《迎接胜利的第四年》、老舍《三年来的文艺运动》、郭沫若《三年来的文化战》、黄炎培《从后方轰炸声中经过第四个"八一三"的感想》等文章。1941年3月15日,胡政之亲自主持《大公报》桂林版创刊。同年4月,他收到美国密苏里大学新闻学院教务长马丁的信函:"将本学院今年颁赠外国报纸之荣誉奖章一枚赠与贵报。"此为中国报纸获国际荣誉的开端,《大公报》也是获此奖章的唯一中国报纸。

1943年,胡政之选任国民参政会参政员。同年11月,宪政实施协进会成立,董必武、黄炎培、孙科、张伯苓、胡政之等12人为该会成员。12月,胡政之以参政员的身份参加中国访英团。翌年9月,参政会组织延安视察团,胡亦为成员之一。

1945年4月,胡政之作为中国代表团成员之一,赴美国旧金山参加联合国制宪大会,在"美国之音"电台,发表《世界是进步的,和平必须成功》的讲话,该文后刊载在重庆版《大公报》。21日,他又与董必武等同机抵达纽约。同年11月,胡政之在重庆红岩村家中接待周恩来、王若飞、叶挺、秦邦宪来访。同年,沪版、津版《大公报》先后复刊。

1946年2月,胡政之由上海飞天津,视察津馆工作,并赴北平活动。在津期间,他在天津市政府讲演"内外大势",讲稿刊于19日《大公报》。1948年3月,香港《大公报》复刊,胡政之将其视为自己事业的"最后开创"。每晚亲审稿件,撰写社评,呕心沥血,废寝忘食。此时期的《大公报》,沪、津、渝、港四版同时发行,总销量为20余万份,总资产达60多万美金。

1949年4月14日,胡政之病逝于上海,终年60岁。

参考文献:

王瑾、胡玫编:《胡政之文集》,天津人民出版社,2007年。

杨秀玲主编:《〈大公报〉戏剧资料选集(1902—1949)》,天津社会科学院出版社,2013年。

李新等主编:《中华民国史·人物卷》,中华书局,2011年。

(杨秀玲)

华凤翔

华凤翔(1897—1984),又名如毅,天津人。

1897年3月29日,华凤翔出生于天津,其父死于八国联军入侵,家庭生活靠母亲做针线活维持,家境贫寒。因无力缴纳学费,华凤翔10岁时才进入一所免费的半日制学校就读。因学习刻苦、成绩优异,华凤翔考入天津官立中学就读。1916年,华凤翔考入北京清华学校。1919年五四运动爆发后,清华学校的师生纷纷参加爱国学生运动,华凤翔是学校治安纠察队的成员之一。1920年,华凤翔从清华学校毕业,被公派到美国麻省理工学院,学习造船工程专业。他一边刻苦学习,一边利用假期到造船厂劳动。1923年,华凤翔从美国麻省理工学院毕业,他先到船厂实习了几个月,又进入密执安大学继续攻读造船和机械工程专业研究生,1924年获硕士学位。

毕业后,华凤翔先是在美国东部参观了一些工厂,并于1925年春回到天津。由于谋职艰难,他在家中赋闲一年多。1926年,经同学李庆善介绍,华凤翔到设在广州增埗的广东省立工业专门学校做教员。1929年夏,华凤翔离开广州北上,到唐山交通大学任副教授,讲授材料试验学及动力学。1933年,华凤翔入上海交通部航政局任验船师。1934年,杭州笕桥的中央飞机制造厂(中美合营)征聘工程师,华凤翔自荐进入该厂,任工程师、生产部主任,开始从事航空技术工作。1936年,华凤翔去美国考察飞机制造工厂,后被派赴马丁厂监造轰炸机,获得了不少经验,于1937

年回国。1937年7月,抗日战争全面爆发。8月14日,中央飞机制造厂遭敌机轰炸,美方人员弃厂而逃,华凤翔挺身而出,主持工厂内迁武汉工作,并肩负起厂长职责,迅速把工厂生产恢复起来。1938年四五月间,美籍经理、厂长又来到武汉接管工厂,华凤翔愤然离开工厂。1939年后,他在上海私立工业专科学校教书。1941年,在桂林的广西纺织机械工厂工作。

1942年,应杭州飞机制造厂原总经理、时任航空委员会成都航空研究院副院长王助的邀请,华凤翔到研究院任材料研究组副组长,从事航空科学研究工作。1944年,到重庆战时生产局任专门委员。1945年,华凤翔到新成立的善后救济总署工作。1946年春到上海,就任善后救济总署工矿业务委员会主任委员。1946年秋,因美国大量倾销其战时的"剩余物资",不但不能救济中国受损的工矿业,反而冲击了民族工商业的正常发展。华凤翔被派往美国交涉补救办法,但收效甚微,他对帝国主义的侵略本质有了进一步认识。1948年4月,华凤翔应中国航空公司主任秘书王助的邀请,到中国航空公司任顾问,后兼任器材课课长。1949年4月,随中航迁到香港。

1949年,中国航空公司迁台,引起绝大多数员工的强烈反对。在中共地下党组织的领导下,中国航空公司和中央航空公司(简称"两航")爱国员工酝酿起义。九、十月间,华凤翔曾参加何凤元、陆元斌等中共地下党组织召开的"中航"中上层骨干会,研究飞回大陆的问题。华凤翔表示愿意参加起义,为祖国效劳。地下党组织认为华为人正直,有爱国思想,请他参加鼓励和动员中航总经理刘敬宜起义的工作。11月9日,"两航"12架飞机北飞,起义成功。华凤翔在原"两航"上层人物中年龄比较大,有资历,对中层干部颇有影响。中航留港起义员工及机航组积极分子,公推华凤翔代理机航组主任职务,留在香港,参加护产斗争。机航部门在香港的财产最多,工作量大。华凤翔积极执行党的保护在港财产、抢运器材回国的政策,主持机航部门的护产工作,在"两航"护产斗争中起了积极作用。

1950年10月,华凤翔回到广州。11月,到北京参加"两航"起义周年纪念会。之后,他留在北京,担任军委民航局机务处副处长,同时参与筹备建立民航太原机械修理厂。1950年7月,军委民航局机航处提出在太原建立飞机修理厂的建议,经民航局呈报周恩来总理批准。1951年1月,民航局任命华凤翔为太原机械修理厂厂长。建厂期间,正值严冬季节,全体员工冒着寒风大雪,白天工作,夜间轮流站岗,工作虽然十分艰苦,但大家热情很高,创造了百日建厂的高速度。1951年5月2日,民航太原机械修理厂举行开厂典礼。华凤翔勉励大家发扬建厂精神,加强政治和技术学习,不但要修理,还要研究创造。1952年,民航太原机械修理厂的全部人员、设备、厂房设施等移交给政务院重工业部航空工业局。1952年1月,华凤翔由太原调回北京,被任命为中航检查小组组长,投入民航局局直属机关的"三反"运动。"三反"运动结束后,华凤翔任民航局机务处副处长。

1956年,党中央发出了"向科学进军"的伟大号召,民航局随即成立了由华凤翔、林立仁、顾其行三人组成的民航科学研究规划小组,华凤翔任组长。1956年7月28日,我国政府聘请苏联民航科学院专家组来华,协助中国民航做科学规划工作。三人小组陪同苏联专家去民航全国各主要地区进行参观访问和座谈,商讨并制定民航科研的短期和长期规划以及民航科研机构的编制和设施。在苏联专家组的协助下,1957年1月修订了《关于中国民航科学研究工作的初步方案(草案)》,制订了《民航科学研究所组织系统图》《科学研究所规章草案》《科学研究所1957—1959年编制草案》《1958—1967年研究项目规划草案》《科学研究所技术委员会章程》等。1957年7月9日,经国家科学规划委员会批准成立民航科学研究室。同年12月,华凤翔被任命为科学研究室副主任。1958年12月11日,经交通部批准,在民航科学研究室的基础上正式成立民航科学研究所。研究所设技术经济研究室、飞机发动机研究室、无线电通讯导航研究室、技术情报研究室及一个金工车间。1963年9月,华凤翔被任命为民航科学研究所副所长。1979年12月,华凤翔被任命为民航局顾问。

华凤翔喜欢看书、买书,他工资收入的很大一部分用于买书,拥有大量的个人藏书,民航科学研究所组建之初,他把自己珍藏的部分技术业务书籍捐赠给新建的民航科学研究所。他还是一个考古工作的业余爱好者,对甲骨文颇有研究,收藏有许多这方面的标本、资料,生前还担任《中国大百科全书·交通运输卷》的编辑委员会委员。华凤翔曾当选为全国人民代表大会第二、第三、第四、第五届代表,中国航空学会第一、第二、第三届理事会理事。

1984年3月,华凤翔逝世于北京,终年87岁。

参考文献:

宁珊:《记华凤翔》,载中国民航总局史志编辑部编:《"两航"员工爱国起义壮举(续编)》,1994年内部印行。

宁珊:《华凤翔》,载中国科学技术协会编、顾诵芬卷主编:《中国科学技术专家传略·工程技术编·航空卷》(2),航空工业出版社,2002年。

（高　鹏）

黄白莹

黄白莹(1917—1941),本名黄冠义,笔名白莹、白丁、欧阳丽娜,原籍广东南海,1917年生于天津。

黄白莹家境贫寒,11岁就给一个富户当小用人,13岁在一家理发店当杂工,16岁随父亲在饭馆当学徒。他白天工作,晚上到天津众成商业学校读书。在商校,他的各科成绩均为优秀,博得了老师和同学们的赞誉。父亲见他读书如此用功,成绩又好,便让他专心读书。他博览群书,注重研究社会现实,寻求革命真理。由于他特有的诗人才华,从少年时代就开始创作和发表诗歌作品,逐渐成为令社会瞩目的青年诗人。

从幼年到青年,黄白莹生活在天津这个半殖民地半封建的大都市里,耳闻目睹了帝国主义、殖民主义者和封建官僚、买办、资本家等欺压人民、鱼肉百姓的种种罪恶行径,从小树立了同情劳动人民,痛恨人压迫人、人剥削人的黑暗旧社会的思想。他的早期诗作大多数是反映劳动人民的劳动和生活。他主张诗歌要用最通俗、接近大众的、新鲜的、与大众生活有关的词句写作。1934年2月,他发表了一篇反映搬运工人的诗作《出力者之群》,深刻地反映了劳动者的苦难,同时热情地讴歌他们无比的创造力,引起社会的广泛关注。

黄白莹在诗歌创作上的鲜明政治倾向和才华,使他迅速结识了邵冠祥、孟英等当时天津的一些左翼诗人。他们经常一起聚会,交流思想,分析形势,讨论诗歌创作方向。在战友们的鼓舞、帮助下,黄白莹逐渐坚定了走革命道路的决心。1935年底,"一二·九"爱国运动爆发。12月18日,天津广大学生在党的领导下,也举行了声势浩大的爱国示威游行。黄白莹积极投身于抗日救亡运动,带头参加罢课斗争和示威游行。

1936年2月,"中华民族解放先锋队"在北平成立,一个抗日救亡运动高潮在平津和华北兴起。黄白莹参加了"民先"组织,投入抗日救亡宣传,创作了大量火热的革命诗篇。他在《五月》中写道:"超过泰山,越过渤海,捣毁傀儡的满洲。"这些铿锵有力的诗句,犹如催人奋进的号角,极大地激励了天津人民的战斗意志。

为了进一步发挥新诗歌在抗日救亡中的作用,1936年6月,他与邵冠祥、曹镇华、简武等人组织了新诗歌团体——海风社,出版了《诗歌小品》。在如火如荼的抗日救国斗争中,黄白莹逐步受到了锻炼,写出了不少鼓动抗日救国的战斗诗篇。在他与简凌共同创作出版的诗歌选集《海河夜之歌》中,有许多描述天津劳动人民的诗作,如《出力者之群》《啊!好壮的手》《船家女》《卖唱女》《换破烂的女人》等。1936年10月4日,他发表了气势磅礴的诗作《镇风》,表现了华夏儿女英勇无畏的气概。

1937年卢沟桥事变爆发后,日本侵略者残酷镇压中国人民的抗日斗争,秘密绑架和杀害了邵冠祥等革命诗人。黄白莹以无比愤怒的心情写下了《没有自由的地带》,控诉日本侵略者的罪行。1937年7月30日,天津被日本侵略者占领。为加强抗战力量,党组织决定共产党员、"民先"队员和抗日积极分子撤离天津,到华北各地农村开展抗日游击战争。

根据党的指示,黄白莹等人乘船南下,经烟台转往济南。此时济南尚未沦陷,他在济南加入了"平津学生流亡同学会",随同"平津学生剧团"开展抗日宣传。他们在济南街头、山东省民众教育馆剧场等场所和鲁西南、冀南、豫北一带演出了《放下你的鞭子》《打鬼子去》《烙痕》《张家店》等抗日剧目。黄白莹等还在街头教群众唱《义勇军进行曲》《救中国》《救亡进行曲》《松花江上》《全面抗战》等抗战救亡歌曲。他还到火车站救护由沧州前线撤下来的抗日负伤战士,到济南各医院慰问伤员。

在中共山东省委和中共山东联络局的推动和帮助下,国民党第三路军政训处筹办政治干部训练班,培训抗日干部,共产党员黄松龄任教务长。黄白莹参加了第一期训练班。10月下旬,党组织派黄白莹等240名爱国青年赴聊城,帮助国民党爱国军人范筑先组织抗日武装,开展游击战争,建立鲁西北抗日政权。黄白莹到聊城后,在公署政训处担任上尉政治服务员。当时,聊城专区辖鲁西北10余个县。11月初,黄白莹被派往冠县发动和组织群众,开展抗日斗争。这时,日本侵略军第二军第十师团正沿津浦铁路线向济南进犯,斗争环境极其险恶而困难,不但有日军的侵略威胁,还有地方反动武装的骚扰,供给十分困难。黄白莹毫无畏惧,在中共冠县县委的领导下,进行了艰苦卓绝的斗争。

1937年底至1938年初,日军相继侵占了济南、泰安等地,其后多次用飞机轰炸聊城。在中共鲁西北特委的领导下,政训处积极开展抗日宣传。黄白莹负责出版《抗战日报》,刊载武汉电台每天早晚广播的战讯和本地区军事政治新闻等。该报分送司令部各单位、各县政训处和各游击部队,并在聊城的重要街市张贴。在济南、上海、南京相继沦陷,外地进步报纸被迫停办的情况下,黄白莹主办的这张油印报纸,曾起过重要的宣传作用。它的编辑、刻版、印刷、张贴和寄发等具体工作都由黄白莹承担。1938年5月1日,这张《抗战日报》改为四开铅印,成为鲁西北共产党人所领导的第一张铅印报纸,日出数千份,发行到鲁西北、冀南抗日根据地的数十个县,也寄往延安和武汉。

为了培养抗日干部,1938年5月,中共鲁西北特委派黄白莹等20多名党员和"民先"队员赴延安学习。在延安,黄白莹进入中国抗日军政大学第五期五大队十中队。在延安,黄白莹等聆听了毛泽东等人所作的报告,成长为熟练地掌握党的路线、方针和政策的青年干部。

1939年初春,黄白莹学习期满离开延安,回到鲁西北。这时,聊城已沦陷,日军不断向鲁西北地区进行残酷"扫荡"。在险恶的形势下,党组织派黄白莹到黄河南岸大峰山泰西地委宣传部工作。当时,地委为了培养干部,在大峰山建立了泰西地委党校,由邵子言和黄白莹负责。黄白莹在党校为学员讲授政治课,并发挥他的特长,经常编写诗歌,鼓舞人们坚持持久抗战。

1941年春,日本侵略军减弱了对华中国民党正面战场的战略进攻,抽调两个师团增援华东日军,实施第一次"治安强化运动",妄图消灭鲁西北抗日根据地,泰西根据地的斗争环境更加残酷。3月12日,黄白莹和部队在游击行动中,在肥城西南莲花峪被大批日军包围。在激烈的突围战斗中,黄白莹身先士卒,同敌人展开殊死战斗,不幸牺牲,年仅24岁。

参考文献:

中共天津市委党史资料征集委员会编:《天津抗日英烈》,天津古籍出版社,1995年。

(李卫永)

黄 月 山

黄月山(1850—1900),天津人,河北梆子、京剧兼工的著名演员,人称"黄胖儿"。黄月山幼年曾得著名武生任七亲传,武功根基扎实,长靠、短打均能,且有高亢洪亮的天赋佳嗓,初工梆子武生,后改皮黄武生和文武老生,以唱工刻画人物和精妙的髯口功为冠,表演风格以激昂苍劲为主,人称"黄派",与俞菊笙、李春来并称清末武生三大流派。

1874年,黄月山在上海搭班,巡演于各茶园,以跌扑繁重的《伐子都》等戏著称。1877年,黄月山在上海经营大观茶园,因营业不佳而倒闭,而后到咏霓茶园、天桂茶园等处演出。1880年,他北上京津,最初搭班于嵩祝成班,后又搭瑞胜和梆子班。1887年,随班到天津金声园演出,后该班改名为宝胜和。1896年3月,他应田际云之邀加入玉成班,与田桂凤、孙怡云等同台演出,曾主演《精忠传》等剧。1900年3月,黄月山搭四喜班,曾与李连仲合演《独木关》。黄月山在艺术上专演以唱念、表演为主的武生戏,不仅武功精湛,而且唱念俱佳,皮黄腔里多掺以梆子腔。尤其擅长扮演挂白髯的武老生戏,熟练要髯口,技巧非常精到。同时他还擅编演新编戏,代表作有《独木关》《凤凰山》《百凉楼》《绝燕岭》《莲花湖》《剑峰山》《反五关》等。黄月山还兼演小生应工的《黄鹤楼》《岳家庄》《群英会》及老生戏《四郎探母》等。他嗓子好,气力足,韵味厚,每一出戏都堪称经典,足以垂范后世。

在俞菊笙大红大紫的时期,黄月山才刚刚来到北京。俞菊笙的表演,侧重于以武功技巧刻画人物,开打勇猛,讲究气魄,运用武技,注重造型,刻画英雄人物的雄伟风貌,观众看的就是他的"绝活",至于唱工是没有人去苛求的。黄月山欲与俞菊笙争锋,就必须另辟蹊径,自立门户。黄月山武功扎实,嗓音天赋很好,高下疾徐,游刃有余,他便在唱念上狠下功夫,形成了武戏文唱的独特艺术风格。此时以唱念表演为主的另一风格的武生流派——黄派,应运而生。黄月山擅唱二黄〔摇板〕和〔反二黄〕,唱腔悠扬清越,念白酣畅激昂,具有极强的感染力。如《独木关》中黄月山饰演的薛仁贵,屡建奇功却被张士贵冒功,满怀悲愤,抑郁成疾,在月下自叹的一段独唱,在当时的街头巷尾,随时都可以听到学唱的声音。在《翠屏山》中扮演石秀,被潘巧云栽赃诬陷和当面侮辱所激怒,抗争争辩的一段演唱,因"慷慨悲歌"之特色被传唱一时,成为黄派的代表性唱段。此外,黄月山以演武生戴髯口的老头戏最为拿手。演《溪皇庄》的老英雄褚彪,口戴白色长须与采花蜂尹亮对打、空手夺刀的下串,速度奇快,长须不乱,横摔"过人锞子"连"鲤鱼打挺"接摔"拨浪股子",边式利落,流畅连贯。

黄月山还创造了老生开打的技巧,如在《绝燕岭》中的"耍双枪",表演精彩,符合人物性格。《绝燕岭》是一出靠把老生戏,定燕平兵败,愤而自杀。这出戏的定燕平很不好演,首先是表演者的扮相:扎硬靠、打扎巾、翎子、狐尾、白满、厚底。然后是表演与武打,比其他使双枪的戏都难演。尤其是在最后一场,定燕平战败,退到绝燕岭下,身逢绝地,气恨交加。这时黄月山通过双枪的抖动、翎子的颤动、靠旗的飘动、髯口的起动,以及脚步和眼神的表演,把定燕平气愤、绝望的心情表现得淋漓尽致,荡气回肠。

黄月山偶尔也演猴戏,但只演一出俞(菊笙)、李(春来)两派都从来不演的《狮驼岭》。《菊部丛刊》说他所饰演的各剧与"俞菊笙取法不同,各臻其至,未可有所轩轾,故近世论武生者,并称俞、黄二派"。

除了擅长演出外,黄月山还能编剧和导演,比如《反五关》(根据《封神演义》)、《二桃杀三士》(根据《东周列国志》)、《风尘三侠》(根据《隋唐演义》)、《倒铜旗》(根据《说唐》)、《卧虎沟》(根据《三侠五义》)、《大名府》(根据《水浒传》)、《百凉楼》(根据《大明英烈传》)等,就是出自他的手笔。黄派武生对京剧武生一行有一定影响,在天津、东北一带影响更广。

1900 年 12 月,黄月山病故,终年 50 岁。

参考文献:

刘嵩昆:《崇文梨园史料》,崇文区政协学习与文史委员会,2009 年。

北京市艺术研究所、上海艺术研究所组织编著:《中国京剧史》(上),中国戏剧出版社,2005 年。

吴同宾、周亚勋主编:《京剧知识词典》,天津人民出版社,1990 年。

(齐 悦)

籍 忠 寅

籍忠寅(1877—1930),字亮侪,曾自署困斋,河北任丘人。

籍家曾是当地"富甲一县"的大户。籍忠寅青少年时期生活坎坷,17岁丧父,22岁丧母,自幼随兄长籍忠宣(进士)学习和生活。幼年的籍忠寅既善口辩,又富有组织才能,"尝集村童数十人,指挥而进退之"。后来赴保定莲池书院求学,成为桐城派古文学家吴汝纶的学生。吴先生是"桐城派"后期一位非常重要的作家, 也是我国近代一位功不可没的教育家,"门下著籍者常数千人"。籍忠寅深得先生赏识,"力学精思,生平学术,实植基于是时"①。数年间籍忠寅的学问大有长进,诗文、书法均臻于佳妙境界。籍忠寅19岁时,参加童生试,以冠军补博士弟子员。1902年,清政府科举废八股改试策论,籍忠寅"应岁科试,皆列榜首",以优贡入太学,为学使陆宝忠所赏识,被聘为陆家的家庭教师。

籍忠寅对家乡教育的发展非常关心,当时任丘没有新学学堂,学生都是在私塾读书。籍忠寅首先倡导在本村建立新学学堂,筹资建校舍,延聘名师,集中全村学龄子弟上学念书。此外,他对群众的文体活动也很重视。在村里建起了武术五人义班,每年冬闲,集中全村青壮年练习武术。②

1903年,籍忠寅中举人。此时正值内忧外患之际,恰逢直隶有咨送学

---

① 卞孝萱、唐文权编:《辛亥人物碑传集》,团结出版社,1991年,第550页。

② 任丘市地方志编纂委员会编纂:《任丘市志》,书目文献出版社,1993年,第644页。

生赴日本留学,籍忠寅考取官费留学,先后在日本经纬学堂、正则英语学堂、早稻田大学政治经济科学习。在日本求学期间,他结识了许多有识之士,接受了民主救国的思想。因为用功过度,染上了咯血之疾。1908年暑假回国省亲,探望在济南的哥哥籍忠宣时,籍忠宣突然病逝,遂帮助料理丧事。大病初愈的籍忠寅,猝遭兄丧,伤恸至极,呕血复发,在料理完兄长的丧事后,前往天津看病。

在天津养病期间,籍忠寅与天津学界交往频繁,病愈后担任天津北洋法政专门学堂教务长。籍忠寅是立宪派人士,他在北洋法政专门学堂任职期间,积极参加社会活动,先后当选顺直咨议局议员、资政院议员,还参与发起成立了宪友会。

1912年2月,籍忠寅等人在北京、天津发起筹建国民协进会,有会员200余人,大部分为清末立宪团体宪友会和辛亥俱乐部成员。为促进袁世凯统一政府早日成立,该会致电南京参议院及唐绍仪等,请唐及南京国务员"先期到京",并电请上海民国公会"联合团体,分别劝阻"南方勿"率重兵北来"。当北方报界传说袁世凯同意南方派兵北上,袁将与国务员同时移居南苑时,又连忙上书,要求袁取消此举。5月,该会与统一党、民社、民国公会等政团合并,组成共和党。

中华民国建立后,籍忠寅到北京,进入政界,曾任北京临时参议院议员、常任法制委员、国会参议院议员、常任财政委员、研究宪法委员会委员、法律编查会编查员、天津中国银行副行长、直隶巡按使署顾问、经界局专任评议员、政事堂存记等职务。

1915年,袁世凯称帝,蔡锷领导反袁起义,出师护国,发起人中就有籍忠寅。籍忠寅参与组建宪法研究会,成为"研究系"的骨干之一。1917年,张勋复辟帝制,遭到梁启超的强烈抨击,籍忠寅又为梁启超联络游说冯国璋。事后,他任国会议员,但因国会受到"安福系"控制,"研究系"议员势单力薄,形同虚设,籍忠寅遂和其他"研究系"成员相继转而从事文化教育工作,参与创立尚志学会、新学会等文化社团,还和梁启超创建的讲学社一同邀请杜威、罗素两位洋博士来中国演讲,成为轰动文化界的大事。"研究系"成员创办了《晨报》《国民公报》《时事新报》,籍忠寅是办报资金的主要筹集者之一。1920年,籍忠寅任国会筹备事务局局长时,投身实业,筹办生日用化工厂,和刘壬三等人筹建福星面粉公司,并任董事。

1923年,曹锟倒阁驱黎之后,"贿选"总统。籍忠寅虽不同意曹锟的这种做法,但因与曹系亲戚,碍于情面而为之周旋,损害了议会威信。1924年第二次直奉战争中,冯玉祥发动"北京政变",曹锟被囚,籍忠寅称病引退,在北京做寓公。早在日本留学期间,籍忠寅就因用功过度而染上咯血之病,中年奔走国事,复又积劳加剧。在北京家中养病期间,籍忠寅以诗书自娱,不再过问政事,孰料竟从此一病不起。

1930年,籍忠寅因病在北京家中去世,终年53岁。

参考文献:

张宪文、方庆秋、黄美真主编:《中华民国史大辞典》,江苏古籍出版社,2001年。

天津市河北区政协委员会文史工作委员会编:《天津河北文史》第1辑,1988年。

任丘市地方志编纂委员会编纂:《任丘市志》,书目文献出版社,1993年。

(郭嘉宁)

季 安

　　季安(1909—1944),本名安禄,曾用名占中,1909 年 4 月 1 日出生于蓟县太平庄一个木工家庭,兄弟五人,排行第二。幼年时期,季安读过私塾,但因生活所迫中途辍学。全家十几口终日劳作仍不得温饱。苦难的生活,使季安从小就痛恨旧社会的黑暗。

　　1930 年,在中共蓟县党组织的领导下,季安投入同地主豪绅展开的抗捐、抗租、反"旗地变民"等斗争中。1935 年春,季安带领太平庄及附近20 多个村庄的贫雇农向地主发起增资斗争,先后取得不同程度的胜利,在群众中树立了威信。不久,他被推选为村互助会会计。

　　1937 年,在蓟县党组织的指示下,他以做木工为掩护,在北部道古峪一带进行抗日宣传活动。在他的宣传和组织下,道古峪村贫雇农开展斗争,收回被地主强占 25 年的山地大柴林。在发动群众反对伪政府收缴枪支的斗争中,季安散发传单,联系群众,揭露敌人收枪的阴谋,给敌人收枪造成了极大的困难和阻力,为各地救国会参加抗日武装暴动创造了有利条件。

　　1938 年,经李子光介绍,季安加入中国共产党。不久,他担任蓟县抗日联军十六总队总务处长,积极投身于党在蓟县领导的抗日武装大暴动。他认真执行党的抗日民族统一战线政策,积极开展工作,不但保证了队伍的后勤供应,并且收集了 100 多支枪。10 月,季安随军撤到平西进行整训学习。1939 年 6 月,季安随同王少奇、王克兴等 50 余人返回冀东坚持斗争。9 月下旬抵达蓟县盘山后,季安被分配到下营一带开展工作。他带着木工家什,奔走于各个村庄,深入群众,与农民一同劳作,开展抗日救国宣传。在他的努力下,短短半年时间,几十个村庄相继建立了党支部。为提高党员素质,他亲自动手刻印党员知识课本,到各村党支部辅导党员学习。随着党组织的建立和发展,民兵和妇联工作也开展起来。同年冬,季安率八区基干队在爨岭庙下冰凉沟一带设伏,歼灭伪军 16 人,缴获步枪 11 支、子弹千余发,焚毁敌人汽车 1 辆,取得伏击战的胜利。

1940 年 4 月,季安担任蓟(县)平(谷)密(云)联合县县委委员;10 月,担任蓟(县)宝(坻)三(河)联合县八区区委书记。他重视发展民兵武装,经常与民兵一起研制土雷打击敌人。1942 年 4 月,季安被调任蓟宝三联合县社会部部长,不久任组织部部长。1943 年 8 月,季安担任蓟(县)遵(化)兴(隆)联合县县委书记。1944 年 5 月 16 日,季安等 200 多名各县县委和县政府干部,随同冀东第一专署专员杨大章、十三团副政委廖峰,在蓟县下营团子山举行县区干部会议,因消息走漏,后转移至爨岭庙,被日伪军包围。季安和杨大章等大部分干部战士在战斗中壮烈牺牲,终年 35 岁。

季安等人牺牲后,当地群众将他们的遗体秘密埋葬在爨岭庙西南山坡上。1957 年,中共蓟县县委和县政府在该地建立"爨岭庙烈士陵园",将季安等烈士遗体迁葬于陵园中。

参考文献:

中共天津市委党史资料征集委员会编:《天津抗日英烈》,天津古籍出版社,1995 年。

(曹冬梅)

姜 立 夫

姜立夫(1890—1978),本名姜蒋佐,1890 年 7 月 4 日生于浙江省平阳县宜山区凤江乡灵头村一个知识分子家庭。其祖父姜植熊是优贡生,父亲姜炳闇是国学生,哥哥姜蒋侪是举人。姜立夫从小父母早逝,由哥哥嫂子抚养长大。他幼年在祖父开办的家馆读书,祖父在他 14 岁时去世,哥哥送他到平阳县学堂读书。17 岁时,姜立夫只身到杭州府中学堂读书。

1910 年夏,清政府招考第二批留学生,姜立夫应考备取。次年春,他入游美肄业馆(清华学堂、清华大学前身)高等科补习英文,7 月英语口试合格,8 月乘"中国号"邮船赴美求学,入加利福尼亚州立大学,1915 年获该校理学学士学位。随后他转到哈佛大学做研究生,专攻数学。1918 年,姜立夫在哈佛受聘为助教,成为奥斯古德(W. F.Osgood)教授的助手。1919 年 5 月,他完成博士论文《非欧几里得空间直线球面变换法》(*The Geometry of Non-Euclidean Line sphere Transformation*),论文署名姜蒋佐(Chan-Chan Tsoo),是在库利芝(D. L. Coolidge)教授指导下完成的。在哈佛大学他获得了博士学位,留校任职。1919 年 10 月,得知哥哥蒋侪去世的消息,姜立夫辞去哈佛的工作回国,承担起抚养、教育侄辈的责任。在家乡平阳,他创办了爱敬小学。

1920 年初,应张伯苓校长聘请,姜立夫到天津南开大学创办算学系,任教授兼系主任。他和随后来校的邱宗岳、饶毓泰、杨石先等人是南开大学理学院的奠基人。他说:"我是用美国退还的一部分庚子款去留学的,那当然不是美国的钱,也不是清政府的钱,那是全国人民辛勤劳动积累起来的钱,我应当为全国人民做一点好事,我的决心是把西洋数学一起搬回来,数学是一切自然科学的基础,中国最需要的是科学。所以也需要数学,我愿把一生献给数学。"[①]

姜立夫根据学生情况,需要什么课,就开什么课。多年来,在他独立支撑执教的"一人系",姜立夫除了为本系学生开课外,还要为理、商学院有关学系开设或选修课程。自 1920 年至 1930 年的十年中,姜立夫先后为本系及外系开设过初等微积分、高等微积分、理论力学、代数方程论、微分方程论、解析几何学、投影几何学、非欧几何学等。姜立夫严于律己,堪为后学之楷模。在教学上,他备课一丝不苟,十分认真;讲起课来,说理透彻,言简意赅,方法得当。他的学生吴大任曾说:"他就像熟悉地理的向导,引导着学生寻幽探胜,使你有时似在峰回路转之中,忽然又豁然开朗,柳暗花明,不感到攀登的疲劳。听姜先生讲课是一种少有的享受。"[②]

课外练习是姜立夫先生教学的另一个重要环节。他对习题要求十分严格,每课必留练习。他亲自批改作业,每次上课前,他必帮助学生分析作业。姜立夫的这一整套教学方法,使学生接受了严格而全面的训练。姜立夫不仅在课堂上为学生讲授知识,还与杨石先、邱宗岳等人成立了早期的科学学术研究会,经常在科学学术研究会演说。1926 年 5 月,姜立夫曾作"非由格里底几何学"的专题报告,到会者踊跃,连礼堂的走廊里都站满了听讲的学生。20 世纪二三十年代,姜立夫为祖国培养了一大批日后著名的数学家,其中江泽涵是第一位把拓扑学移植到中国来的学者,陈省身则是蜚声国际的微分几何巨匠。1936 年,由姜立夫、胡敦复、孙光远、陈建功、熊

① 刘季芳:《中国现代数学先驱姜立夫》,载天津市政协文史委编:《近代天津十二大自然科学家》,天津人民出版社,2011 年,第 5 页。
② 吴大任:《怀念姜立夫先生》,载《中国科技史料》编委会编:《中国科技史料》,科学普及出版社,1980 年第 3 期。

庆来、郑桐荪等 14 位审查委员会审定的《数学名词》一书完成。

姜立夫很早就十分重视数学文献的搜集,把它作为办好数学系的重要基本建设,并且亲自动手,甚至连编目这样细微的工作也亲自处理。他认为数学研究工作的主要活动是思维与演绎,需要从已有的大量文献所记载的成果去汲取营养加以创新。抗战前,南开大学的数学图书质量属全国一流,世界上完整的最重要的数学期刊、著名数学家的论文集也是齐全的,还有许多名贵的绝版书。1932 年,德国汉堡大学的施佩尔纳尔(E. Sperner)应邀访问南开大学,当他翻阅一本又一本珍贵的数学藏书时,惊叹不止,羡慕备至。

抗战时,姜立夫将妻儿留在上海,只身前往昆明西南联大任教。那时,他虽已年过半百,仍跟自己的学生及学生的学生教同样份量的课,并奋力从事圆素与球素几何的研究。这一时期他在十分困难的条件下主持了数学界的两项重要活动。一是"新中国数学会"的工作。当时,中国内地的数学家们鉴于西南的科学空气相当浓厚,原在上海成立的"中国数学会"与西南各省无法联络,进而于 1940 年在西南联大成立了"新中国数学会",选举姜立夫为会长,理事有熊庆来、陈建功、苏步青、孙光远、杨武之、江泽涵、华罗庚、陈省身等人,陈省身任文书,华罗庚任会计。二是受命担任中央研究院数学研究所筹备处主任兼研究员,在陈省身的协助下开始筹建。陈省身后来称赞说:"立夫师任筹备处主任。他洞鉴了当时中国数学界的情形,只求切实工作,未尝躁进,树立了模范。"[1]这两个学术团体和研究机构对团结全国数学工作者,改变七七事变以后数学界学术研究的落后局面起了重要作用。据统计,在 1940 年至 1942 年新中国数学会举行的三次年会上,共宣读、发表论文 150 余篇,篇篇凝聚着中国数学家的心血。姜立夫是一位胸怀坦荡、正直无私,没有任何门户之见的学者。从

---

① 刘秀芳:《中国现代数学先驱姜立夫》,载天津市政协文史委编:《近代天津十二大自然科学家》,天津人民出版社,2011 年,第 14 页。

1941 年数学研究所筹备处成立至 1943 年，他以兼容并包的雅量先后聘请了陈建功、苏步青、江泽涵、陈省身、华罗庚、许宝騄、李华宗等留日、留美、留德、留法、留英的兼任研究人员，集数学精英于一堂，至今仍传为数坛佳话。

姜立夫的主要研究对象是圆素几何和球素几何。1943 年他撰写论文"*A Matrix Theory of CircIes and Sphercs*"（《圆素和球素几何的方阵理论》），发表在《科学记录》I（1942—1945）上。

抗战胜利后，姜立夫由西南联大返沪与家人团聚。1946 年，姜立夫奉派赴美国普林斯顿高等研究院进修，数学所筹备处主任职由陈省身代理。1947 年 7 月，中央研究院数学研究所在上海正式成立，姜立夫被任命为所长。翌年 3 月，他当选中央研究院院士，夏季回国。上海解放前夕，他被迫先把数学所的图书装运到台湾，随后自己一家也去台湾。不久，他毅然摆脱国民党的羁绊，在广州解放前回到大陆，应岭南大学陈序经校长的邀请，到校创办数学系，迎接解放。

新中国成立后，姜立夫在岭南大学任教三年，1952 年随院系调整到中山大学工作，任校筹备委员、数学系筹备小组成员。在那里，他悉心为新中国培育数学工作者，度过了幸福的晚年。党和人民也给予他很高的荣誉和政治地位。1950 年，他当选中华全国自然科学专门学会联合会第一届委员会委员，1954 年被选为广东省第一届人大代表，1955 年以后任全国政协第二、第三、第四届委员。1955 年，他去北京开会，周恩来总理同他亲切握手，并说自己也是"南开"的学生。姜立夫时刻眷恋着自己事业的起点——"南开"。1964 年，他曾到津访旧。

1978 年 2 月 3 日，姜立夫先生在广州逝世，终年 88 岁，遗骨安放在广州革命公墓。1989 年 10 月，南开大学建立姜立夫奖学金、竖立姜立夫先生雕像。

参考文献：

张洪光：《中国现代数学先驱姜立夫》，南开大学办公室编：《南开人物志》，南开大学出版社，1994年。

刘秀芳：《中国现代数学先驱姜立夫》，载天津市政协文史资料委员会编：《近代天津十二大自然科学家》，天津人民出版社，2011年。

（张绍祖）

金 隄

　　金隄(1921—2008)，浙江吴兴人(今湖州)人。1921 年 9 月,金隄出生于一个知识家庭。他的父亲是当地小学的校长,金隄上小学就在父亲所在的学校读书。金隄的父亲是一个思想开明的人,他反对"填鸭式"教学法,倡导新式教学法,鼓励学生按自己的兴趣爱好自由发展。父亲的为人和为师之道对金隄的为人和治学之道影响深远。金隄从小就喜欢文学,并打下良好的国学功底。

　　金隄高中时就读于杭州高中,抗战后转入国立贵州第三中学,后考入西南联大电机工程系。但是鉴于自己对文学的痴迷,金隄在大二后要求转入中文系。当时很欣赏金隄文采的国文老师——诗人陈梦家曾提醒他:"要想从事创作,就应该吸收世界各国的优秀文化遗产。"于是,金隄直接要求转到外文系。金隄极具语言天赋,到了外文系,可谓如鱼得水。在大学三年级时,一次偶然的英文写作作业,金隄翻译了一篇沈从文的小说。这篇译稿受到写作老师英国诗人白英(Robert Payne)教授的赞许,并鼓励他继续翻译下去。金隄的才华也得到了沈从文的认可,并亲自为他选定了要翻译的小说。于是,金隄就在老师和沈从文的鼓励和支持下与白英合作一起翻译沈从文的小说集。小说集 *The Chinese Earth:Stories by Shen Ts'ung-wen*(《中国土地——沈从文小说选》)于 1947 年在英国出版,受到欢迎,后于 1982 年在美国哥伦比亚大学出版社再版。

　　金隄于 1945 年从西南联大毕业后直接留校任助教,同时在美国驻华新闻处兼任翻译工作。1947年至1949年,他在北京大学文科研究所读研究生期间,兼任北京大学西语系助教。其间,金隄获得了英国著名文学和文艺理论家威廉·燕卜荪(William Empson)教授的指导。1948年至1949年间,北平见不到英文报纸,燕卜荪和夫人对汉语一窍不通,看报纸对于他们来说就成了一件可望而不可即的事情。那两年,金隄每天上午都会到燕卜荪家给他们夫妻读报。当时,《红楼梦》的译者、英国著名翻译家霍克斯(David Hawkes)也是燕卜荪家的常客。他见此情景,以为金隄读的是英文报纸,后来知道真相后非常吃惊,赞叹金隄的英语水平了得。这段读报的经历,对金隄英语水平的提高很有帮助。后来,在英文杂志《中国建设》任编辑兼记者时,金隄就曾多次担任会议的同声传译,并圆满完成了任务。

金隄在读大学期间,曾发表过许多诗歌和散文。在北平读研究生即将毕业时,他毅然辞去北大助教的工作投笔从戎,参加中国人民解放军"四野"南下工作团。他想到激烈的斗争中去搜集创作素材,但没能如愿。于是他忍痛放弃了自己当作家的梦想,走上了文学翻译的道路。1957年,金隄调入南开大学外文系任教。"文革"中下放农村劳动。其间,他应邀翻译过一些科技文章。1977年,金隄从农村返回天津市,恢复工作后到天津外国语学院任教,直到退休。退休前,他曾担任中国译协理事、天津市译协顾问和天津市政协委员。

对于大多数人而言,退休就意味着事业的终结,颐养天年的开始。可是对金隄而言,退休却意味着创作高潮的到来。金隄的主要翻译作品和大部分翻译理论著作都是退休后在美国完成的。1978年,在南开大学讲授翻译课的金隄应中国社科院之邀尝试翻译乔伊斯的《尤利西斯》。之后,金隄用一年时间才完成了5000字的《尤利西斯》译稿。1982年,金隄前往美国之后开始潜心翻译《尤利西斯》。1993年底,金隄出版了《尤利西斯》上卷,这是首部《尤利西斯》中文版。1996年,金隄的《尤利西斯》全译本正式面世。

1987 年,金隄应乔伊斯研究学会邀请和资助赴美国进行《尤利西斯》的翻译和研究工作,后一直旅居美国进行翻译、教学和学术研究。其间,金隄曾经在英国牛津大学、美国耶鲁大学、弗吉尼亚大学、圣母大学、德莱塞大学、华盛顿大学、全美人文学科研究中心、中国香港城市大学等单位任研究员、客座研究员,为美国俄勒冈大学客座教授。曾经在北京、天津、台湾、香港等地的著名大学做学术讲座,与世界各国学者进行翻译和乔学研究学术交流,传播中国文化。他还在国际译联会刊"Babel"和《乔伊斯季刊》上发表多篇学术论文。

　　早在 1978 年,金隄在《联合国文件翻译工作简报》上发表的《论翻译的准确性》一文中就初步表达了他的"等效翻译"思想。一位听过他的演讲的美籍教师认为, 他的翻译思想与美国的翻译理论家奈达很接近,并介绍他认识了奈达。与奈达相识,使他走上了中国传统译论和西方科学译论相结合的道路,并最终形成了自己独特的"等效翻译"理论。1982 年出版的 On Translation(《论翻译》)和 1989 年出版的《等效翻译探索》就是他在翻译理论研究上的成果。

　　金隄于 2008 年 11 月 7 日在天津去世,终年 87 岁。

参考文献:

郝岚等:《世界文学与 20 世纪天津》,中国社会科学出版社,2011 年。

(冯智强)

邝荣光

　　邝荣光(1863—1962),字镜坷,广东新宁人。其父曾出洋在澳洲金矿当矿工,小有积蓄,也希望孩子将来能成为矿冶工程师。其叔父邝其照是容闳的朋友,[1]曾任清政府驻新加坡的商务领事,1868年编著《华英字典集成》,轰动一时。

　　东南沿海"洋务"渐浓,邝父为了方便与葡萄牙人做生意,从台山迁到靠近澳门的珠海拱北北岭居住。当时,容闳为组织幼童留学,奔波于州县劝导。邝父得知消息,马上带着邝荣光前去报名。1871年底,邝荣光离开家乡,赴上海出洋局(预备学校)接受培训,学习传统汉学和基本英文会话与英文知识,为出国做准备。邝荣光最终通过了严格的选拔考试,成为留美幼童中的一员。

　　1872年8月11日,邝荣光等30名首批幼童从上海登船出发,赴美留学。初到美国,他被安置在新英格兰地区一位和蔼可亲的马修斯小姐家中。在马修斯小姐的教诲下,邝荣光先入北安普顿中学学习。他学英语、吃西餐,很快就适应了国外的生活环境,与美国学生一起做体操、打棒球、划船,参加时评专栏、朗诵会等活动,十分活跃。后邝荣光考入拉法叶学院(Lafayette College)攻读地矿专业。在校期间,他绰号"洋基邝"(Yan Yee Kwong)。还与其他留美幼童成为美国文学巨匠马克·吐温和斯

---

　　① [美]勒法吉著:《中国幼童留美史》,高崇鲁译注,珠海出版社,2006年,第108页。

陀夫人的忘年交,并受到格兰特总统的接见。

1881 年,清政府下令召回所有留美学生。邝荣光回国后,被分派到直隶唐山开平煤矿。①他努力工作、兢兢业业,很快成为一名采矿工程师。邝荣光参与了国内许多煤矿的勘测,足迹遍布东北地区,以及河北、湖南、甘肃等省。湖南湘潭境内矿产蕴藏丰富,有滴水埠之石膏、鹤岭之锰矿,以及谭家山的煤。其中,湘潭煤矿就是由邝荣光率先发现的。他还绘制了《直隶省地质图》《直隶省矿产图》,填补了我国矿产业的一项空白。②

应母校邀请,邝荣光撰写了有关开平煤矿的报告,该报告于 1887 年在明尼苏达州德卢斯(Duluth)市举行的美国矿业工程师会议上宣读,并获得认可。1900 年八国联军侵华时期,俄军占领开平煤矿,欧籍员工全部撤离,邝荣光在矿区协助同学吴仰曾(时任开平矿务局帮办)组织"自卫队"保卫煤矿。俄军胁迫中国员工为其在唐山煤矿至天津之间的行车提供燃煤,否则立即射杀。邝荣光曾遭俄兵追打,所幸及时逃脱,被吴仰曾藏在车座下,才幸免遇难。

1905 年,清政府成立直隶省矿政调查局,邝荣光任总勘矿师。临城煤矿的前身是李鸿章指派钮秉臣组办的直隶临(城)内(邱)矿务局。袁世凯接任直隶总督后,派津关道唐绍仪、梁效彦等与比利时商人谈判订立合同,中比合办临城煤矿,邝荣光出任总工程师。经过两年施工,主副井于 1907 年先后建成,投入产煤。临城煤矿煤质优良,成为我国近代七大煤矿之一。其间,詹天佑主持修筑京张铁路,邝荣光利用自己丰富的煤矿开采经验,协助詹天佑攻克开凿八达岭山洞的难题。③1909 年,邝荣光二次奉清政府之命到辽宁本溪湖勘察煤矿储藏量,并与日方针锋相对,据理力争。1910 年 5 月,中日双方在《中日合办本溪湖煤矿合同》上签字。邝荣光虽然只争回中国对本溪湖煤矿的一半矿权,但其维护主权之功不可没。

---

① 容尚谦著:《创办出洋局及官学生历史》,王敏若译,珠海出版社,2006 年,第 20 页。

② 梁碧莹:《陈兰彬与晚清外交》,广东人民出版社,2011 年,第 226 页。

③ 詹同济译著:《詹天佑日记书信选集》,珠海出版社,2008 年,第 120—121 页。

1910 年,邝荣光以候选道员、直隶矿务议员,授大清一等工科进士。这一年,邝荣光先后在《地学杂志》上发表了三份图件:第一份图件为《直隶地质图》,比例尺约为 1:250 万,发表在创刊号上,这是现今所见中国人自制的第一幅地质图;第二份图件为《直隶矿产图》,发表在《地学杂志》第 2 号上,图中标明了煤、铁、铜、铅、银、金等 6 种矿产资源在直隶省的分布状况;第三份图件为《直隶石层古迹图》,发表在《地学杂志》第 3-4 号上,绘有三叶虫、石芦叶、鱼鳞树、凤尾草、蛤、螺、珊瑚和沙谷棕树共 8 种化石,也是现在所见出自中国人之手的第一幅古生物化石图。邝荣光成为中国地质学与古生物学的重要奠基人。

退休后的邝荣光定居天津。1962 年,邝荣光在天津辞世,终年 99 岁。

参考文献:

唐绍明:《清华校长唐国安——一位早期留美学生的报国之路》,清华大学出版社,2016 年。

井振武编著,天津市口述史研究会编:《留美幼童与天津》,天津人民出版社,2016 年。

(井振武)

李霁野

李霁野(1904—1998),安徽霍丘人。

李霁野出生于一个"地无寸土,夜无存粮的破落户"家庭,虽然家庭条件不好,但父亲很重视李霁野的教育。在李霁野 8 岁时,父亲把他送到一家私塾读书。李霁野读书认真,私塾期间他就读了很多古典小说。辛亥革命之后,私塾改制,李霁野转到明强小学读书。

1919 年,李霁野小学毕业考入公费的阜阳第三师范学校。在这所学校里,李霁野开始接触并接受共产主义思想,并结识了陈素白、李何林、韦丛芜等志同道合的朋友。他阅读了《共产党宣言》《少年中国》,以及有副刊《学灯》的《时事新报》和有副刊《觉悟》的《民国日报》等刊物。在校期间,李霁野开始写作并和同学合办了两期《新淮潮》。1921 年,赞成"新文化"、倾向共产主义的李霁野被保守派学生排挤,退学回家。1922 年春,李霁野想转去安庆继续读书,怎奈由于师范学校是公费,学生有地区的限制,转学就成了泡影。但是他一直坚持读书并与韦丛芜合编《微光周刊》。后来,李霁野还在《皖报》上合编《微光副刊》。其间,李霁野开始发表作品,发表短诗若干首。

1923 年春,李霁野在朋友的劝说下到北京读书,在自修英文半年后转入崇实中学读书。为了赚取学费和生活费,他经常编译短文换取稿酬。1924 年,李霁野利用假期翻译了俄国安特列夫的《往星中》,并得到鲁迅先生的指教。《鲁迅日记》中曾记载"第二天,即看《往星中》",李霁野得以结识鲁迅先生。

五四运动前后，俄罗斯文学翻译与其他欧洲国家文学翻译相比，形成了异军突起之势。在中国翻译界出现一个声势浩大的、崭新的俄罗斯文学翻译局面。鲁迅曾把译介俄罗斯文学喻为"普罗米修士为人类盗火，给起义的奴隶私运军火"。李霁野在鲁迅翻译思想的指引下，把目光集中在正处于"专制与革命对抗"的俄国和处于"抵抗压迫，求自由解放"的东欧诸国的文学，他想通过引进同样处在被压迫、被奴役地位的"斯拉夫民族"觉醒反抗的呼声，来振作"国民精神"，唤起沉睡中的国人。

1925年，鲁迅先生建议成立未名社，用以印行6个社员的译作。在未名社存在期间，一共印了二十多本书和《莽原》半月刊、《未名》半月刊两种期刊。1925年秋，李霁野从崇实中学毕业，在鲁迅的帮助下进入燕京大学读书。次年他开始翻译《文学与革命》一书。1927年，为了办好未名社，李霁野在燕京大学办理了休学。但是在未名社的工作属于义务帮忙没有薪水，为了生计他开始在孔德学校教课。1928年，李霁野翻译的《文学与革命》得以出版。当年4月，未名社遭到查封，李霁野和他的一个朋友被捕关了50天。为了纪念这次被捕的经历，李霁野翻译了《不幸的一群》，由未名社印行。1930年夏，李霁野译完了《被侮辱与被损害的人》，并用稿费清偿了大部分债务。

1930年秋天，李霁野受聘于天津河北省立女子师范学院英语系任教授兼主任，直到抗日战争爆发才不得不停止工作。这段时间，李霁野边教边学，同时还坚持翻译工作。1934年，李霁野翻译完成《简·爱》，经鲁迅介绍给郑振铎，作为《世界文库》的单行本印行。自此之后，这本书经过修改，重印多次并广受好评。次年，李霁野又利用一个暑假翻译了《我的家庭》，于1936年出版。其间，李霁野拥有了自己的家庭。1938年秋，他应邀去北平辅仁大学任教。这时候，他还是坚持边教书边译书。《战争与和平》断断续续历时四年半译完，分期寄给中华文化教育基金委员会九龙办事处，可惜在日寇进占香港时书稿损毁了。之后的几年里，由于日寇的入侵,李霁野的工作和生活也受到了影响,辗转到过几个地方,但是他始终没有放弃自己钟爱的翻译事业。直到1943年5月,经曹禺介绍,李霁野到夏坝复旦大学教课,后又到白沙女子师范学院英语系任教。这段时间,李霁野翻译了《虎皮武士》《四季随笔》《化身博士》,并以五、七言绝句译了《鲁拜集》。李霁野在女师院作过6次课外演讲,后来集印为《给少男少女》。这段时间,李霁野一直孤身在外漂泊,直到日寇投降后的1946年才有机会与离别三年半的妻儿团聚并看望了20年未见面的父亲。9月下旬,李霁野应许寿裳先生邀约经上海拜谒了鲁迅先生墓,并于10月初到台湾省编译馆任职编纂工作。次年1月,他翻译的《四季随笔》由编译馆印行出版。后来李霁野转到台湾大学外语系任教,并翻译完《在斯大林格勒战壕中》这部作品。

1949年4月底,李霁野从台湾经由香港返回天津工作,并在北京参加了全国第一次文代会。9月,李霁野到南开大学外文系任教,并于1951年担任系主任。除教书并搞行政工作外,李霁野的兼职工作较多,参加了大量的社会活动。1953年10月,民进天津分会选派李霁野等人为代表参加第三届赴朝慰问团,慰问朝鲜军民和中国人民志愿军。1956年,我国进行社会主义改造的公私合营之际,李霁野先生欣然撰文,讴歌党的方针、政策,在《天津日报》上发表了题为《朝着胜利的道路前进》的文章。就在这一年,李霁野光荣地加入中国共产党。1956年,李霁野还参加文化代表团访问意大利、瑞士和法国,写了《意大利访问记》。其间,他还翻译了《难忘的一九一九》《山灵湖》,印行了《海河集》《回忆鲁迅先生》。1977年至1980年间,耄耋之年的李霁野又翻译了一百多首莎士比亚、布朗宁、济慈、雪莱等英国诗人的抒情诗,并于1984年集为《妙曲集》由四川人民出版社出版。1982年,李霁野改任南开大学外文系名誉系主任,1995年退职休养。

李霁野把他的翻译理念贯彻到自己的教学、创作、研究工作中。南开大学外文系成立以来,为祖国建设事业培养了大批外语人才。这与李霁野历来的主张不无关系。他认为,要使学生掌握好外语,应该加强听、说、写、读、译的全面训练。学外语的人听不懂、不会说外语是"哑巴外语";学外语不读原著,就不能很好地了解该国的国情、民族的生活习惯,也不利于提高文化修养。从 1956 年复系(以前外文系曾停办一个较短时期)后,英语专业的学生由原来每年招收 30 多名增至每年 100 余人。这是南开大学外文系历史上又一辉煌时期,也是李霁野主持外文系系务以来辛勤操劳的成果。李霁野任外文系主任期间,1960 年设置了俄语专业教研室,并于当年开始招生;1961 年外文系英语专业开始招收英国文学研究生;1972 年建成日语专业教研室并开始招收培养日语本科生。改革开放以后,在筹划培养硕士、博士研究生,聘请外国专家等工作中,无不倾注着李霁野先生的心血。他于 1993 年获天津市最高文艺奖"鲁迅文艺奖"大奖,并把该项奖金全部捐赠给南开大学,设立了"李霁野奖学金",用于奖励优秀学生。

作为鲁迅先生的学生和战友,李霁野一生致力于宣传、发扬鲁迅精神。作为鲁迅研究专家,他的著作《鲁迅精神》《纪念鲁迅先生》《鲁迅先生与未名社》,对于鲁迅研究有着重要的史料价值。

李霁野曾任天津市第一届文联副主席、第二届文联主席和第三届文联名誉主席,中国作家协会名誉副主席,天津市作协副主席,政协全国委员会第二至六届委员、常委,中国民主促进会中央委员、参议委员会常委、天津市委员会副主委,天津市政协第一、第二届副主席,天津市第一至六届人大代表,天津市文化局副局长、局长,天津市图书馆名誉馆长等职务。

其作品有《李霁野文集》存世。俄文译著有:《往星中》(1926 年),安德列夫的《黑假面人》(1926 年),陀思妥耶夫斯基的《被侮辱与被损害的人》(1934 年),阿克萨科夫的《我的家庭》(1936 年),涅克拉索夫的《史达林格勒》(1949 年,后改名《在斯大林格勒战壕中》),维什涅夫斯基的《难忘的一九一九》(1951 年),《卫国英雄故事集》(1944 年),托洛茨基的《文学与革命》(1928年),等等。英美文学译著主要有:英国作家夏洛蒂·勃朗特的《简·爱》(1934年),此书一出版就受到广大读者的喜爱,1935年被列入《世界文库》。此外,还翻译了如《虎皮武士》《四季随笔》《化身博士》《鲁拜集》《妙意曲》等外国著作、小说和诗歌。

1997年5月4日,李霁野在津辞世,终年93岁。

参考文献:

上海鲁迅纪念馆编:《李霁野纪念集》,上海文艺出版社,2004年。

张大为主编:《天津文学史·新中国初十七年的文学》,天津人民出版社,2011年。

郝岚等:《世界文学与20世纪天津》,中国社会科学出版社,2011年。

李霁野:《李霁野文集》,百花文艺出版社,2004年。

(冯智强)

李 建 勋

　　李建勋(1884—1976),字湘宸,直隶清丰县人。李建勋于 1884 年 4 月 11 日出生在一个贫苦农民家庭,14 岁考取秀才。戊戌变法时期,他以第一名的成绩考进大名中学堂。因能刻苦攻读,四年学业两年就完成。1905年又被选入直隶高等学堂学习,后来转入北洋大学堂师范班学习。

　　1908 年,李建勋在北洋大学堂毕业,由直隶提学使司派往日本广岛高等师范学校留学,专攻理化。1911 年,辛亥革命爆发,李建勋未完成学业回国参加革命。回国后,他深入各地乡镇进行革命宣传,并因宣传兴办团练是救国之道遭清朝官吏疑忌,曾下令通缉。不久,中华民国建立,李建勋准备整装东渡,完成学业,由于双亲的苦苦相留,便决定就地教书一年,给家里留点积蓄。1912 年再赴日本就读,1915 年完成学业回国。

　　回国后,李建勋任直隶省视学。1917 年,由严修推荐公费去美国留学,入哥伦比亚大学师范学院,主攻教育行政、教育统计和学务调查。他于 1918 年、1919 年先后获教育学士和文学硕士学位。1920 年下半年,在美国调查各类学校、各级和各种类型的教育行政组织。

　　1921 年,李建勋由美国回国任北京高等师范学校(北京师范大学前身)教育学科教授兼教育研究科主任。同年 10 月,出任该校校长,同年又当选为中华教育改进社董事。在任北京高师校长期间,他向北京政府教育部召开的学制会议提出"请改全国国立高等师范为师范大学案",在提案中就目的、教材、教法、训练及成例各项进行论证并顺利通过。1922 年

11月公布的《学制系统改革案》确立了师范大学在教育系统中的地位。北京高等师范学校首先改为北京师范大学,这是中国近代教育史上的一件大事,李建勋功不可没。

当时的教育部曾接受北京各院校的提议,将各国退还的庚子赔款分给各院校以补助教育经费之不足。北京师范大学学生得以不交学费,并由学校供给伙食,但需款较多。但庚子赔款的分配不公,李建勋曾联合该校教授多人,在北京《晨报》上发表文章据理力争,经费得以解决,但得罪了当局。不久,教育部长汤尔和派人到学校查账。据说,当时有一种陋规,即学校经费存款的利息可归校长私有。来人首先查看学校经费利息是怎样处理的。原来李建勋校长早已将学校经费利息交给总务处,作为补助学生伙食之用。来人见无弊可查,只好不辞而别。

1923年,李建勋辞校长职,与中华教育改进社代表郭秉文等一起作为中国政府代表,参加在美国旧金山召开的世界教育会议。会后他再入美国哥伦比亚大学进修,于1925年秋获哲学博士学位,其论文《美国民治下的省教育行政》是中国留学生以科学方法分析研究教育行政问题的第一部专著。时值军阀混战,学费来源濒于断绝,他于国外勤工俭学,艰苦度日。同年,教育部又派他为考察欧美教育专员。李建勋取道欧洲回国后,于1925年至1929年间,先后任国立东南大学、清华大学及北京大学教授。

1930年后,李建勋担任中国教育学会北平分会(包括天津)的领导工作,并任北平师范大学(抗日战争时期改称西北师范学院)教育系教授、系主任及师范研究所(后改称教育研究所)主任,直至1946年。1931年,李建勋在北平师范大学又兼任教育学院院长、研究院院务委员会委员、研究院教育科学门(相当于"系")主任。1932年研究院改为研究所,李建勋任主任导师。是年,他和燕京大学教育系主任周学章率领教育系师生在天津进行调查,最后写出《天津市小学教育之研究》,成为教育调查报告的典型文献,受到国内外研究教育学者的推崇。同年5月,李建勋被任命为北平师范大学校长,固辞不就。1933年2月,应聘任北平市社会局义务教育委员会委员。1935年,北平师大教育系成立"小学教育通讯研究处",李建勋亲自主持,聘请全国小学教育界知名人士多人为导师,负责解答全国小学教育界提出的问题。1937年抗战全面爆发,学校内迁,这项工作中辍。1938年后,西北联大师范学院、西北师范学院又渐次恢复。1941年由李建勋作序的《小学教育实际问题》编成,并于1948年正式出版。《第二次中国教育年鉴》曾有"国立西北师范学院办理小学教育通讯研究有相当成绩"之赞誉。1936年,李建勋应邀担任商务印书馆"大学丛书委员会"委员。1943年,西北师院与兰州教育当局合办社会教育实验区、国民教育实验区等,李建勋参与其事。1945年抗战胜利后,内迁的各高等院校纷纷复校复员,国民党当局却不准北平师范大学复校,不准西北师范学院师生复员(1937年七七事变后,北平师范大学奉令内迁,最后落户甘肃兰州,更名为西北师范学院)。北平师大校友总会(设在西北师院内)和西北师院学生"复校委员会"共同发起复校复员运动,并共推李建勋、易价(校长室秘书)二位教授为代表,携带由北平师大校友总会14位理监事联名《上蒋主席书》赴重庆请愿。经过与有关方面的多次谈判,艰苦工作,终于复校名为北平师范学院,一年后复名北平师范大学。但这场斗争得罪了国民党,教育部长朱家骅指示北平师范学院院长不准任用李建勋为教育系主任。他遂受到排挤和歧视,成了"游击教授"。一学期在北平师大教书,一学期在兰州西北师范学院讲课。1947年,教育部任命李建勋为国立西北师范学院院长,仍辞不就。1948年,他应邀至四川大学讲学,继又去川东教育学院授课。

1950年,李建勋应平原省主席晁哲甫的邀请,为桑梓服务,欣然就任平原省文化委员,主管教育工作,并担任平原师范学院教授,提交入党申请书。1953年平原省撤销,李建勋遂改任华北行政委员会文教委员会委员。1954年又任天津师范学院副院长,主持全校的教学工作。他深入基层,了解实际,发现问题及时解决,不断总结经验及时推广,切实抓紧落实教学计划和各项规章制度,关心师生生活,注意调动教职工积极性;他的办学思想和培养目标明确,结合中国与学院实际,借鉴苏联经验,全面推进教学改革。他还主动将位于北京德胜门的自家一处宅院交给学校作为驻京招待所。1958 年被错划为"右派",不久退休,后任中国人民政治协商会议全国委员会文史资料委员会专员,原计划写《中国教育发展史》,资料已经准备好,不幸在"文化大革命"中又遭冲击,所有卡片付之一炬。

李建勋先生笃实正直,待人忠厚,每遇事多主持正义,只求事理之是非曲直,不计个人之利害得失。他在教育园地辛勤耕耘了一生,深受人们的尊敬。他一生著作甚丰,主要有:《美国民治下的省教育行政》(英文版)、《天津市小学教育之研究》(与周学章合著)、《战时与战后教育》(与许椿生合著)、《师范学校教育行政教材教法研究》(与韩遂愚合著)、《师范学校教育行政课本》(与常道直、韩遂愚合著)。

1976 年 2 月 8 日,李建勋因病与世长辞,终年 92 岁。

参考文献:

《河北大学史》编纂委员会编:《河北大学史》,河北大学出版社,2001 年。

中共天津市河西区委宣传部、天津市河西区档案馆编:《天津河西历史文化名人传略》,线装书局,2013 年。

王杰:《近代著名教育家李建勋》,载刘开基主编:《河西文史资料选辑》第 9 辑《天津河西历史文化》,中国戏剧出版社,2011 年。

张建虹:《近代著名教育家李建勋》,载刘开基主编:《河西文史资料选辑》第 7 辑《天津河西老学校》,中国文史出版社,2008 年。

(张绍祖)

李岷琛

李岷琛(1837—1913),字少东,四川安县(今北川羌族自治县)人。

1837 年,李岷琛出生于四川安县安昌镇千字沟(今双龙村),自幼聪敏好学,善于诗文,深受塾师喜爱。1852 年应童子试,一举夺魁,为县令所器重。1861 年拔贡,朝考第一,分户部小京官中。1864 年参加顺天乡试,中举人转为主事。1871 年赴北京参加殿试,中进士,钦点翰林院庶吉士,散馆任编修。1876 年奉旨担任贵州乡试主考,赴任途中又奉旨督学云南。时值陕西、山西等省连年大旱,民不聊生,哀鸿遍野,纷纷募赈于云南。李岷琛闻讯首捐廉俸二千两白银以救济灾民,云南巡抚将此事上奏朝廷,朝廷昭其德劭,授奖五品花翎衔。

1895 年,德国驻华公使向清总理衙门提出照会,借口德国在中日甲午战争中"迫日还辽(辽东半岛)有功",向清政府索取租界,要求享受与英、法等国同等特殊待遇。清政府饬令天津海关道盛宣怀、天津道李岷琛同驻津德国领事商谈划定租界事宜。经过商谈,10 月 30 日,与德国领事司艮德签订《天津条约港租界协定》,允许德国在天津永久设立租界,划定濒临海河地段为德租界,租界范围基本相当于现在天津市河西区大营门街道和下瓦房街道,占地 1034 亩。

1897 年,李岷深接替盛宣怀任天津海关道监督,兼任北洋大学堂(今天津大学)第二任督办(校长)。因忙于天津海关道公务,李岷琛长期不到学堂视事,特设置总办一职代他主持学校政务,第一任总办为王修植。

北戴河本名叫北家河,明代为海运积储之地,不仅依山傍海、沙软潮平,而且海滩沙质比较好,坡度也比较平缓,是一个优良的天然海水浴场,适宜海水浴。1898年,清政府拟在北戴河划定避暑区,准许中外人士杂居。经北洋大臣委派津海关道李岷琛、候选道王修植、开平矿物局总办周学熙会同津海关税务司杜维德等勘测,清政府正式划定北戴河以东至鸽子窝沿海向内3华里为避暑区。此后,国内外的巨商富贾、学者名流、军政要员纷纷云集这里,抢购土地、大兴土木、修建别墅。从19世纪末一直到1949年北戴河解放,共在北戴河建起别墅719幢,其中外国人修建了483幢,这些风格迥异的别墅群成为北戴河一道独特的风景线。

1898年8月,李岷琛奉命与日本驻天津领事郑永昌签订《天津日本租界条款十四款》;11月4日,又签订《天津日本租界续立条款十三款》,划定海光寺地带1667亩为日本租界。稍后,调任江西督粮道员,署江西布政使。1901年,调任湖北按察使代布政使。在湖北任职期间,李岷琛见湖北与四川接壤之三峡无纤路,挽舟人非常劳苦,乃捐白银五千两,并集公款数万,派员凿通宜昌以上至四川的长江纤路,使两省船只上下通航。1907年暂代湖广总督数月。

李岷琛颇喜书法,袭承"馆阁体"楷书风格,横平竖直,一丝不苟。可惜存世不多,四川安县文化馆仅存有他的墨迹一件。

1909年秋,李岷琛积劳成疾,辞去官职。1911年由武昌迁居上海。1913年因病去世,终年76岁。

参考文献:

石纽山编著:《羌禹文化 辉煌北川》,四川省大禹研究会、中共北川羌族自治县县委宣传部、北川羌族自治县社会科学界联合会、北川羌族自治县文化广播影视新闻出版局,2013年。

吴志菲:《毛泽东创作〈浪淘沙·北戴河〉背后的故事》,《财经界》2017

年第 7 期。

四川省安县志编纂委员会编:《安县概况》,内部发行,1987 年。

左森主编:《回忆北洋大学》,天津大学出版社,1989 年。

（郭登浩）

李 廷 玉

李廷玉（1869—1952），字实忱，又作世臣，天津人，出生于天津城西大觉庵村。李廷玉幼年丧父，由叔父李良辅抚养。7 岁入学，20 岁中秀才。1889 年，在天津教育家林墨清的推荐下，入天津闸口教育馆任教。庚子之变，八国联军入侵天津，李廷玉投身于地方公益事业，同时目睹朝政腐败，上书李鸿章《善后刍议八条》，得到李鸿章的极大重视，从此弃笔从戎，进入北洋武备学堂。

1905 年，经铁良、袁世凯推荐，李廷玉进入保定将牟学堂炮科学习。毕业后颇受重用，历任近畿督练处咨议、河间秋操审判官、陆军部检察官、南京兵备处总办兼警察总办。辛亥革命时，协助清军张勋、铁良等驻守南京，升副都统，继而晋升都统并加大勇号。民国后，任乌里雅苏台将军署参议、察哈尔军务帮办。1913 年会同李纯镇压"二次革命"，授陆军中将，任九江镇守使、赣南镇守使，襄办江西军务。1914 年，任袁世凯模范团总参议。1915 年，任推行帝制之筹安会参议。1917 年，任李纯江苏督军公署总参议。1922 年任江西省长。1928 年北伐军抵津前，李廷玉被推荐为天津绅商临时委员会委员长，维持市面治安。1935 年任宋哲元冀察政务委员会委员。①后去职，寓居天津。

李廷玉热心天津地方事宜及公益事业。1920 年，李廷玉召集同乡会，

---

① 王俯民编著：《民国军人志》，中国广播电视出版社，1992 年，第 196 页。

成立了"打曹会"，被公推为会长，开始铲除为恶乡里的曹锟的大哥和四弟两人。李廷玉亲自率领 300 名代表到府院请愿，要求罢免曹锐，并面见大总统徐世昌，揭发曹锐恶行。李廷玉组织 80 余人的代表队伍，从北京前往保定，向曹锟请愿，最终迫使曹锟代曹锐辞职。

自幼受中国传统文化教育的李廷玉，忧心传统文化之消失，他联合天津各界学者，倡导成立国学研究社，自任社长，设在当年的天津市立师范学校内。国学研究社因"三不收费"而闻名，即不收报名费，不收讲义费，长期听学不收学费。当时，津门名流张伯苓等纷纷响应，主动担纲授课。课程有：论语、书经、大学、中庸、左传、周礼、音韵、庄子、书法、文言虚字使用法、易经。每月出版《国学》一期，每周在天津《大中时报》发刊《国学周刊》一期，刊登讲师与学员的作品。①

国学研究社自创办之日起，开办费由李廷玉个人承当，运营费则由各发起人按月份捐，因此国学研究社长期面临着经费紧缺的问题。其间，李廷玉先后担任育才商职、含光女中、众成商职、福婴小学董事长职，他经常通过个人关系，向长芦盐纲公所谋求每年资助 2000 元。李廷玉的家族企业合丰公司首倡企业认捐，并主动认捐每年 500 元。1938 年，受日本侵华的影响，国学研究社停办。

民国初年，天津西医盛行，由于看病价格偏高，多数底层民众不能负担。李廷玉与天津的几位著名中医学家商量，希望重振国医，兼为底层贫困百姓提供一个义诊的机构。1937 年 5 月，天津市第一个中医研究机构——国医学院正式成立。当时天津知名的中医，如施今墨、孔伯华、古今人、王静寨等，几乎都到国医学院参加义诊。国医学院汇集了京津名医 30 余位，采用中西医结合施治，义诊之余也对中医技艺研究推广。由于奉行义诊原则，每天到国医学院看病的人数近百，一个月接待的患者超 3000 名。七七事变时，日军轰炸了国医学院，开业仅两个月的国医

---

① 天津市文史研究馆编：《天津文史丛刊》，1988 年第 8 期，第 97—99 页。

学院停办。

日本侵略军占领天津后,多次派人登门劝说李廷玉出面帮助日本人做事,李廷玉不堪其扰,遂带着一家老小"逃"出意租界,在英租界成都道购置房产。新中国成立后,其子女遵照李廷玉的嘱咐,将该楼捐献给国家。

李廷玉每天坚持写日记,对于自己亲历的事情,每天晚上都要亲自记录;报章刊登的一些新闻、事件,他认为重要的,也会让子孙帮他抄录下来。李廷玉的日记共有 27 本,年代跨度大约为 50 年。李廷玉一生著述较多,代表作有《庚戌辛亥要事记》《游蒙日记》《平赣日记》《实忱氏回忆录》等。其中,《游蒙日记》基于对蒙古的实地考察、真实记录,弥补了蒙古文文献的阙漏,为蒙古习惯法乃至蒙古法制史的研究提供了重要依据。①

晚年的李廷玉喜欢打八段锦,或与老友一聚,吟诗为乐。

1952 年,李廷玉病逝,终年 83 岁。

参考文献:

张宪文、方庆秋、黄美真主编:《中华民国史大辞典》,江苏古籍出版社,2001 年。

天津市西青区地方志编修委员会编著:《西青区志》,天津社会科学院出版社,2003 年。

牛一兵、王宏主编:《天津小洋楼名人故居完全档案》第 4 卷,天津教育出版社,2011 年。

金彭育、金朝:《五大道》,天津人民出版社,2015 年。

(张雅男)

---

① 白·特木尔巴根辑注:《汉籍蒙古族民俗文献辑注》,民族出版社,2011 年,第 210 页。

梁 敦 彦

梁敦彦(1856—1924),字崧生,广东顺德人。祖父梁振邦曾在香港行医,父梁文瑞在南洋经商。受家庭影响,梁敦彦少习英语,后考入香港中央书院就读。此时,清政府委派容闳在广东一带招考留美学生,15岁的梁敦彦应招考中,这得益于他的英文水平较好和西化家庭的支持。

1873年,梁敦彦作为首批30名留美学生之一,随容闳及监督陈兰彬,由上海登轮到达美国康州哈特佛郡。几年后,梁敦彦升入当地的哈特福德中学。

1878年,梁敦彦考入耶鲁大学学法律。因监督陈兰彬对这些学生改服易发行为不满,加之1881年美国政府反对中国留学生入陆军及海军学校肄业,李鸿章以其背弃1868年两国条约,决定撤回全部留学生。1881年夏,留美学生被勒令回国。此时,梁敦彦尚差一年毕业。

梁敦彦等归国后,虽学有所长,却因未曾参加过科举考试,没有功名,竟无法立足。直到1882年,梁敦彦被李鸿章分配到天津北洋电报学堂教英文,月俸微薄,以至于后来因父亡回家奔丧,事毕一贫如洗,竟无返津路费。幸得偶遇学生胡某推荐,在两广总督张之洞总督府任职电报翻译员。时值中法越南战争,电务纷繁,梁敦彦于机密电文,详慎无误,品行严谨,张之洞极器重,后命其创办广东到广西、云南和湖南的三条电报线路。因办事得力,张之洞、李鸿章等于1886年会同保奏,以府经历选用,从此踏入仕途。1889年,张之洞返武汉任湖广总督时,梁敦彦跟随为亲信幕僚。1902年,梁敦彦升任江汉海关道台。

袁世凯任直隶总督兼北洋大臣后,梁敦彦于1902年11月接任天津海关道台,再次来到阔别20年的天津。到天津后,他首先妥善处理了一批《辛丑条约》后八国联军占领期间的遗留问题。

其一是矿权。八国联军占领天津期间,直隶矿务督办张翼私自将开平矿产售与英商,清政府多次索还未果。梁敦彦到任奉命筹办此事,往返磋商,最后决定在开平附近产煤最好的滦州自开一矿,予以抵制。宣统初年,滦州煤矿出煤,逐渐取代了英商。临城煤矿初由华人私卖比利时商人,后经察觉,多方交涉,始定为中比合办。两国资本总额各占一半,前人一直未办妥,梁敦彦到任未及三月当即敲定,受到袁世凯的赞赏。井陉煤矿初也由华人私卖与德人汉纳根开采,后经察觉,但汉纳根照旧开采。梁敦彦得知汉纳根投资很大,收回又无力自办,于是建议仿照"临城煤矿"办法,改为中德合办,以矿产为一半股本,妥善解决了井陉煤矿纠纷。梁敦彦认为开矿是利国利民之事,但应循序渐进,于是提议设立直隶勘矿总局,经袁世凯批准在津海关道衙门办公,商部极为赞许,令各省参照此办法,设各省矿政调查局。

其二是地权。天津被占期间,天津各租界领事任意在租界外占用官民土地,之后借口推广租界案不肯交出。梁敦彦到任后,一面划定推广租界界址,一面清查占地。经多次协商,各租界最终交还土地约数千亩,有法租界侵占马家口一带,日租界侵占海光寺、三不管、南开一带,英租界侵占土墙子一带,意租界侵占贾家大桥一带等。

其三是路权。八国联军侵占北京后,京奉铁路沿线各车站均派外国军队驻防,修筑营房多处。《辛丑条约》签订后,驻兵退走而营房保存,时有外国军人借口巡视,往来居住。后经梁敦彦与各国领事及驻屯兵军官商议,除留丰台、山海关营房外,其余各站营房一概收回。

有关民生方面,梁敦彦也颇有建树。比如为天津卫生局核定经费,他认为防疫不是常年必须,但要宽为筹备,因瘟疫流传,来势凶猛,临时请示拨款必误时机。梁敦彦力排众议,宽定卫生经费,按月将经费拨发,存储备用。天津海关道署旁的大胡同为海河南北大马路往来要道,可是路面狭窄,百姓往来通行不便。梁敦彦主持拆除海关道署围墙,让出地基路,加宽马路,与桥南北马路衔接,并将路西余地招商承租,兴盖市场,未及一年此地就成为天津最著名的街市。

教育方面。梁敦彦在 1904 年至 1907 年间兼任北洋大学堂督办。其间他大力整顿“北洋大学”,并鼓励学生赴美留学。自 1906 年起,每年选派北洋大学堂毕业生及中学教员赴美留学,直至 1910 年,培养了大批人才。

同在 1904 年至 1907 年间,梁敦彦还兼任京奉铁路总办。此时列强为扩充势力,英、俄、日等国都想插手京张铁路的修筑。他认识到这条铁路将是北京通往内外蒙古的唯一要道,万不可让外国插手,建议袁世凯不用外人,不借外款,用京奉铁路利润修筑京张铁路,并极力举荐詹天佑来主持修筑,并以身担保。英国驻华大使及海关总税务司赫德多方阻挠,称中国断无自修铁路之人才,无法修成铁路。袁世凯最终采纳了梁敦彦的建议。詹天佑不负众望,排除万难,中国人自己修筑的第一条铁路终于筑成。

梁敦彦在津任海关道台期间,历兼直隶矿政调查局、北洋大学堂、北洋医学堂、京奉铁路、开平矿务、海河工程南段、巡警、卫生、洋务、厘捐等总局总办,前后近三年。因办事得力,赏加二品衔。

1907 年,梁敦彦奉诏出任驻美、墨西哥及秘鲁公使,升任外务部右丞。因办理中外交涉案有功,赏给头品顶戴,又赐紫禁城骑马。[1]他利用赴美国接受耶鲁大学名誉法学博士学位的时机,与西点军校接洽,商定每年送两名中国留学生到西点军校深造。

1908 年,美国国会通过法案,决定退回“庚子赔款”余额,梁敦彦支持用此款办教育的方案。经与美国公使柔克义谈判,除一部分退款用作送中国留美先修班外,还用此款开办了留美预备学校——“清华学堂”。

---

① 顺德政协办公室编:《顺德文史》第 30 期,2000 年 10 月,第 36 页。

1909 年,梁敦彦补授外务部尚书、会办大臣。1910 年兼任税务大臣及弼德院顾问大臣。1911 年任外务部大臣兼国务大臣,以特使身份出使美国和德国,协商与中国联盟之事。1911 年辛亥革命爆发,梁敦彦留在欧洲,遍游西欧各国,考察各国政治、经济及文化。1913 年他发起创建欧美同学会,为首任会长。

1914 年 6 月至 1916 年 6 月,梁敦彦任徐世昌内阁交通总长、政治会议议员。其间,他被授予一等嘉禾章。1917 年参与张勋复辟,任议政大臣。之后,梁敦彦退出政坛,安居天津。1924 年,梁敦彦病逝,终年 68 岁。

参考文献:

张绍祖、张建虹:《交通总长梁敦彦的传奇生涯》,《天津政协公报》2007 年第 11 期。

汤礼春:《举荐詹天佑的伯乐——梁敦彦》,《炎黄世界》2012 年第 3 期。

裴燕生:《清外务部尚书梁敦彦的幕友生涯及〈梁敦彦履历〉勘误》,《档案学通讯》,2008 年第 1 期。

《天津历史资料》,1981 年第 11 期。

(徐燕卿)

林　枫

　　林枫(1906—1977),原名郑永孝,又名郑伯桥(伯樵、伯乔)、郑凌风、林硕石。林枫的祖籍在山东省海阳县,1906年9月30日出生于黑龙江省望奎县郑长江屯一个人口众多颇为殷实的农家。7岁起,林枫进私塾读书。1918年,林枫考入望奎县第一高等小学校高级班。1920年林枫毕业时,由于家中钱庄经营困难,他手头拮据,便没有继续上学,在县邮政局工作了一段时间。

　　1923年,林枫到天津,进入南开中学新生考前实习班补习。1924年,考入南开中学。进入南开中学后,林枫学习勤奋,阅读大量课外书报,包括李大钊、鲁迅和郭沫若等人的著作,以及《向导》《新青年》等宣传马克思主义的报刊,逐渐了解了马克思主义,认为它是救国救民的真理。

　　在南开中学学习期间,林枫被选为校刊编辑,后来又当选为校学生会会长。1924年冬,林枫积极组织、带领南开中学进步同学参加欢迎孙中山北上的活动,活动结束后又以学生会会长的身份,在南开中学组织宣传活动,讲解召开国民会议的重要意义,介绍孙中山《北上宣言》的内容。1925年五卅惨案发生后,林枫在中共党组织的领导下,向同学们报告五卅惨案的经过,控诉帝国主义和反动政府的罪行。他还通过学生会组织许多同学参加演讲、募捐和示威游行活动,并带领学生冲破军警的阻拦,向日本领事馆递交抗议书。此后,林枫按照中共党组织的安排,在南开中学创办平民夜校,既做校长,又兼教员。

1927年3月,林枫由中共南开中学支部书记范文澜介绍,加入中国共产党,担任中共南开中学支部和中共天津市委的联系人。蒋介石发动四一二反革命政变后,中共天津市委决定将党的活动转入地下,党员隐蔽起来。林枫于5月初暂回望奎,在家乡停留20多天。回到天津后,白色恐怖更加严重,他与党组织失去联系。此后,林枫奔波于平、津、沪、汉、江、浙等地,寻找党的组织。后经师友介绍,暂到江苏省东海县海州中学任庶务,同时在青年学生中进行革命活动,冒着风险,带领一些教师、学生深入农村宣传抗日。9月,他从海州中学回到天津,继续寻找党组织。1929年,林枫考入北平大学工学院读书。1930年,林枫终于与党接上组织关系,担任了中共北平大学工学院支部书记。

1931年九一八事变发生后,全国各地掀起反对日本侵略、反对蒋介石不抵抗政策的斗争,各地学生纷纷前往南京请愿。11月底,中共河北省委和北平市委在北平发动反日斗争,组织"南下示威运动"。12月,北平各校爱国学生组成"北平各校学生南下示威团"。林枫以北平大学工学院代表的公开身份参与领导了这场斗争。北平学生与各地到达南京的学生举行联合大示威,遭到军警开枪镇压。南下示威团和各地学生在南京的爱国壮举,深得社会人士的同情和进步舆论的支持。

1932年,中共河北省委为加强对群众性反日斗争的领导,任命林枫为河北省反帝大同盟党团书记。6月1日,由林枫主持,在北平举行了河北省反帝大同盟第一次全省代表大会,交流各地斗争经验,研究斗争纲领、策略,建立了统一领导机关。7月,林枫代表河北省反帝大同盟,出席了在上海召开的反帝大同盟全国代表会议筹备会议。

1932年11月,中共河北省委决定重建北平市委,林枫担任北平市委组织部部长,后任北平市委书记兼组织部部长。1933年春,中共河北省委决定取消北平市委后,任命林枫为河北省委巡视员。从1933年五六月至1936年春,在国民党反动当局残酷镇压下,大批共产党员、共青团员和革命群众被捕,有四五百人惨遭杀害,中共北平地下组织遭到严重破坏,许多党员与党组织失去了联系。林枫这时的处境异常艰难,随时都有被捕遇害的危险。他克服各种困难,指挥幸存的党员隐蔽起来。为避开国民党特务的搜捕,林枫到江苏朋友家里暂住。1935年5月,因遭敌人破坏,中共河北省委陷于解体,林枫与党组织失去联系。

1935年12月,一二·九运动爆发。林枫听到这一消息,马上赶回北平,与党组织接上关系。中共河北省委决定重建北平市委,林枫任市委书记。林枫到职后,集中主要精力领导北平学生的爱国运动,在16日组织大规模游行示威,反对成立冀察政务委员会。游行队伍遭到北平当局镇压,许多学生受伤。这次示威震撼了北平全城。

为阻止全市各校继续罢课,国民党当局宣布提前放寒假,限学生在12月23日前一律离校,并利用提前放寒假的机会,引诱学生到南京“聆训”,向蒋介石“献剑致敬”。根据林枫与彭涛等商定的意见,学联决定学生不参加南京“聆训”,由学联发出号召,成立南下扩大宣传团,深入河北农村,向广大农民群众宣传抗日救国的道理。宣传团受到群众热烈欢迎,却遭到反动势力阻挠和破坏。

宣传团回到北平后,林枫与姚依林、黄敬等于1936年1月底在清华大学同学会举行会议,根据形势的发展和宣传团同志们的意愿,决定将南下宣传活动中涌现的大批积极分子进一步组织起来,成立一个抗日的、先进的、具有广泛群众性的青年组织。2月1日,在北平师范大学召开中华民族解放先锋队代表大会,通过了《斗争纲要》《组织系统》《规约》等文件,并发表成立宣言。“民先”很快发展成为全国革命青年的组织,实际上成为中国共产党领导全国爱国青年抗日斗争的纽带。

国民党当局加紧了对学生运动的镇压与迫害。2月1日,南京国民政府颁布《维持治安紧急办法令》,接着宣布解散北平学联,大批进步学生被捕。根据形势的变化,林枫向中共河北省委提出建议:把在一二·九运动中引起当局注意的同志转移到天津等地工作。河北省委接受了这一建议,从北平抽调一批干部到天津等地工作,以保存干部和充实天津市及华北五省的抗日工作力量。3月,林枫被调往天津,任中共天津市委书记。3月下旬,党组织派郭明秋赴津,和林枫以假夫妻的关系组织市委机关,掩护林枫工作,两人于当年夏天在天津结婚。

1936年3月底,刘少奇受中共中央委派来到天津,任驻北方代表,主持北方局工作。5月,林枫调任刘少奇的秘书,全力协助刘少奇贯彻党的抗日民族统一战线政策,纠正了河北省委工作中"左"的错误。他还代表刘少奇积极联系华北各界抗日救国联合会等爱国组织和新闻界爱国人士,通过报刊宣传党的主张,收到了很好的效果。西安事变发生后,中共中央北方局迁到北平。按照刘少奇的意见,林枫和平津的同志说服各方人士,使他们理解和拥护中共和平解决西安事变的主张,更加紧密地团结在中共抗日民族统一战线旗帜下。1937年7月28日,北平沦陷后,林枫接到通知,北方局已在太原办公,要他前往太原报到,并动员平津的党员、爱国青年学生和各界人士前去工作。8月7日,林枫带领有关同志离开北平。8月下旬,林枫到达太原,9月任山西工委副书记。林枫根据中共中央和刘少奇的指示,制定对阎锡山进行统战工作的策略方针,着力建立党的组织,发动群众参加抗日斗争。

1937年10月,中共山西工委改为山西省委,林枫任副书记。11月8日太原失守,阎锡山及其第二战区司令长官部、山西省政府迁住晋南临汾。中共中央北方局、中共山西省委和八路军驻晋办事处也转移到临汾。林枫经常骑自行车到各地调查研究、检查工作、调整和加强各地党委的领导班子,解决一些地方党委存在的问题。在山西战场连续作战的八路军急需补充兵源,周恩来亲自到临汾,要求山西省委在最短时间内协助扩兵3000人。林枫为此前往运城召开河东特委扩大会议,作出扩兵的具体部署,仅用一个月时间,就超额完成任务。不久,林枫任中共中央北方局委员兼组织部部长,仍兼任中共山西省委副书记。

1938年2月,日军沿同蒲路南下,中共中央北方局和中共山西省委撤到晋西一带开展游击战。5月,为适应战争形势,中央决定成立晋西南区党委,林枫任书记。11月,八路军一一五师主力东进,中共中央北方局迁往晋东南和八路军总部一起行动。行前组建一一五师晋西支队,林枫兼任政治委员。这时,阎锡山趁蒋介石准备发动反共高潮之机,成立反共机构,到新军和八路军作战地区进行暗害、破坏活动,造成山西政局逆转,抗战进步力量与投降倒退分子在山西的斗争更为激烈。1939年9月中旬,林枫接到中央通知,专程前往延安汇报晋西南形势和当前亟待解决的问题。林枫向毛泽东汇报工作时请示:"如果顽固派打我们怎么办?"毛泽东说:"他打你,你就打他!"10月10日,由林枫、王若飞起草,经毛泽东修改后,《中国共产党山西省委员会关于坚持山西抗战克服目前危险倾向的宣言》在延安发表,公开提出"坚持山西抗战,反对妥协投降;坚持山西团结,反对内战分裂;力求山西进步,反对向后倒退"的政治主张。林枫从延安返回后,晋西南区党委根据中央指示,确定了"对顽固派不再让步,必要时不惜武装保卫革命利益"的方针。12月,阎锡山策划发动晋西事变,进攻中国共产党领导的抗日武装,镇压牺盟会和抗日民主政权。根据中共中央和毛泽东的指示,晋西南区党委对阎的妥协投降和反共行为进行了坚决的斗争,打退了国民党顽固派的进攻,巩固了山西的抗战局面。

1940年1月25日,中共中央指示将晋西南、晋西北两区党委合并为晋西区党委,林枫任书记,统一领导晋西北地方工作和晋西南地下组织的活动。1942年2月,林枫前往延安参加整风学习,历时将近半年。其间他向中共中央汇报晋绥地区对敌斗争和根据地各项工作情况,得到了中共中央和毛泽东的充分肯定和表扬。6月,林枫先后被任命为陕甘宁晋绥联防军副政治委员、陕甘宁晋绥财政经济委员会委员、一二〇师及晋西北军区副政委等职。5月20日,中共中央书记处发出《关于成立晋绥分局的通知》,决定在晋西北成立中央分局,管理晋西北区党委、晋西南工委、绥蒙工委等三个地区党组织的工作,以关向应为书记,林枫为副书记,关向应在养病期间由林枫代理书记。10月24日至11月11

日，晋西北第一届临时参议会召开，林枫代表中共中央晋绥分局作了《关于〈对巩固与建设晋西北的施政纲领〉的说明》，并当选为晋西北临时参议会议长。1943年10月，林枫兼任晋绥军区政治委员。1945年4月23日至6月11日，中国共产党第七次全国代表大会在延安召开，林枫出席党的七大，当选为中央委员。

日本投降后，林枫等人离开延安返回晋绥边区。8月26日，中共中央决定从延安和晋绥抽调1000多名干部，由林枫带领前往东北。到达沈阳后，林枫任中共中央东北局组织部部长，主要负责分配干部。东北局决定，将吉林省工委和省军区扩建成吉辽省委（又称东满分局）和东满军区，林枫兼任书记和军区政治委员。

1946年5月下旬，中共中央东北局迁往哈尔滨。8月7日至15日，林枫在哈尔滨主持召开东北各省联席会议，通过了《东北各省市民主政府共同施政纲领》，随即成立东北行政委员会，林枫任东北行政委员会主席。从1948年春季起，林枫担任中共中央东北局常委，专做政府工作。

1949年8月，第一次东北人民代表大会在沈阳举行，成立了东北人民政府，林枫当选东北人民政府副主席。1952年，林枫担任东北局第一书记和东北人民政府第一副主席，直到1954年调离东北。在这5年中，林枫殚精竭虑，辛勤擘划，团结同志，率领群众，克服各种艰难险阻，为东北人民的革命和建设事业作出了巨大贡献。

1954年4月27日，中共中央政治局扩大会议决定撤销大区一级党政机构。8月15日，东北行政委员会宣布撤销。林枫调往中央工作，任中共中央东北地区工作部部长、中共中央副秘书长、国务院第二办公室（文教办公室）主任，协助中央指导东北地区的工作，协助总理领导国务院文化、教育、卫生、新闻、广播等部门的工作。1959年4月、1965年1月相继当选为第二届、第三届全国人大常委会副委员长。1963年春，林枫调任中共中央高级党校校长、党委书记。

"文化大革命"中，林枫遭到残酷迫害，被关入秦城监狱。1977年9

月 29 日,林枫病逝,终年 71 岁。中共十一届三中全会后,中共中央为林枫彻底平反,恢复名誉。

参考文献:

中共党史人物研究会编:《中共党史人物传》第 42 卷,陕西人民出版社,1989 年。

（周　巍）

林　皋

　　林皋(1913—1945),本名陈明久,曾用名陈泽民、李克兴、李润山。1913年9月,林皋出生于河北省迁西县(原迁安)南观乡陈庄子村一个农民家庭。

　　1934年,迁安农民暴动失败后,党在迁安的活动重心西移至与陈庄子村一山之隔的西庄村附近。林皋结识了迁安党组织负责人魏春波。魏春波经常给林皋讲一些革命道理,使他萌发了政治觉悟,日益倾向革命。不久,他又认识了遵化县的高存、才永昌等共产党员,在他们的教育影响下,林皋的政治觉悟快速提高。1935年加入中国共产党。

　　林皋入党后,党组织安排他到迁西县白塔寺民团做秘密工作。当时,日本帝国主义正疯狂侵略华北,冀东被逐渐"蚕食",他到该民团后,向团丁宣传抗日救国,秘密发展党员。全面抗战爆发后,1938年春,冀热边特委经常在迁西召开会议,筹划冀东抗日大暴动,林皋和其他同志经常以要账为掩护,保卫特委会议的安全召开。冀东抗日大暴动后,抗联队伍按照中共河北省委和八路军第四纵队党委的决定,撤到平西进行整训,林皋留在迁西腰带山一带坚持斗争。

　　1939年10月,林皋担任丰(润)滦(县)迁(安)联合县二区区长,为开展对敌斗争做了大量工作。敌人对他恨之入骨,到处搜捕他和他的家属,全家人四处逃难。年底,党组织又调他任遵化县二区区长。临行前,他找到逃难的妻子,当时7岁的独子正在发高烧,家中困难重重,亟须他照顾家庭。他把抗战救国置于首位，毅然离开妻儿，奔赴工作岗位。未料，这次离别竟是他和妻子的永诀。

1940年和1941年，党组织先后两次派林皋赴平西晋察冀分局党校学习。1942年秋林皋返回冀东后，被分配到蓟(县)宝(坻)三(河)联合县二区任人民武装自卫队大队长，后又调任蓟(县)遵(化)兴(隆)联合县二区区委书记。当时正值日军向根据地发动第五次"治安强化运动"，到处集家并村，挖沟筑堡，制造"无人区"。由于斗争环境异常严酷，为保存力量，二区地方工作人员已大部转移至深山区。林皋到任后，不顾敌人悬赏1000元缉拿他的危险，深入群众，紧紧依靠堡垒户，领导全区人民进行顽强斗争。在充满白色恐怖的日子里，他密切注视敌人动向，将汉奸、叛徒的活动情况，逐村逐人逐事一一记录下来，为开展锄奸工作提供了翔实可靠的依据。他英勇无畏、深入群众、深入实际的优良作风，为广大干部树立了榜样，受到县委的表扬。由于敌人频繁"扫荡"和"清乡"，根据地干部损失甚多。为补充和壮大干部队伍，林皋在领导斗争中十分注意对干部的培养和考察工作，在他任二区区委书记一年多的时间里，培养了许多基层干部到区县工作或转送外地。在干部培养中，他不仅知人善任，而且有很高的警惕性。他曾和一个叫叶星的干部共事，在工作中察觉这个人举止轻浮、害怕艰苦、表里不一，政治上不大可靠，多次提醒同志们与之接触要谨慎。后来此人果然成为可耻的叛徒，由于林皋及时提醒，使其未能掌握党内重要机密，避免了由于叛徒出卖造成的严重后果。

1944年秋，林皋担任中共蓟遵兴联合县委代理书记。当时，国际国内政治形势发生重大变化，世界反法西斯战争即将迎来最后的胜利，日本帝国主义正走向灭亡，八路军主力部队回师平原，逐步恢复被敌人蚕食的基本区。但敌人不甘心走向灭亡，作垂死挣扎。敌人纠集两万多日伪军，向迁安、遵化、玉田、蓟县疯狂进行"扫荡"，妄图消灭我八路军主力部队和我党地方工作人员及游击队。蓟遵兴联合县是敌人"扫荡"的重点地区。在残酷的斗争环境中，林皋领导全县军民进行艰苦斗争。由于环境的残酷,加上汉奸、叛徒的破坏,干部群众对敌人切齿痛恨,工作上经常出现一些过"左"的现象。林皋发现这一问题后,意识到这涉及党的重大政策问题,如果不及时解决,不利于抗战和地方党组织的发展。他严格把握政策,正确开展斗争,既妥善处理了有关问题,又教育了犯错误的干部,表现出较高的政策理论水平。

由于对敌斗争工作十分紧张和繁忙,到 1945 年初,林皋已 5 年与家人失去联系。1945 年初,他 13 岁的儿子在党组织的帮助下,在蓟县淋河村找到正在紧张工作中的林皋。林皋见到分别 5 年的儿子,心中一阵酸楚,急切地问及家中情况,了解到母亲已经去世,心中十分难过。儿子临走时,他嘱咐说:"回去告诉你妈,我参加革命 10 来年,没给家中捎过一文钱,没管过家中一件事,很对不起她。我当八路军不是为了升官发财,是为了打日本鬼子,解放全中国受苦人。我今天为革命活着,明天就可能牺牲。我要是真的牺牲了,让你妈把地卖了供你读书。告诉你妈要挺得住,日本鬼子快要失败了,好日子就要到来了。"①

1945 年 4 月 24 日夜,林皋带着县委秘书和文书在二区周官屯(现蓟州区马桥镇周官屯村)检查工作,突然被敌人包围。他凭着丰富的经验,估计敌人很多,情况严重。他带领秘书和文书进入地道,准备凭地道同敌人周旋。当时二区是基本区,群众条件好,在群众的掩护下是难以被敌人发现的。不料该村一个办事员进入地道时被敌人发现,地道暴露。敌人强迫群众往洞内灌水、熏烟,后又强行驱赶村内群众进入地道,敌人在群众身后,冒充老百姓高喊"不要打枪!我们是老百姓"!在这种紧急情况下,林皋决定突围。在烧掉重要文件后,林皋等人突围。战斗中身边的秘书和文书一人中弹牺牲,一人被俘。林皋被敌人包围,见突围无望,林皋用枪对准自己的胸膛跳进河中,壮烈牺牲,年仅 32 岁。

---

① 中共天津市委党中央资料征集委员会主编:《天津抗日英烈》,天津古籍出版社,1995 年,第 163—164 页。

林皋牺牲后,残暴的敌人将他的遗体打捞上来,凶残地割下他的头,悬挂在平安城城门楼上"示众"。当地群众悲痛万分,含着热泪掩埋了烈士的无头遗体。不久,林皋的战友冒生命危险将烈士头颅从平安城取回,将烈士身首合葬在蓟州区三百户村北。

参考文献:

中共天津市委党史资料征集委员会编:《天津抗日英烈》,天津古籍出版社,1995年。

(马兆亭)

刘不同

刘不同（1906—1968），字恒全，曾用名刘纯一，辽宁丹东人。1906 年出生于东沟县大孤山镇。1921 年至 1923 年就读于大孤山培英小学。1925 年，刘不同毕业于山东烟台益文商专，同年 4 月，结识国民党烟台市负责人崔唯吾，经崔介绍参加了国民党。旋又由丁维汾介绍，考入黄埔军校四期政治科，1926 年冬毕业。

黄埔毕业后，刘不同赴奉天任国民党党务特派员，后升为省党部委员，又改任指导委员。1929 年 3 月，刘不同作为奉天代表出席国民党第三次全国代表大会，其间投靠陈立夫、陈果夫，加入国民党 CC 系组织。1929 年 8 月，刘不同调任天津特别市党务整理委员兼肃反委员。1931 年 11 月，刘不同作为天津代表参加国民党第四次全国代表大会。同年冬，他因抵制二陈派往天津的亲信陈一朗而被撤职。后听从张厉生的劝告，向二陈低头认错。他在津任职期间，曾多方斡旋，将一部分枪支弹药运回家乡，装备抗日救国军刘同先、邓铁梅等部。

1934 年，刘不同重新被起用，赴河南任省党部委员兼国民党中央驻河南党务调查专员，并出席国民党第五次全国代表大会。1936 年 10 月，他获知河南省主席刘峙侵吞大批款项准备运往上海，旋即电告山东省主席韩复榘在徐州堵截扣留。刘峙暴怒，派民政厅厅长李培基通牒刘不同，令他立即离开河南，否则将于他不利。刘不同遂于 1936 年冬赴英国留学，在伦敦政治经济学院学习经济学和财政学。1939 年回国后，登报声明退出 CC 系组织"青天白日团",其后公开撰文攻击 CC 系。后在重庆接受"中统局"局长朱家骅、副局长徐恩曾命令,任"中统局"专员。1940 年,刘不同结识了孔祥熙,被任为财政部专门委员兼直接税署科长,同时担任重庆抗敌后援会副总干事。其间,他查办了一些税案,也试图把英国一些经济学说搬到中国来实行,孔祥熙并未采纳,他感到失意而另谋出路。1942 年经湛小岑介绍给孙科,刘不同被聘为中山文化教育馆编审,任立法院立法委员,担任财政立法工作。他为了推行其财经主张,从 1943 年开始,担任复旦大学副教授兼上海法商学院万县分院教授。1945 年,刘不同出席国民党第六次全国代表大会。抗日战争结束后,1946 年春,刘不同回到南京,一直到 1949 年南京解放前夕,他一直担任金陵大学教授、立法院立法委员。刘不同性格孤僻而率直,清高又傲气,为官比较清廉,因常提批评意见,被人称为"立法院大炮""刘大炮"。

1946 年春,刘不同回到南京后,开始倡导"第三条路线"。1947 年夏,刘不同在独立出版社的《民主与统一》周刊上发表《未来的世界和未来的中国》论文,既批评美国又批评苏联,希望中国步英国工党路线。同时与南京艺术学校教务长倪青原等联合南京各大学教授,组织了"南京教授联谊会",各教授联合发表了一篇对时局的宣言(即四七宣言),内容是对蒋政权的尖锐揭露和抨击,对中共的土改政策和解放战争也进行了批评和指责。

1948 年 5 月,国民党召开"国民大会"前夕,刘不同发表了"劝蒋介石不竞选总统,应即刻出国"的谈话,又发表"打击蒋介石、CC 集团、政学系以及黄埔系"的英文谈话,亦诋毁"中共亦非民主的政团",为美英及华侨报纸所转载。他公开向行政院院长翁文灏抗议逮捕进步青年和报人,遂在香港《星岛日报》《大学评论》等报刊上发表论文《纵与囚》,指名斥责蒋介石。撰写《卖身投靠非知识分子的归宿》,劝告青年们不要跟共产党革命,也不要跟蒋介石反革命,继续鼓吹"第三条路线"。同年 11 月,他参加了"孙文主义同盟",任常委兼宣传部、联络部部长。1949 年 5 月,刘不同被国民党开除党籍,通缉严办。

南京解放后,1949 年 11 月,经中共南京市委统战部介绍,刘不同到北京华北人民革命大学政治研究院一班学习。在京期间,他出席了第一届政治协商会议,同时遵周恩来总理的指示加入民革。1950 年毕业后,派往西北地区参加土改工作,后分配到西北大学任教授,兼任西安市政协委员。刘不同对经济学、财政学颇有研究。他著有《中国财政史》四编,共计 30 万字,此外还著有《兵役税论》《民生主义之租税制度》《财政学概要》《租税论丛》《租税原理》等书。

1958 年,刘不同被错划为"极右"分子。1960 年 8 月,调陕西财经学院图书馆资料室工作。1962 年 12 月 24 日,摘掉"右派"帽子,恢复教授职务。"文化大革命"期间,刘不同遭受迫害。

1968 年 12 月 30 日,刘不同因病去世,终年 62 岁。1979 年有关部门为其平反昭雪,恢复名誉。

参考文献:

曹殿麟:《刘不同》,载庄河县政协文史委编:《庄河文史资料》第 7 辑,1991 年。

庄河市史志办:《庄河抗日烽火》,1995 年。

王鸿宾等主编:《东北人物大辞典》第 2 卷上册,辽宁古籍出版社,1996 年。

(欧阳康)

刘华圃

刘华圃(1903—1968),河北安国人。1903 年,刘华圃出生于安国县西王奇村。由于家境窘迫,刘华圃自小住在安国县刘庄村其外祖父家。后来其父从事中药经营生意,家境逐渐好转。1909 年,刘华圃被父亲接回西王奇村小学读书,1913 年考入子娄村高级小学。读书期间,刘华圃品学兼优,历年成绩均列全校第一名。高小毕业后因家中无力再供其上学,刘华圃于 1918 年经人介绍去安国县昌记药店学徒,同年离开家乡去河北省栾城县亚洲药房学生意。

1920 年,刘华圃进入天津隆顺榕药庄学生意。刘华圃刻苦钻研,文化水平和业务水平均有提高,深得药庄经理卞傲成的器重。1928 年,刘华圃担任隆顺榕药庄经理。刘华圃与隆顺榕药庄同仁团结一致,采用先进管理方法,药庄营业迅速发展,生意兴隆,在天津市内开设分号 7 处,同时在安国县、上海、香港等地开设多处分号,人员增至 200 多人。从原料购进、饮片加工到中成药制作、批发、零售各方面,隆顺榕形成了产业链,生意日渐扩大,逐步发展成为一个具有相当规模的企业。

刘华圃一直关心自己的家乡,任隆顺榕经理后,在安国县开设了分号,积极投入资金,发展安国县的中药业。在 1924 年全家移往天津后,他几乎每年都要坚持回家乡进行考察。1939 年,安国县发生水灾,他派人将 200 多包大米、200 多包食盐等物品运回家乡救济乡亲,并指令隆顺榕药庄安国县分号开设粥棚,送粮送物赈济灾民。1938 年后,安国县及其周边逐步被日寇占领,许多抗日志士因工作需要来天津。刘华圃冒着很大的风险给予接待和帮助,为他们找工作,并动员药业同仁尽量接纳。经他接纳之人有百余人。

1940年8月,天津市有人与敌伪财政局长勾结,包下全市药业牙纪税,征收方法极为苛刻,药业不堪其扰,群起反对。刘华圃、高克成等人领导药业一面罢市,一面向伪华北政委会财务总署据理申诉,奋力抗争。因此被日寇宪兵司令部传讯、扣押,后经朋友营救才得以脱险。经过此次抗税斗争,敌伪当局取消了牙纪税。可是在9个多月的抗税斗争中,全业损失达200多万元。

1945年日本投降后,物价飞涨,通货膨胀严重,民不聊生,企业陷入困境。刘华圃担任隆顺榕药庄总经理,及时采取调整机构、改善经营、加强管理等措施,使业务逐步得到恢复和发展。此外,他从隆顺榕的发展中总结了一套经营办法。刘华圃重视资金积累,规定每年的盈利保留1/3作为药庄公积金,使企业不断发展。药庄定价灵活,零售和批发定价不同,租界和华界定价也不同。刘华圃严格控制药品质量,由主事把关,质次的药品一律拒收。他利用隆顺榕药庄资本雄厚、信用好的优势,大量赊进药材,运进天津后再零售出去,利润优厚。除重视宣传外,刘华圃与同行大打价格战,使人们认为隆顺榕药庄价格低,招徕了大批顾客,一些规模较小的药店被隆顺榕吞并。

1947年,刘华圃出任天津安国同乡会常务理事,1948年任天津市国药业同业公会理事长及天津商会整理委员,并曾竞选天津市参议员。解放战争期间,刘华圃利用自己的身份,掩护过中共地下组织工作人员和隆顺榕内部地下组织负责人朱其美、何玉堂等,并帮助向解放区转运药品。为此,刘华圃曾受到国民党天津警备司令部的追查追捕。

1949年天津解放后,刘华圃担任天津市第一届政治协商委员会委员、天津市财经委员会委员。1949年10月,天津市人民政府工商局为扶持中药业的发展,加强对中药业市场的管理,重新组建天津市中药业同业公会,成立了第一届公会委员会,刘华圃当选为主任委员。1949年至1950年间,刘华圃与李烛尘、周叔弢、毕鸣岐、王光英等人共同组建天津市工商业联合会,并被选为常务委员、国药业委员会主任委员。1951年,刘华圃参加了中央人民政府"西南区土改工作团",到四川省大足县做土改工作。同年7月,中央人民政府在天津筹备华北城乡物资交流会,刘华圃受聘物资交流委员会常务委员,参加交流会筹备工作。10月份大会如期召开,其间他对华北五省市广大地区缺医少药的情况进行了考察,结合当时中药界状况向中央人民政府提出了"发展国药"和"成药下乡"的建议,得到了周恩来总理的支持。同年天津市成药公司组建,刘华圃任董事长,开展成药下乡工作。在党和政府的支持下,大批成药销往河北、内蒙古、山西等地广大农村,深受群众的欢迎。

1952年,在党的继承和发扬祖国传统医药的正确方针指导下,刘华圃组织成立了隆顺榕国药改进研究室,聘请在全国有声望的权威人士田绍林为药师,王药雨、甄汉臣等为中药科技人员,进行改进中成药剂的研究工作,随后建成全国第一家隆顺榕国药提炼部。首先购置了科研设备,如化验、质检等仪器,继而筛选丸、散、膏、丹中疗效好、质量高的传统中成药,采用科学提炼,改变剂型方法,经过烘、爆、炒、洗、漂、蒸、煮等程序,成功地制出片剂、液剂等新型成药40余种。新剂型药品具有质量好、疗效高、服用方便、易于贮存等优点,受到患者欢迎。

新中国成立初期,刘华圃在抗美援朝、推行公债、守法纳税、团结天津工商界、私营工商业社会主义改造等方面均起到骨干带头作用,作出了一定贡献。1955年10月,隆顺榕药庄率先实现了公私合营。1956年至1966年间,刘华圃历任天津市第二、第三届人大代表,第二、第三届政协委员,河北省第二、第三届人大代表,第二、第三届政协委员,天津市工商业联合会第三、第四、第五届执委会常务委员,国药业委员会主任委员,中国民主建国会天津市委员会第三、第四、第五届委员,市投资公司董事,并代表河北省和天津市出席全国政协第二、第三届代表大会,全国工商业联合会第三、第四、第五次代表大会。虽然社会工作繁忙，但刘华圃始终坚持在基层任职，历任天津市中药二总店经理、和平区卫生局药政科科长、和平区药材公司副经理、市药材公司第二批发部副经理等职。

刘华圃热爱中药事业，潜心钻研，在经营管理、质量鉴别、饮片加工、成药制作等方面均有很深的造诣。1959 年，遵照周恩来总理的指示，他组织中药界老专家撰写文章，并整理中药采集、加工、鉴别、制做、临床验方及经营方面的经验总结等数百万字，可惜这些资料大多毁于"文化大革命"。在国家经济困难时期，刘华圃积极支援国家建设。1957 年，他将自己的私产房屋 20 多间捐给国家。1959 年，他又将自己保存的一批古董、名人字画、珍贵皮毛大衣、楠木家具等捐献给国家。1963 年，河北省暴发洪水，刘华圃不顾高龄，始终坚持在抗洪前线。1965 年，邢台地区发生地震，他每月从自己工资中拿出 100 元捐献灾区。

1968 年 12 月 11 日，刘华圃病逝于天津，终年 65 岁。

参考文献：

刘海龙：《药业贤才刘华圃》，载河北省政协文史资料委员会编：《河北历史名人传·工商经济卷》，河北人民出版社，1997 年。

张伯礼、于铁成主编：《天津中医药史略与学术思想》，天津科学技术出版社，2008 年。

刘华圃、高克成：《天津中药业发展史略》，载天津市政协文史资料委员会编：《天津文史资料选辑》第 104 辑，天津人民出版社，2005 年。

（高　鹏）

刘豁轩

刘豁轩(? —1976),天津蓟州人,1919年考入南开中学,在南开从初中一直读到大学。1928年,他从南开大学新闻系毕业,接受其族兄、《益世报》经理刘浚卿的邀请,到《益世报》担任总编辑。

《益世报》由比利时天主教传教士雷鸣远1915年创办于天津。1924年底,第二次直奉战争以直系军阀的失败告终,奉系军阀入关,占领天津,强行接管了《益世报》。直到1928年北伐成功,东北易帜,刘浚卿才重新接管了已经濒临倒闭的《益世报》。为挽救《益世报》,刘浚卿将刚从南开大学毕业的刘豁轩请来掌管编辑部。

刘豁轩出任总编辑后,首先大规模地调整报社人员结构。在保留报社原有的基本队伍的同时,他邀请一些南开大学同学加入,组成了一个既不乏经验又富有朝气的编辑、采访队伍。为了拓展新闻来源,他在北平、上海、南京等十数个大城市派驻特派记者,还在一些省份的重要市县聘请了新闻通讯员。

由于《益世报》的经济状况不佳,购置设备、人员聘用的资金严重不足,刘浚卿不得不忙于筹款。为了改变这种局面,刘豁轩向雷鸣远和刘浚卿建议,将《益世报》改组为股份有限公司,通过发行股票来筹集资金。这个建议被采纳了。1931年,《益世报》由个人创办报纸改组为由若干天主教徒入股的股份公司,经济状况立刻得到缓解。

当时《益世报》的社论质量不高,副刊的内容也无法与《大公报》的

《小公园》相比。刘豁轩为了改变这种局面,花费重金聘请人才。他支持报社的青年记者放手采访本市新闻,使得《益世报》在本市新闻的报道方面大大改观。

1931年九一八事变爆发后,国民政府实行不抵抗政策,引得国人群情激愤。刘豁轩主持下的《益世报》坚定地主张抵抗,连发社论宣传抗日。《益世报》的主战态度,使得报纸销量骤增。当时《益世报》的印刷使用的是平板转轮机,渐渐地不能满足印刷的需要,刘豁轩向开滦矿务局息借两万元,为报社添置了德国新式卷筒轮转机。

1932年,刘豁轩先后聘请罗隆基为《益世报》社论主撰,马彦祥主编副刊《语林》,约请老舍、张恨水等著名作家供稿,文艺圈名人田汉、叶浅予等也都为副刊《别墅》投稿。在新闻报道方面,除了尽量披露全国各地的抗日新闻外,还不断地揭露日寇侵略中国的阴谋诡计和各种残暴的事实。社论则以敢言著称,深得读者欢迎,报纸销路激增。

因《益世报》的创办本意是为了宣传天主教教义,自1933年1月起,开辟了"宗教与文化"专栏,介绍天主教的历史人物对中国科学文化发展的贡献,后改为周刊,一直维持到《益世报》停刊为止。

由于刘豁轩主持下的《益世报》在抗战等问题上与国民政府针锋相对,触怒了国民党当局。1933年秋,国民党特务刺杀罗隆基未遂,国民党天津市党部向《益世报》提出"最后一次警告"。刘豁轩迫于形势,不得不辞退了罗隆基,随即又聘请清华大学钱端升教授任主撰,继续发表了抨击日寇、主张抗日的言论。1934年4月7日,蒋介石以北平总司令部的名义,通令全国停止《益世报》对邮政和电信的使用,《益世报》被迫停刊三个月,经张伯苓、张廷谔等人疏通才得以解禁。

1936年,由于报社的内部矛盾,刘豁轩辞去《益世报》的职务,赴北平燕京大学任新闻系主任,为学生开设了"报学概论""报业管理及营业""中文编辑""新闻学史"等课程。1941年12月,太平洋战争爆发,日军开进燕京大学,在燕东园将刘豁轩逮捕。在北平日本宪兵队,刘豁轩对自己曾经的抗日立场毫不隐晦。最后核对供词时,日本人在其中加上"中日合作,共同防共,承认满洲国,拥护汪政权"等字样,刘豁轩拒绝在上面按手印。随后,未经宣判的刘豁轩被关押在北平日本陆军监狱半年。

抗战胜利后,刘豁轩主持将《益世报》复刊。新中国成立后,《益世报》停刊,刘豁轩在北京从事外国科技情报翻译工作,直到1976年去世,终年不详。

参考文献:

《益世报》,南开大学出版社、天津古籍出版社、天津教育出版社,2004年影印本。

天津市政协文史资料委员会编:《天津报海钩沉》,天津人民出版社,2003年。

天津市政协文史资料委员会编:《近代天津十二大报人》,天津人民出版社,2001年。

（吉朋辉）

刘家玺

刘家玺(1923—1945),北京丰台人。其父母生育四男二女,他排行第四。1936 年,刘家玺随父到天津,在河北省立第一中学求学,直至高中毕业。他成绩优异,思想进步,为人正直,乐于助人。读高中时受学校委托,担任省立一中附属民众小学的教师和校长,免费招收学校邻近的贫苦儿童上学,获得校方和学生的好评。

1940 年,河北省立第一中学改为天津特别市市立第一中学,日伪当局命令聘用日籍教官,开设日语课程,实行奴化教育,强迫学生搬运日军军用物资,同时严密监视和限制学生活动。不少进步学生参加了党直接领导的外围组织"青年抗日先锋队",后来加入中国共产党。在这种环境中,刘家玺深受爱国主义和民族精神的熏陶。1941 年末,他结识了校内一个读书会的负责人石澎(孔昭全)、于英(郑克广),并在他们的帮助下,积极参加读书会的活动。其间,他阅读大量进步书刊,积极追求革命真理。为反抗日籍日语教员柿崎进的蛮横欺辱, 刘家玺按照读书会的部署,负责联络两个高中毕业班罢考日语,取得罢考成功。

1942 年 7 月高中毕业后,刘家玺考入北平师范大学历史系。这一时期,全民族抗战风起云涌。读完一年级后,刘家玺为尽早地投入社会实际斗争,转而考入中华新闻学院学习。在中华新闻学院,他刻苦读书,紧密关注时局发展。在党组织的帮助下,他了解了不少抗日游击战争和抗日根据地的情况,思想认识有了一个飞跃。1943 年 2 月,从中华新闻学院结业后,刘家玺被分配到天津《华北新报》报馆做记者。

1944年三、四月间,刘家玺承担起读书会的领导工作。5月,刘家玺同读书会骨干孔昭慈、张全杞(张华夫)会面,指导读书会在校内继续发展会员,广泛开展工作。不久,刘家玺介绍孔昭慈、张全杞加入中国共产党,要求他们在读书会成员中挑选人员分别组成新的读书会,对新组成的读书会成员提高要求,加强培养考察,从中发展党员。随后,刘、孔、张三人组成一个党小组,刘任党小组组长。他们三人经常在孔昭慈家(西关吕祖堂西魏家大门胡同5号)过党的组织生活,学习党的指示,研究宣传抗日救国思想。

1944年夏,刘格平出狱后住在天津,后发展刘家玺加入中国共产党。此后,刘家玺与刘格平直接联系,每周见一两次面,汇报工作情况,接受党的指示。借助在报馆工作的便利条件,刘家玺在联系的工作对象中,团结发展了一批积极力量。不久他由记者升为编辑。8月,中共渤海区天津工作委员会(临时)成立,刘格平任书记,刘家玺担任工委委员兼宣传部部长。他工作积极主动,思路开阔,能力很强,提出很多可行方案。

为发展革命力量,动员组织先进青年到抗日根据地参加工作,按照刘家玺的部署,11月间,张全杞动员周白(曹文艺)、马洪宾(肖邦)到渤海解放区投身革命。11月底,日伪在天津市内疯狂搜捕,镇压抗日活动。刘家玺没有接受其他同志让他转移的建议,继续留在敌占区开展工作。

1945年1月26日下午,刘家玺在《华北新报》报馆被日本特务抓捕,后在敌人的电刑折磨下壮烈牺牲,年仅22岁。

新中国成立后,刘家玺被追认为革命烈士。

参考文献:

中共天津市委党史资料征集委员会编:《天津抗日英烈》,天津古籍出版社,1995年。

(曹冬梅)

刘 天 章

刘天章（1893—1931），又名刘望，字云汉。1893 年 12 月出生于陕西省高陵县高刘村一个农民家庭。

1914 年春，刘天章考入西安三秦公学留日预备科。在进步教师的教育和帮助下，他除了学习各门功课外，还阅读了谭嗣同的著作和康有为的《大同书》等作品。1915 年 5 月，袁世凯接受日本提出的灭亡中国的"二十一条"。刘天章义愤填膺，团结校内外进步师生张贴标语，散发传单，上街演讲，声讨袁世凯及陕西督军陆建章与日本狼狈为奸，出卖中华民族利益，祸害陕西人民的罪恶。

1918 年夏，刘天章考入北京大学预科，两年后进入化学系学习。1919 年 5 月，五四爱国运动爆发。当时，刘天章是北京大学学生会的负责人之一，是这一运动的积极分子和中坚骨干。在 5 月 4 日的游行中，刘天章和其他同学冲入赵家楼，痛殴国贼，火烧曹（汝霖）宅。他还多次组织同学上街演讲，宣传取消"二十一条"，收回青岛和抵制日货，拒绝在巴黎和约上签字。为此他曾遭警察逮捕，但不久即获释。

1920 年春，李大钊、邓中夏等在北京组织成立马克思学说研究会，刘天章是其中的积极分子。他踊跃参加该会组织的读书会、讨论会和辩论会，阅读了《共产党宣言》《资本论入门》等马克思主义著作和进步书刊，探求救国救民的真理。是年冬，刘天章加入了社会主义青年团。1921 年，党的第一次全国代表大会召开后，刘天章经李大钊介绍加入中国共产党。

1921 年 10 月,刘天章等创办《共进》(半月刊)杂志,刊载李大钊、陈独秀等人宣传十月革命、介绍各国革命经验和传播马克思主义学说的文章,他也发表了不少文章。1922 年,刘天章发起成立陕西旅京学生的进步团体——共进社,被选为常任主席兼《共进》杂志的编辑主任。1922 年冬,刘天章加入李大钊参加领导的著名进步团体——少年中国学会,并当选为第四届执行部副主任兼会计。

1923 年 2 月,震撼中外的"二七"大罢工发生。在党的领导下,刘天章积极联络进步学生上街游行,高呼"为自由而战""为人权而斗"的口号,声援工人的正义斗争,并投身到工人群众中,和工人一起顽强地向军阀斗争。"二七"惨案后,他调查了惨案中工人伤亡的情况,向党组织作了汇报。

1924 年春,国共合作的统一战线建立后,革命形势迅速发展,共进社也吸收了大批新成员,但他们对在新形势下如何开展活动缺乏了解,加之原来老社员中的骨干相继离京到外地工作,新任领导又缺乏工作经验,互不团结,造成一时的组织涣散。刘天章等对共进社进行了组织和思想整顿,起草了新的纲领,修改了社章,把政治问题看作"目前最急切的问题",经济问题"是一切问题中的根本问题";认为在打倒帝国主义和封建势力之后,必须更彻底地实行经济的改造,"俾一切劳动的群众,群众的劳动,皆获得均衡的尽量的幸福与报酬";主张以一致的努力"反抗国内封建的旧势力及帝国主义的列强,终必使之解除武装而投降"。刘天章在编辑《共进》的同时,还翻印了《共产主义 ABC》《社会科学概论》《社会进化史》等宣传共产主义的书籍,澄清了一些人思想上的错误认识,坚定了对共产主义的信仰。

1924 年 6 月,刘天章从北京大学毕业后,曾协助李大钊做党的地下工作,担任过北京反帝大同盟的秘书。秋季,刘天章通过李大钊等人的关系,结识了国民军副总司令兼第二军军长胡景翼。胡景翼拥护孙中山的三大政策,倾向革命,在他率部入豫兼任河南省督办时,特邀李大钊等共产党人共同商讨创办学生军、聘请苏联顾问等事宜,借以发展军事、扩充势力。李大钊与胡景翼就上述问题进行了磋商,取得一致意见。经党组织同意,由刘天章在第二军负责创办学生军,并担任陆军训练处学兵队大队长(又称营长)。

学兵队在北方党团组织和胡景翼的支持下, 先后招收士兵 500 多名,编成四个连,从黄埔军校调来共产党员和进步军官担任连、排长。刘天章对学员进行严格的军事训练,亲自讲授马克思主义常识和孙中山的"联俄、联共、扶助农工"三大政策,组织官兵阅读进步书刊,教唱革命歌曲,教育官兵要为工农大众服务。他还在学兵队里建立了党团组织,并亲任书记。不到一年时间,党团员就发展到近百名,连、排、班长大都由党团员担任,党的外围组织青年军人联合会会员亦发展到近 200 人。

与此同时,刘天章还积极从事开封地区党团组织的创建工作,先后在河南省立第一师范、省立二中、中州大学和艺术学院的进步师生中发展党团员, 建立了由他负责、同北方区委和团中央直接联系的团的组织。到 1925 年夏,团员发展到近百人。刘天章又协助当地团组织成立了共青团开封地委,将一批优秀团员及时转为党员,建立了党支部(后改为地委)。

1925 年夏,中共豫陕区委成立,刘天章任区委委员兼军委委员。他与王若飞等积极帮助第二军继续办好陆军训练处军官队,通过李大钊聘请苏联顾问担任教官,吸收大批党团员来军官队工作和学习,并在第二军和军官队里秘密发展党团员和青年军人联合会会员,散发传单和进步书刊,扩大党的影响。在王若飞、刘天章和豫陕区委的领导下,河南的工运、农运、学运、妇运和军运也有了很大发展。1926 年春,第二军在同奉系、直系军阀作战中失利,被迫退出河南。刘天章亦因病回到家乡陕西高陵休养。

1927 年 2 月,中共陕甘区委在西安成立,刘天章任区委候补委员,负责宣传工作。不久,刘天章又兼任陕西《国民日报》社社长。该报是共产党人以国民党陕西省党部的名义创办的,总编辑等人都是共产党员。刘天章主办的《国民日报》,以无产阶级的立场和观点,对蓬勃兴起的工人运动、农民运动、妇女运动、学生运动,以及各界人民联合进行的反帝反封建的革命活动,作了热情的宣传报道。

蒋介石发动四一二反革命政变的消息传到西安,引起了各界革命人士极大的义愤。从4月中旬起,《国民日报》每天都集中报道陕西人民反蒋斗争的怒潮。4月28日,中共北方区委负责人、革命先驱李大钊在北京惨遭反动军阀杀害。为悼念李大钊,《国民日报》开辟专栏,出版特刊,报道陕西人民追悼李大钊的情景,寄托哀思,启迪后人。

四一二反革命政变后,白色恐怖笼罩全国各地。6月,冯玉祥追随蒋介石、汪精卫,在豫陕地区进行"清党"反共,同时强令《国民日报》改变宣传方针,不准宣传共产主义和反蒋言论,报社工作处境困难。陕甘区委指示报社继续坚持拥共反蒋的宣传方针,并决定由刘天章等去西安留守司令部交涉。刘天章被扣留拘禁,解赴河南洛阳,后又被押解到郑州内防处。他设法与狱中的三十多名共产党员秘密联系,组织狱中党支部,并担任支部书记,组织学习马列主义理论。刘天章与狱外党组织秘密联系,在1927年底向中共河南省委报送《在狱同志调查表》。敌人发现刘天章是狱中党组织的负责人后,对他施以酷刑,刘天章坚强不屈。狱中党支部决定进行绝食斗争,反抗敌人压迫。

1929年,冯玉祥与蒋介石分裂,开封监狱的政治犯先后获释,刘天章恢复自由。刘天章出狱后不久,被党组织派到中共顺直省委做宣传工作,公开身份是《天津商报》总编辑。报纸出刊数月被迫停刊,他转而负责领导北方书店。党组织派他负责互济会的工作后,他利用各种社会关系,营救被捕的共产党员和进步人士,巧妙地同河北、天津、北平等地监狱中的党组织取得联系,使狱中难友得到党的指示和物质上的接济。他深入平津地区的工厂和基层单位,开展救济死难烈士家属的工作。

1930年春,刘天章在天津不幸被捕。在狱中,他备受折磨和摧残,坚贞不屈,一直未暴露自己的真实身份和党组织机密,后被判处6个月徒刑,转送到"自新院"。9月,奉系军阀入关,晋军退出天津,"自新院"的政治犯乘机出狱,刘天章重获自由。

1930 年 10 月,中共中央北方局在天津召开扩大会议,决定在山西尽快组织工农红军,创建新苏区;同时决定改山西特委为山西省委,刘天章担任省委书记。刘天章到任后,传达贯彻党的六届三中全会和北方局扩大会议精神,开展反对"左"倾错误的斗争,调整和恢复了省委、太原市委的领导机构,整顿加强党的组织。经过刘天章和省委其他同志半年多的努力,山西地方党的组织迅速恢复和发展。

1931 年夏,刘天章等研究制定兵变计划,准备利用驻晋军阀部队中党的地下组织,组建红二十四军、红二十五军。在刘天章的策划指导下,中国工农红军晋西游击队第一大队成立。这是华北地区第一支红军游击队。10 月,晋西游击队到达陕甘边的南梁,与刘志丹领导的部队胜利会合,成为刘志丹、谢子长领导创建的西北红军的一支骨干力量。同时,刘天章在高桂滋部建立党的地下组织,拟制起义文告、部队番号、旗帜和印章,组织平定、阳泉地区群众开展经济斗争配合起义。1931 年 7 月 4 日,平定武装起义爆发。次日,华北地区最早的一支工农红军——红二十四军宣告成立。红二十四军转战到河北阜平县城,协助地方党组织建立了北方第一个红色政权——阜平县苏维埃。红二十四军遭到敌人重兵"围剿",起义归于失败。由于叛徒出卖,山西特委、太原市委遭到破坏。10 月下旬,刘天章被敌人逮捕。

刘天章被捕后,敌人对他多次审讯和诱降,施以种种惨无人道的刑罚,刘天章始终严守党的秘密,在法庭上与敌人进行辩论,坚贞不屈,大义凛然。11 月 13 日,刘天章英勇就义,年仅 38 岁。

参考文献:

中共党史人物研究会编:《中共党史人物传》第 12 卷,陕西人民出版社,1983 年。

（周　巍）

刘锡瑛

刘锡瑛(1894—1966),字毓华,直隶滦县人。

1894 年,刘锡瑛出生于滦州壬辇庄的一个小康之家,幼年得以专心读书,学习成绩一直名列前茅。1917 年,遵化中学毕业后,刘锡瑛以优异的成绩考入北洋大学。由于家境每况愈下,每月十数元的学杂膳宿费用都难以保证。为了减轻家庭的经济负担,大学未毕业,他便决定参加官费留学考试,以优异的成绩考取了官费留学生。

1920 年夏秋之交,刘锡瑛赴美国留学,先是入麻省理工学院电机系学习,两年后又考入哈佛大学研究生院,1924 年获电机硕士学位。在美留学期间,由于国内政局不稳,战争频仍,北洋政府常常拖欠应支付的留学生的生活费,有时一连数月分文不发,事后又不追补。为维持生活,刘锡瑛只得利用课余和寒暑假去打工。美国的大学不供给学生食宿,他便租最便宜的房子,吃最廉价的饭菜,有时一连数月以马铃薯和面包充饥。

1925 年春,刘锡瑛学成回国,受聘于直隶公立工业专门学校,任物理和机械教员。从此,刘锡瑛投身于教育事业。1926 年夏,刘锡瑛经朋友介绍赴奉天,担任私立冯庸大学电机学系教授。1929 年暑假后,刘锡瑛受聘于张学良任校长的东北大学工学院。刘锡瑛以他渊博的学识、严谨的治学态度,很快便受到学生们的欢迎和同行的认可。正当他才华初露,欲展宏图的时候,日本帝国主义发动了九一八事变,一夜之间,沈阳沦陷,不甘心做亡国奴的东北大学师生纷纷流亡关内,刘锡瑛回到天津。1932 年春受聘于母校——北洋工学院,担任电机学系教授。

1937年,日本侵略者占领天津,北洋工学院迁往西安。当时由于情势紧迫,又值暑期,正在滦县家乡休假的刘锡瑛未接到校方内迁的通知,当打听到北洋与平大、北师大成立西北联合大学的消息时,他决定投奔西北联合大学。国难当头,学校条件很差,生活也很艰苦,但刘锡瑛同广大教师一样,心系国家,不计报酬、不怕辛苦地承担着西北联合大学的教学任务,非常认真地教课。

1945年8月,抗日战争胜利,沦陷时期内迁的高等院校纷纷筹备复员。1946年暑假后,刘锡瑛回到已经复校的北洋大学任教授兼教务长。1948年末,国民党在华北一带的统治大势已去,一部分人主张北洋大学南迁。刘锡瑛站在广大北洋师生一边,坚决反对南迁。天津解放前夕,校长李书田准备离开大陆。临行前,李书田拿出一张当时很难搞到的飞机票,劝刘锡瑛同他一起离开天津。刘锡瑛没接下机票,他对李书田说:"共产党的功过是非日后自有公论。共产党来了,我仍然要在生我养我的这片土地上办教育,哪儿也不想去。"①他毫不犹豫地留在了天津,并以北洋大学教务长的身份主持校务,和师生们一起保护着学校,准备迎接解放的曙光。

1949年1月15日,天津解放,北洋大学完整地回到人民手中。天津市军事管制委员会任命刘锡瑛为校务委员会主席,刘锡瑛成为新中国成立后北洋大学第一任主要负责人。

1951年4月,中央人民政府教育部在北京召集国立北洋大学和河北工学院的校(院)长、教务长、秘书长及学生会、工会的代表开会,商讨两校合并的问题,作为全国高校院系调整的试点。随后,由教育部、中共天津市委、市政府及两校代表组成了并校筹备委员会。6月2日,中央人民政

---

① 天津市政协文史委编:《天津文史资料选辑》第54辑,天津人民出版社,1990年,第36页。

府教育部部长马叙伦签发"高三字第 533 号"文件,批准合并后的校名为"天津大学",校务委员会主任是刘锡瑛,副主任是赵今声、潘承孝。

1952 年院系调整后,刘锡瑛任天津大学第二副校长,主管教学与教师工作,他在工作中不仅顾大局、识大体,而且公正无私、仗义执言。刘锡瑛的个人修养非常好,素以"四不"自律,即不闲聊天、不发牢骚、不夸己长、不论人短,以致与他共同生活了 18 年的夫人杜碧涛都很少了解他的生平事迹。下班回家后,刘锡瑛除了看报,就是读书。他不仅对专业书刊勤学不辍,还喜欢阅读毛泽东的著作,尤其是《矛盾论》《实践论》等哲学著作,反复读过多遍。他还酷爱书法,能临摹"二王""南帖北碑"。

刘锡瑛曾任九三学社中央常委,九三学社天津市第一、第二、第三届委员会主任委员,天津市政协第一、第二、第三、第四届副主席,第二、第三、第四届全国政协委员。

1966 年 9 月 19 日,刘锡瑛去世,终年 72 岁。

参考文献:

天津市政协文史资料研究委员会编:《天津文史资料选辑》第 54 辑,天津人民出版社,1991 年。

中共河北省委党史研究室编:《中国共产党河北历史大辞典》,中共党史出版社,1990 年。

左森主编:《天津大学人物志》,天津大学出版社,1993 年。

(郭嘉宁)

刘 仙 洲

刘仙洲(1890—1975),本名鹤,又名振华,字仙舟,直隶保定人。

1890年1月27日,刘仙洲出生于保定完县唐兴店村的一个农民家庭,童年即下地劳作,深感农活之艰辛。1906年进入县立高小,转年考入保定崇实中学学习,改名振华。求学期间,刘仙洲受反帝反封建思潮影响,倾向进步。1908年加入同盟会,积极参加辛亥革命运动,曾与数人试制炸弹,谋炸京汉铁路唐河大桥,以阻止清军南下镇压武汉的起义军。

1913春,刘仙洲考入北京大学预科实部(理科),次年考取河北省公费,入香港大学机械工学部学习。1918年,刘仙洲的毕业试卷经伦敦大学审查,获香港大学颁予一级荣誉毕业证书,并被授予工程科学士学位。毕业后,他放弃香港大学保送赴英国深造的机会,回到保定,在育德中学附设之留法勤工俭学高等工艺预备班任机械学教员。他认为:"中国人教中国人,恒用外文课本,有时更用外国语讲解,长此不易,我国学术永无独立之期,国将不国。"[①]因此,他以国语讲课,并发奋编写中文教材,每教一门课,便写成一本教材,从1918年陆续写出《机械学》《蒸汽机》《内燃机》《普通物理学》《农业机械学》等6本教科书。[②]此后,又编写出《机械原理》《热机学》《热工学》等教材。这些教科书由普通物理、画法几何到机械学、机械原理、热机学、热工学等,成为我国中文版机械工程教材的奠基者。

---

①② 北京市协政文史委主编:《文史资料选编》第8辑,北京出版社,1980年,第103页。

有些教科书后来又多次增订再版，并编入《大学丛书》《万有文库》，长期广泛使用于各工科院校。

1932 年，刘仙洲受中国机械工程师学会的委托，编订《英汉对照机械工程名词》。他查阅了我国明代以来涉及工程的书籍数十套，汇编成记有各种名称的万张卡片，按照"从宜""从俗""从简""从熟"的四大原则，从中选取一个恰当的名词。这项编辑工作历时一年多，汇集成 11000 多个名词，1934 年由商务印书馆正式出版，又于 1936 年、1945 年两次增订，词汇由一万多增到两万多。《英汉对照机械工程名词》的出版，受到工程界的热烈欢迎，我国机械工程名词从此逐步统一起来。新中国成立后，中国科学院编订的《英汉机械工程词汇》的前言中指出："本编是在刘仙洲同志的《英汉对照机械工程名词》基础上进行编订的。"

1924 年 8 月，刘仙洲到天津任北洋大学校长。此时正是北洋军阀混战时期，在他担任校长的四年间，仅拨付了两年的经费，学校经常发不出薪金。刘仙洲与全校师生惨淡经营，使学校取得相当的成就。刘仙洲决心把学校造就成"东方麻省理工大学"，先后聘请留学归国的茅以升、石志仁、侯德榜等名人来校任教。他认为"大学所负之责任，非仅造就所有在校之青年，使研究高深学术以备国家社会之需用而已，同时至少尚负有两种责任：其一，对于社会上所发生之困难问题均可请求工科大学相当之教授加以研究与指导；其二，关于各学科之最新学理与最近历程应随时向社会加以介绍，俾校外一般人士得各取与一已事业相关之点加以比较与采用"[1]。

1928 年，刘仙洲辞去北洋大学校长职务，担任东北大学机械系主任。1932 年，清华大学创办机械系和工学院，刘仙洲到清华大学任教。七七事变后，清华大学与北京大学、南开大学南迁，在昆明合组"国立西南联合大学"，刘仙洲作为清华大学教授任教于"联大"工学院。1947 年，国民政府

---

① 全国高校校史研究会编：《道与术——中国著名大学校长的办学理念与治校方略》，南京大学出版社，2014 年，第 180 页。

x

准备让刘仙洲出任北洋大学校长,但刘仙洲借口眷恋"清华学术风气深厚",坚辞不就。

新中国成立后,刘仙洲担任清华大学第一副校长,河北省人民代表大会代表、省人民政府委员,第一至第四届全国人民代表大会代表,中国科学院技术科学部委员,中国自然科学史研究委员会委员,中国机械工程学会副理事长,中国农业机械工会副理事长、理事长等职务。1955年10月,刘仙洲加入中国共产党。

"文革"时期,刘仙洲受到冲击。毛泽东主席非常关心刘仙洲的工作与生活,亲自指示:恢复刘仙洲同志的组织生活。[①]

刘仙洲素以教学作风严谨著称。他严格要求学生,同时也严于律己,讲课从不用那些含混不清的工程术语。他授课时注重理论与实际相结合的教学法,让学生在听课的同时,观摩和接触实物或模型,在条件允许的情况下,拆装有关机械,学会使用它们,从而加深理解原理及应用。在向学生布置作业时,总是明确规定纸张规格、作图比例、中心线位置、各种线条的粗细等,倘违要求,一律退回,限期重做。

刘仙洲对中国农业机械发展作出了巨大贡献。1920年,华北五省大旱,他自行设计并在留法勤工俭学预备班的实习工厂试制了两种提井水的新式水车——一种用人力,一种用畜力,制造简单,效率也高。这种水车被推广200多架,受到农民的普遍好评,获得国民政府农商部颁发的奖状。抗日战争期间,他在昆明搞过改良犁、水车和排水机的研究工作,并发表论文《中国农器改进问题》。作为华北农业建设委员会委员和华北农业机械总厂顾问,他热情参加在华北推广10万台水车的工作,每个星期六都到工厂,与技术人员一起研究农业机械,解决试验中的技术关键问题。1956年,他主持制定我国农业机械化、电气化的长远规划,为我国农业科技事业的发展奠定了基础。

---

① 谢静宜:《毛泽东身边工作琐记》,中央文献出版社,2013年,第2654页。

刘仙洲在学术上最突出的成就是对中国机械发明史开拓性的研究工作。早在20世纪20年代，刘仙洲就开始发掘这些宝贵的文化遗产，1933年写出了《中国旧工程书籍述略》，1935年发表了包括交通工具、农业机械、灌溉机械、纺织机械、雕版印刷、计时器、兵工等13个方面的《中国工程史料》。1961年，他向中国机械工程学会成立十周年年会提交专著《中国机械工程发明史》第一编。在这部专著中，他系统地总结了我国古代在简单机械的各种原动及传动机械方面的发明创造，为人类科学技术史增添了新篇章；其中十多项重大发明创造，如东汉张衡、唐代张遂与梁令瓒的水力天文仪，北宋吴德仁的指南车和卢道隆的记里鼓车，元末明初詹希元的五轮沙漏等，已复制成实物，陈列在北京中国历史博物馆。

1953年，刘仙洲编导了一部科教片《钟》。1956年9月，他应邀到意大利出席第八届世界科学史会议，宣读论文《中国在计时器方面的发明》，提出：公元2世纪，中国在齿轮的实用上已有相当高的水平，可以推断东汉张衡水力天文仪所附的计时器已经采用齿轮系作为传动机构，否则很难得到上述天文钟规律性的运动。英国剑桥大学教授J.李约瑟（J.Needham）当场表示相信刘仙洲的这一推断，并在后来发表的论文中引用了刘仙洲设计的这种水力机械的复原图。刘仙洲又根据有关文献和考古新发现进行深入研究，研究证实：张衡是中国创造机械计时器的第一个人，比西方约早一千年。

1975年10月16日，因病不治，刘仙洲在北京去世，终年85岁。

参考文献：

《老清华》编辑组编：《老清华》，中国文史出版社，2016年。

贾红星主编：《河北科学技术史》，人民出版社，2013年。

顾良飞、李珍主编：《君子——清华名师谈育人》，清华大学出版社，2015年。

（郭嘉宁）

柳无忌

柳无忌(1907—2002),本名柳锡礽,笔名啸霞、萧亚、无忌,祖籍江苏省吴江县。他出身书香门第,父亲柳亚子是现代中国著名诗人,也是辛亥革命时期重要文学团体"南社"的领导人。柳无忌自幼接受中国旧式私塾和"南社"贤达的启蒙教育,10岁时就加入了其父柳亚子组织的文学团体"南社",具有良好的中文功底。1920年,柳无忌在家乡的小学毕业后便赴上海圣约翰青年会学校读书。1922年从圣约翰青年会学校毕业。由于学习成绩优秀,柳无忌得以插班读圣约翰中学三年级。圣约翰中学除国文外,所有课本均为英文,老师上课也用英语进行教学,从而为柳无忌奠定了良好的英文基础。

1924年夏,柳无忌从圣约翰中学毕业,因成绩优异获得免费进入圣约翰大学读书的资格。柳无忌选择了化学作为自己的主修专业。然而1925年上海发生五卅惨案,群情激愤,商人罢市,工人罢工,学生罢课。在圣约翰读书的柳无忌先是参与了罢课,而后又毅然离开了这所洋学堂。后来,柳无忌在其舅父的帮助下转入北京清华高等预科学校继续学习,在那里度过了两年愉快的学习时光。最初柳无忌主修的仍是化学,后来由于兴趣使然,入校的第二年他便弃理从文,师从朱自清等文学大师学习文学。还接触到梁启超、王国维、陈寅恪、赵元任等学术大家。

1927年,柳无忌从清华毕业,以"公费"(庚子赔款)的形式赴美国留学。1928年,柳无忌以优异的学业成绩从美国劳伦斯大学毕业并取得学士学位。随即他就申请进耶鲁大学研究院博士班,读英国文学。当时英文系研究生名额只有 100 名,此前根本没有中国学生攻读博士学位。柳无忌被录取了。柳无忌在耶鲁选读著名教授泰勒(Archer Taylor)讲授的少年歌德,他读遍歌德在少年时代所写的小说、戏剧、诗歌与书信,同时埋头图书馆,以中文撰写了《少年歌德》一书。该书于 1929 年由北新书局出版。1931 年,柳无忌获得美国耶鲁大学文学博士学位。当时,清华规定学生在美留学五年,如在四年内得到博士学位,可以申请去欧洲进修一年。柳无忌旋即做赴欧洲进修的准备。这期间,柳无忌与罗念生、罗皑岚、陈麟瑞等清华留美同学在纽约创办《文学杂志》,此刊由罗念生编辑,吴学贤负责发行,柳亚子任名誉主编,刊物共出 4 期。柳无忌发表新诗和诗论多篇,翻译莎士比亚诗歌 9 首。同年秋季,柳无忌去伦敦大不列颠博物馆阅读中国通俗文艺书籍,同时在伦敦大学某女子学院修习德国文学史。圣诞节前后,修毕一学期的德国文学史之后,柳无忌离开伦敦前往巴黎,并在法国国家图书馆继续研究中外文学。其间,柳无忌以"啸霞"为笔名发表了很多首诗歌。1932 年 7 月,年方 25 岁的柳无忌学成回国。

柳无忌回国的第二个月,便应聘担任南开大学英文系教授。南开大学英文系于 1931 年正式建立。第一任系主任是诗人翻译家陈逵。1932 年陈先生辞职离校,此时恰逢柳无忌携新婚夫人高蔼鸿女士来校任教,时年 25 岁的柳无忌风华正茂,立即愉快地接任系主任之职。作为英文系的领军人物,柳无忌身先士卒,教授多门课程,有英国文学史、英国戏剧、文学批评及现代英国文学等。柳无忌为了提高教学质量,广罗英才,引进了多位海外留学归来的饱学之士加强英文系的师资。柳无忌请来了学界名流来南开为学生授课、做讲座;为了提高学生的学习兴趣,他还组织学生参演英文剧,创办人生与文学社,印行《人生与文学》月刊;组织开展丰富多彩的课余活动。在柳无忌的大力推动下,南开师生积极参与其中,教学质量得到提高。南开大学英文系虽然创办不久,但成长迅速,很快就在国内诸高校中独树一帜,名声大振。繁忙的教学和行政工作并没有让柳无忌放下手中的笔,他笔耕不辍,不仅在《人生与文学》上发表了不胜枚举的诗歌、书评、杂文、学术论文,还有《乔塞及其作品》《十九世纪的英国浪漫诗歌》等译著问世。其间,柳无忌还主编《益事报·文学周刊》,并与上海商务印书馆接洽出版英国文学丛书。

1937年卢沟桥事变之后,学校遭日寇破坏。南开与清华、北大被迫先迁至长沙,组织临时大学,后又南迁昆明,组成"西南联合大学"。1938年5月,柳无忌也跟随学校师生一起辗转来到昆明。当时的西南联大集中着华北三个最高学府的精华,那时的外国语文学系也是教师阵容强大,汇集了各个学派的精英。在联大外文系,柳无忌执教其最为擅长的文学史和戏剧。当时的物质生活虽然比较匮乏,但精神生活却相当充实而快乐。就在这一时期,柳无忌和曹鸿昭合译的《英国文学史》也由中华书局出版,并被列入"部定"大学用书。他翻译的小说《国境上》和译著《英译战时散文选》在1940年发表。1941年,柳无忌为了和家人团聚辞去了联大的教职,来到重庆中央大学任教。这一年柳无忌发表了《西洋戏剧发展的阶段》和《欧洲文坛探胜记》。1943年,柳无忌发表了诗歌《青春的光华》,翻译短篇小说《攸莱丽的房子》,译诗《去国行》,译著《法国中世纪的戏剧》,名著评介《莎士比亚的〈该撒大将〉》,译著《现代英国文学的背景》,在《文学创作》上发表《南岳日记》,出版诗集《抛砖集》等,他的《曼殊大师纪念集》也由重庆正风出版社出版。他还主持收集翻译中国抗战文学的工作。1944年,柳无忌不仅发表译著《蒲伯与讽刺的艺术》、散文《我的祖母》、名著评介《沙恭达罗(附论印度的戏剧)》,9月还发表论文《印度的禽喻文学》。同年秋天,柳无忌接受委任代理外文系主任之职,同时兼任师范学院英语系主任,新成立的外国语言文学研究所主任及俄文专修科主任。他和范存忠合编的《近代英国散文选》出版,英文课本《近代短篇小说选》第一集由重庆开明书局出版。抗战期间,柳无忌一直工作在教育的前线,八年之中发表论文40余篇,编撰书稿16部,逐渐成长为国内外知名学者。

1946年,柳无忌应邀携家人赴美国佛罗里达州的罗林斯大学任客座教授,讲授英文和中国文化。1948年,柳无忌争取到一笔研究奖金,到位于美国康涅狄格州的耶鲁大学图书馆从事孔子、儒学和中国文学研究。后来,他应聘担任耶鲁大学中文教授。1953年,柳无忌到纽约州哈脱威克大学中国文化系任教,兼任该系系主任。两年后,柳无忌返回耶鲁大学,主持少数民族资料翻译工作。1960年,他又应宾夕法尼亚州匹兹堡大学之聘,担任教授兼现代语文系中文部主任。1962年,柳无忌迁居印第安纳州,在印第安纳大学讲授中国文学。次年,印第安纳大学创办东亚语言文学系,柳无忌出任该系首任主任。1972年,柳无忌加入了美国国籍。1976年,69岁的柳无忌从印第安纳大学退休。1978年,他迁居加利福尼亚州。1990年,83岁的柳无忌被在北京成立的中国南社与柳亚子研究会推选为名誉会长。

2002年10月3日,柳无忌逝世,终年95岁。

参考文献:

柳光辽、金建陵、殷安如主编:《教授·学者·诗人——柳无忌》,社会科学文献出版社,2004年。

叶雪芬编:《柳无忌年谱》,社会科学文献出版社,1992年。

南开大学办公室编:《南开人物志》,南开大学出版社,1999年。

(冯智强)

卢统之

卢统之(1902—1981),曾用名卢鸿业,直隶博野人。1902年7月10日,卢统之出生于博野县小店村。其父早年以执教为生,曾赴日本留学,后与他人合伙经营药铺,先后当选省议员和国会议员。卢统之幼年丧母,由于受其父辈友人恒源纱厂厂长的影响,立志攻读纺织专业,得到其父支持。

1921年,卢统之以第一名的成绩考入日本东京高等工业学校纺织系。学习期间,他十分刻苦努力,逢暑假便放弃回国探亲的机会,到工厂实习。1926年毕业后,卢统之又在日本东京制呢厂和长崎棉纺厂实习近两年,进一步提高了实践能力。

1928年,卢统之学成回国后,到日资企业上海日华纱厂任技师,进一步积累实践经验,提高技术能力。他目睹了日方虐待中国工人的情形,待两年合约期满,即辞去日华纱厂的工作。1930年,卢统之入无锡振新纱厂任工务主任,他废除了纱厂的工头制,实行科学管理,使振新纱厂面貌为之一新,开始扭亏为盈。1933年,卢统之赴山东济南仁丰纱厂任厂长。订购设备时,卢统之实行竞价制度,使仁丰纱厂以最低的价款获得了高质量的设备。他还积极推行科学管理制度,制定标准工作法,取消了搜身制,并制定停机用膳制度,增添工人福利设施。仁丰纱厂被誉为模范工厂。

1935年,卢统之出任天津诚孚分公司经理,兼管恒源、北洋两个纱厂。他在技术上采取了多项改进措施,使生产得以提高,经营得以发展。由于卢统之精通日语,在天津工作时接触了不少日本工商界人士,得知了许多日方侵略中国纺织工业的信息和措施,他暗中把这些情况向中共地下工作人员通报,以使得中共了解日方动态。抗日战争时期,解放区急需药品,中共地下工作人员在北平、天津秘密采购药品后,一部分暂藏在卢统之家中,然后待机转运解放区,他不计个人安危给予了全力帮助。抗日战争后期,解放区棉纱奇缺,卢统之受晋察冀边区政府的委托,根据解放区的生产需要设计了简易纺纱机。卢统之筹股集资于江苏嘉定开办"一新工业社",将北洋纱厂邹春座工程师研究的三步法纺纱机投入生产,同时整理出全套图纸,派技术人员送到边区张家口并帮助进行制造和安装调试,支援了解放区的生产建设。

1945 年,抗日战争胜利后,卢统之被聘为中国纺织建设公司天津分公司副经理、总工程师兼天津中纺七厂厂长。当时中国纺织工业主要集中在上海、青岛、天津三地,卢统之分管中纺天津公司业务经营,在纺织界和天津市颇具影响。1948 年 8 月,南京国民政府发行金圆券,下令各企业不得涨价。在天津的国民党某官僚趁机用金圆券向中纺天津公司强购纱布,卢统之考虑到此举势必严重影响公司资金周转,予以断然拒绝,卢统之为此险遭迫害。天津解放前夕,卢统之接受中共地下工作人员的意见,采取措施积极挽留技术人员,稳定职工情绪,保护工厂设施,起了重要作用。天津解放后,卢统之陪同军代表一同到中纺天津分公司进行接收,在中纺天津分公司重新开始工作。

新中国成立后,卢统之积极投身于纺织工业的恢复和建设工作。1950 年初,国家组建纺织工业部,卢统之从中纺天津公司调纺织工业部工务司任顾问。当时工务司尚未任命正、副司长,司内工作暂由卢统之和另一位纺织专家吴本藩共同主持。卢统之深感各类旧纺织企业的管理方法和规章制度各不相同,尤其是各企业的纺织器材,其名称、规格、单位差异甚大,如不全面统一规划,将对生产安排和相互调剂增加困难。卢统之远见卓识地提出编制一套纺织工业器材目录,实现统一编号、统一名称、统一规格、统一单位。在部领导的支持下,卢、吴两人亲自领导各地抽调到部的技术专家,历时三个月,顺利完成编纂工作,定名为《中央纺织工业部全国纺织器材统一目录》,同年付印成册,颁发全国纺织企业,统一实施。实践证明,该目录对纺织企业计划采购、仓储调拨均大有裨益,并为全国纺织工业清产核资工作奠定了良好基础。

1952 年,卢统之服从组织分配,克服个人和家庭种种困难,只身前往东北纺织管理局任副总工程师。卢统之带着多病体弱之躯,经常深入生产第一线,足迹遍及东北三省各纺织企业。每到一厂,卢统之必深入车间现场,听取工人和技术人员的汇报和意见,为东北纺织企业的恢复、技术革新、科学管理等方面提出了许多富有建设性的意见。

1956 年,纺织工业部组建纺织科学研究院,卢统之奉调到该院担任物理性能研究室主任。当时,我国纤维材料物理性能的研究工作尚处在起步阶段。在他的领导下,组建了从纤维到纱布、从微观到宏观,共拥有 300 余台仪器设备的实验室,是当时全国纺织科研系统中最完善、最精良的第一个纤维材料物理性能实验室。实验室不仅为院内各项科研项目提供有关测试,同时还为航天、航空、核工业、医疗、公安等全国各地单位解决相关技术难点提供测试服务。在卢统之的组织和领导下,研究室相继攻克了许多研究课题。如经多年悉心研究的棉花分级标准实物标样,经领导机关批准,作为国家标准,为棉花交易时主要的评级依据,对促进棉花生产和提高棉纱质量具有重要作用。卢统之领导开展了对测定棉纤维细度和成熟度的气流仪研究工作,仪器实用可靠,重现性强,富有特色,获国家成果奖,在全国大量推广,历时 30 年经久不衰。20 世纪 50 年代中期,我国棉花品种退化现象较为严重,质量有逐年下降趋势,卢统之领导的研究室与农业部门相结合,开展棉花新品种试验研究。经长期不断培育、试验和筛选,从中发现一批单产高、质量好、抗病虫害能力强,且不易退化的优良品种,为 20 世纪七八十年代我国棉花持续高产、高质量攀上一个新台阶作出了贡献。20世纪60年代初期,卢统之领导科技人员与有关部门合作,开发出羊绒分梳机,加工的羊绒质量接近国际先进水平,为优化利用我国羊绒资源,创造更高的附加价值作出了贡献。

卢统之领导的研究室还大力开展了数理统计方法在纺织工业中的应用研究,深入生产和科研实践,对抽样、实验设计、数据处理、结果评定等都作了深入系统的分析,并通过报刊、学术交流等方式传播,对科学研究和生产试验水平的提高起到了重大作用。

1981年8月6日,卢统之逝世于北京,终年79岁。

参考文献:

中国科学技术协会编:《中国科学技术专家传略·工程技术编·纺织卷》(1),中国纺织出版社,1996年。

《中国纺织工程学会六十周年纪念册(1930—1990)》,纺织工业出版社,1990年。

(高　鹏)

罗沛霖

罗沛霖(1913—2011)，又名罗容思，曾用名罗雨，天津人。1913年12月30日，罗沛霖出生于天津河北三条石庆云里的一个知识分子家庭。其父罗朝汉是我国早期电信界耆宿。

1914年，罗沛霖全家移居北京。1920年，插班入北师大附小一年级就读。1924年，罗沛霖随父母返回天津。1925年春，罗沛霖入天津河东行宫庙小学，同年夏小学毕业，考入南开中学。受父亲的影响，罗沛霖自小非常爱好无线电，1927年参加南开中学无线电社，并开始自修相关课程。1931年，罗沛霖南开中学毕业，以优异的成绩考入上海交通大学电机系，其入学考试物理为满分。九一八事变发生后，罗沛霖参加罢课、宣传、募捐等爱国活动，与爱国学生包围上海市政府，营救北大赴南京请愿的同学。

1935年，罗沛霖毕业于上海交通大学，获工学士学位。毕业后，他先到广西，在桂系军阀所属的第四集团军南宁无线电工厂任少校技正；1936年进入上海中国无线电业公司任见习工程师，参加大型无线电发射机等的设计研制工作。1937年7月，卢沟桥事变发生，8月日军进攻上海，12月南京陷落。罗沛霖对国民党抗战失去信心，谋求去延安参加革命，于是毅然辞职，前往西安，觅机赴延安。1938年初，罗沛霖在西安八路军办事处受到林伯渠的接见，并被安排去延安，进入中央军委第三局，在王铮和李强领导下工作。他参与创建了边区第一个通信器材厂，即延安盐店子通信材料厂，任工程师，主持技术和生产工作。1939年，陕甘宁边区形势紧张,组织决定分路疏散。10月,罗沛霖根据组织决定到达重庆,受到董必武的接见。此后在徐冰的领导下,与孙友余、周建南等一起开展工作。之后9年中,罗沛霖历任重庆上川实业公司、新机电公司、中国兴业公司、重庆国民政府资源委员会中央无线电厂重庆分厂及天津无线电厂工程师、设计课课长等职。

罗沛霖坚持参与中共地下组织所组织的各项活动,努力完成组织委派的任务。董必武决定他留在党外做统一战线工作。他在中共中央南方局徐冰的秘密领导下,和孙友余、周建南等同志一起,于1940年共同创立了中国青年科学技术人员协进会,担任干事。该组织坚持抗战与进步的方向,团结了许多进步青年科学技术人员,至皖南事变时被迫停止活动。1944年,中共地下组织建立中国工业原料公司,罗沛霖任董事,并任无线电厂工务课副课长兼设计股股长。1945年,罗沛霖加入开源建筑公司,任总经理。抗日战争胜利后,毛泽东同志到重庆,罗沛霖曾受到毛泽东同志的接见。1946年2月,罗沛霖在党组织的领导下,联络原中国青年科学技术人员协进会会员,组织成立中国建社,罗沛霖被推举为三个总务干事之一。

1947年,党组织决定资助罗沛霖去美国学习。罗沛霖向美国加州理工学院提出了入学申请。根据罗沛霖的科研业绩和学识素养情况,加州理工学院建议他直攻博士学位。1948年9月,罗沛霖只身赴美,随身携带党的地下组织资助的只够一个学季费用的500美元。鉴于他的优异成绩,校方为他安排了圣马立诺扶轮会奖学金及本校免学费奖学金,后又授予本专业最高奖学金,解决了经济问题。1949年,罗沛霖被授予柯尔学者的称号。罗沛霖用了23个月便完成了课程和论文,直接获得加州理工学院的电工、物理和数学专业的特别荣誉衔(magna cum laude)哲学博士学位(1952年授予),并当选为美国Sigma Xi荣誉会会员。1948年,留美同学中建立了留美科技人员协会,对动员留美人员回国建设新中国起了重要作用。罗沛霖是该协会的活动积极分子,是加州理工学院支会的负责人。1950年6月,朝鲜战争爆发,罗沛霖决定回国,为此他提前进行了博士学位论文答辩,婉谢了导师索伦森教授的挽留。

1950年9月,罗沛霖回到北京。他考虑到自己是受党的培养,结合自己的专长,应当为沟通学术界与产业界而努力。于是他放弃了钱三强建议他去中国科学院的机会,而是进入了当时正在组建中的电信工业管理局,任技术处长。1951年至1953年,罗沛霖负责组建我国第一个大型综合电子元件联合工厂,即华北无线电器材厂,并出任该厂总工程师兼第一副厂长。1955年兼任第二机械工业部第十局第十一研究所主任,后历任第二机械工业部第十工业管理局及总局副总工程师,并曾兼任科研处处长和科技处处长。1956年3月,经过近20年对共产主义理想的不懈追求,罗沛霖被批准加入中国共产党。

1958年,我国成立了包括罗沛霖在内的超远程雷达计划四人领导小组,由罗沛霖分工负责技术指导和组织协调工作。1963年,第四机械工业部(电子工业部)成立,罗沛霖任科技司副司长。"文化大革命"中,罗沛霖受到了冲击。1969年7月,他被下放到河南叶县干校劳动。1972年,罗沛霖重返电子工业部,任科技局副局长。罗沛霖把电子计算机、微电子、光纤技术、光电子技术、雷达新技术、卫星通信等作为工作重点,他具体组织和指导了我国最早的通用计算机系列(100系列和200系列)的研制工作。1979年,罗沛霖被任命为中美科学技术合作联合委员会中方委员。

1987年他访美期间,敏锐地注意到人工神经网络这一重要新兴学科,回国后即积极宣传人工神经网络知识,创导和主持了人工神经网络座谈会,促使国内八个一级学会联合成立中国人工神经网络筹备委员会。1990年,中国首届神经网络学术大会在北京召开,罗沛霖任大会主席。

罗沛霖主持电子工业标准化和计量工作数十年,为保证产品质量作出了贡献。他被选为中国标准协会和中国测试计量学会的副理事长。1980年,电子工业部成立科学技术委员会,罗沛霖任第一副主任。同年,罗沛霖当选为中国科学院学部委员,曾任技术科学部常务委员、计算机学科组组长、电子学科组副组长。他先后受聘为北京理工大学、南京大学、东南大学、西安电了科技大学、桂林电子工业学院等校名誉教授和北京大学、国防科技大学兼职教授。1988 年机械电子工业部成立后，罗沛霖受聘为科学技术咨询委员会委员，即电子工业部科学技术委员会委员。1993 年 5 月，罗沛霖创议并起草了《应当早日成立中国工程与技术科学院》的建议书，由张光斗、王大珩、师昌绪、张维、侯祥麟、罗沛霖联署上报，得到了党和国家领导人的支持。中国工程院终于在 1994 年 6 月成立，罗沛霖当选为第一批院士，并被选入主席团，连任主席团成员至 1998 年。罗沛霖是第一、第二届北京市人民代表大会代表，第三、第四届全国人民代表大会代表，第五、第六、第七届全国政治协商会议委员。

2011 年 4 月 17 日，罗沛霖逝世于北京，终年 98 岁。

参考文献：

柯有安：《罗沛霖》，载中国科学技术协会编：《中国科学技术专家传略·工程技术编·电子、通信、计算机卷》(1)，电子工业出版社，1998 年。

中国科学家辞典编委会编：《中国科学家传略辞典》(现代第 3 辑)，内部发行 1982 年。

刘九如、唐静：《行有则 知无涯：罗沛霖传》，上海交通大学出版社，2013 年。

（高　鹏）

马千里

马千里(1885—1930),名仁声,字千里,以字行,笔名天健、光起、莹光等,祖籍浙江绍兴。马千里于 1885 年 1 月 24 日出生于天津鼓楼西丁家胡同。其父名家仲,字祝平(竹坪),初在直隶总督公署通商房任清书,后在广西义宁、养利、崇善、龙州任知州,1912 年 1 月离任,1925 年病逝。其母薛氏生三男六女,马千里排行第四。

马千里幼年入私塾,从师读诗书。8 岁入板桥胡同高宅学塾。十一二岁时,改在板桥胡同顾宅书塾,从师钟汝廉读《诗经》《书经》。先后师从华卫瞻、孟广慧(定生)、王子万等。1902 年,马千里入天津俄文馆初学俄文,翌年,随天津俄文馆并入天津北洋大学堂俄文专科班就读。1906 年 6 月,马千里毕业。因日俄战争俄国战败,他打消了留学俄国的计划,是年赴广西崇善,住其父知州任所,在龙州师范学堂任体操教习半年。翌年 2 月由广西赴上海,在私立振华学校学习,重点学习英文、数学,兼学物理、化学。1908 年 6 月 28 日乘轮船离开上海,7 月 2 日返抵津门。8 月考入天津南开中学,插入甲班学习。1909 年南开中学成立新剧团,马千里任演作部部长,与周恩来等学生同台演出《千金全德》等剧。马千里擅演女角,如《华娥传》主角华娥、《新青年》中女学生、《仇大娘》中姜氏等。是年,马千里经南开学校张伯苓校长介绍,与张妹祝春(字冠时)订婚。1910 年 9 月,马千里与张冠时在城里普育女学堂举行新式婚礼。天津《醒华画报》曾将他们的婚礼照片刊诸报端。

1910 年 12 月,天津各学堂学生为要求召开国会举行大罢课,当时直隶省举出代表 20 余人,马千里等被推选为南开中学的代表。1911 年 1 月 9 日,全国学界国会请愿同志会会长温世霖因学生罢课被清廷拘捕,发往新疆充军。马千里邀集同学共同撰写文章,题为《天津大冤狱》,在《国民公报》上发表。9 月 3 日,马千里受洗,信奉了基督教。10 月,武昌胜利的消息传来,马千里兴奋地说:"人心已去,满酋殆矣哉!"

1911 年底,马千里从南开中学毕业。转年 4 月,马千里应张伯苓校长之约,任南开学校补习班教员,教英文、算术两门功课。1913 年 2 月,马千里与时子周受张伯苓委托在南开学校主持学生演说会。1914 年 9 月,南开毕业同学会成立,他被选为书记。马千里每周任课 24 小时,执教代数、几何、算术、法制、经济学等课程。1915 年 8 月,马千里和同学们创办《校风》报。11 月随张伯苓校长到女师学校任监学。1917 年 4 月,随天津教育考察团赴朝鲜、日本考察两月。是年天津水灾,马千里参加了天津水灾急赈会。1918 年 3 月,马千里被公举为中国红十字会天津分会干事长。12 月,马千里随温世霖赴上海往见孙中山。

1919 年五四运动爆发时,马千里经天津耶稣教徒救国祈祷会推举参加各界联合会,当选为副会长,同时又是国民大会委员、抵制日货委员会主席和全国各界联合会交际科理事。9 月 25 日,南开大学成立,马千里被任为庶务主任。12 月 20 日,天津国民大会在南开中学举行第一次大会,马千里担任大会主席,在会上发表了演说,并当场焚烧了没收的非法日货。1920 年 1 月 23 日,不法商人招来日本浪人殴打了调查日货的学生。群众义愤填膺,将不法商人游街示众。天津警察厅派军警镇压,逮捕了学生 20 多人,并封闭天津各界联合会和天津学生联合会。国民大会公推马千里、时子周、马骏、张品题、夏琴西、李散人,尚墨卿等 7 人为代表,去省长公署请愿,除张品题外,余皆被捕。1 月 29 日,周恩来等领导学生数千人,到省公署抗议,要求释放捕代表,又遭到军警的镇压,周恩来等 4 位学生代表被非法拘捕。鉴于马千里的声望,天津警察厅厅长杨以德一再找他谈话，套交情，马千里没有上当。4 月 2 日，马千里等 21 人被转送天津地方检察厅，他们争取到阅读书报、举行会议和会见亲友的权利。马千里于 7 月 7 日受审，因被拘押日数已超过应服刑日数，7 月 17 日被释放。被释放后，马千里辞去了南开中学和大学的职务，但仍照常参加校庆、同学会和讲演会等活动，还被选为同学会会长。

从 1920 年 8 月开始，马千里开始筹备办报。马千里等这次办报，旨在发扬民意，故在"民意报"之前，又冠上一个"新"字，最终定名为《新民意报》。《新民意报》于 1920 年 9 月 15 日创刊，马千里任总编辑，刘铁庵任经理，由天津书法名家孟广慧先生题写报头。《新民意报》曾刊登了周恩来当年编写的《警厅拘留记》和《检厅日录》两部革命历史文献。这两部文献是周恩来根据被拘代表的回忆、个人日记和狱中活动日志撰写的纪实体裁文献，具有十分重要的历史意义。两部文献均经马千里重行编印成书，由《新民意报》社发行。1922 年 1 月《新民意报》创办《星火》副刊，4 月创办《觉邮》副刊。1924 年《新民意报》停办。

1921 年 4 月，乐仁堂药店东家乐达仁意欲创办一处女子国民小学校，想请马千里出任校长。马千里提出条件，达仁堂只管拿经费，不得干涉学校行政。经过几度商议，马允就校长。学校设在河北大经路中段北侧，取名达仁女学。第一年招收新生 70 人，于 8 月 20 日开学。由动议创办到开学授课，只不过 4 个多月。开学之日，直隶省教育厅厅长孙子文、天津县教育局视学邓庆澜和劝学员李襄生亲临参加。1922 年，达仁女校增添高级小学班，实行新学制。该校只收女生，不纳学费，书籍、制服自备。马千里办学注重思想教育和教学改革，各班课程不完全相同，常取试验态度。他经常亲自任课，给学生讲国内外的政治形势，培育她们的爱国主义思想，有时也讲做人的道理，鼓励学生一生要为大多数人的幸福而工作。学校订购了当时商务印书馆出版的《新教育》和中华书局出版的《中华教育界》等杂志，以提高教学水平，并向教师们介绍当时欧美国家提倡的"道尔顿制"和"设计教学法"，鼓励教师探索新的教学方法。每逢"五一"、"五四",达仁女校都开会纪念;每年"五七",都教育学生热爱祖国勿忘国耻。达仁女校还有一整套的民主办校的制度,因此教师的教学积极性很高,教师同仁之间、师生之间的关系亲密无间。该校在社会上享有很高的声誉,华北各地曾有 30 余所院校前来参观学习。后来由于军阀连年混战,占用校舍情况特别严重,达仁女校迫不得已于 1926 年 12 月停办。马千里担任达仁女校校长以来,每月仅领用 10 元车马费,在三大节各有"节敬"100 元,并没有正式薪金。达仁女校停办后,教育部奖给马千里金色二等奖章一枚,政府颁发给他"敬教助学"匾额一方,以资奖励。

在担任达仁女校校长期间,马千里于 1923 年 10 月接受天津县劝学所的邀请,就任药王庙小学校校长。药王庙小学是天津最早的官立小学之一,创建于 1904 年 5 月,校址在河北金华桥东药王庙内。全校教职员 13 人,除英文、体操教员外,全是直隶第一师范学校毕业生。该校有 9 个班,学生 485 名,学生家庭多系商界。马千里强调要对学生进行爱国主义教育。1924 年 6 月 14 日,马千里被邀为教育局第一区教育委员,遂辞去该校校长职务。

温世霖于 1923 年左右在北京组织全民社。马千里受温世霖之邀,常去北京帮全民社做些文书一类的工作。1924 年直奉二次大战时,冯玉祥发动北京政变,推倒曹锟,迎请孙中山北上,主持大计,并准备召开国民会议,共商国是。马千里与共产党人于方舟、江著源等密切合作,创建和领导了天津国民会议促成会,支持孙中山召开全国国民会议的主张。是年底孙中山由广东北上,在天津下船登岸,马千里前往欢迎,并极力宣传召开国民会议的必要,坚决拥护孙中山。孙中山在北京逝世时,马千里已当选为天津县议事会议员和参事会教育参事。1925 年 3 月 22 日,马千里以天津国民会议促成会的名义,在东马路宣讲所为孙中山召开追悼会,亲自主持追悼事宜。1927 年 3 月,马千里加入国民党。1928 年 4 月中旬,经直隶省党务指导委员张清源委派为天津县党部筹备委员,后又担任天津市党务指导委员会委员、天津市党部民众训练委员会主任委员等职务。

北伐成功后,直隶省改称河北省,马千里被任命为河北省第一中学校校长,1928年8月21日就职,整顿校务。与此同时,他辞去天津市党务指导委员会委员一职。同年11月间,崔廷献任天津市长,成立天津市政临时委员会,马千里被任为委员。1929年11月14日,南开学校校友总会常务会议选举马千里为校友总会主席。1930年2月7日,马千里被推举为天津市红十字会副会长。2月17日晨,马千里因脑充血昏迷,抢救无效,于3月1日病逝,终年45岁。马千里逝世后,南开校友会和省一中举行了追悼会,《大公报》《益世报》均做了报道。

马千里从19岁开始养成写日记的习惯,20多年始终不辍,到1930年逝世时,一共写了23本。其中许多记事,对研究天津地方史很有参考价值。1956年,马千里家属将这些日记全部交付天津历史博物馆保存。

参考文献:

邓颖超:《缅怀师友马千里先生——为纪念马千里先生诞辰百周年》,载马翠官编辑、天津市政协文史资料研究委员会内部出版《二十世纪初天津爱国教育家马千里先生诞生百年纪念(1885—1985)》,1985年。

马翠官:《先父马千里先生事略》,载天津市政协文史资料研究委员会编:《天津文史资料选辑》第17辑,天津人民出版社,1981年。

董振修:《马千里(1885—1930)》,载潘强主编:《天津近现代著名教育家传略》,天津教育史研究会,津新出图字(95)第001153号。

廖永武:《爱国教育家和社会活动家马千里》,载天津市政协文史资料委员会编:《近代天津十二大教育家》,天津人民出版社,1999年。

张绍祖:《马千里与药王庙小学》,《今晚报·副刊》,2003年6月25日。

(张绍祖)

马钟琇

马钟琇(1877—1949),字仲莹,号箸義,又字菊禅,直隶廊坊人。

1877年,马钟琇出生于安次县得胜口村,祖父与父亲都是贡生。马钟琇自幼聪颖,勤学好问,从小就受到家庭诗书礼仪的熏陶,后来拜大城县刘紫山先生为师,嗜古文学,博览众多典籍,弱冠为国学生。

清光绪末年,马钟琇任刑部山东司及法部制勘司主事。辛亥革命前后,追随北方革命家孙洪伊,奔走革命,并与孙中山领导的同盟会联系,积极宣传革命,倡办新学,办县议会、教育会等。1910年,首创得胜口马氏私立学堂,以后又续办"乐群"男女两学校,广收本村及附近村镇适龄儿童入学,不收学费,不要官府补助,学校的教学规模与教学成绩堪称一流。直隶省及京兆尹公署都对马钟琇热心办学给予嘉奖,并颁给"济公兴学""嘉惠士林"匾额予以表彰。

1913年,马钟琇被选为第一届国会众议院议员,受任为总统府顾问。1915年,袁世凯称帝,马钟琇极力反对。1917年,北洋军阀非法解散国会,马钟琇与避居上海的国会议员联合通电反对,并毅然离京南下广州,参加孙中山先生领导的护法运动。其所撰写的《公祭黄花岗七十二位烈士墓》祭文,表达了缅怀先烈、仇视军阀、关心革命、忧心国事之心情:"清季失真政,国土洒碧血,壮气塞两间,不与身俱灭,藏形青山阿,黄华耀高节,后世仰仪型,千秋表芳烈,凭兹已由魂,酝酿热血热,人心终不死,继起有俊杰,禹城即光复,奸雄事僭窃,同室忍操戈,八载悲复辙。山河破碎余,何日谈建设,英灵如不昧,泉下皆应裂,我来崇冈前,再拜声呜咽。"

南北议和破裂后,马钟琇一度回到家乡安次县居住。此时,安次县议会正筹备续修县志,大家一致推举德高望重的马钟琇主持修志事宜,并任总纂。马钟琇参照旧志,"变其例,详其略,补其漏,凡邑人著述,上起五代,下断今人,收揽无遗"。历经 3 个月,《安次县志》成书,总计 12 卷 14 万余字。

马钟琇热心公益事业,除兴办学校外,还出资修护河堤,灾荒年间施粥,行诸多善举。1917 年与 1924 年,大清河两次泛滥成灾,褚河港村一带受灾最重,马钟琇与其弟马钟璞不仅捐出资财,还亲临河堤,护险赈灾,并施粥年余,灾民及乡人感其恩德,赠"救灾卹邻"匾额以资纪念。

1925 年,孙中山先生逝世后,马钟琇在得胜口村各学校中开展纪念孙中山的宣传活动,唤起农村民众的觉悟。上海五卅惨案发生后,马钟琇立即响应上海的"三罢"号召,学校罢课,并组织学生提出反帝口号,在得胜口、马家口、磨叉港、南柳子等村游行、讲演、宣传,唤起民众抗议帝国主义的暴行。

1927 年,军阀混战,战乱频仍,马钟琇为避战祸到天津居住,以诗曲自娱,并参加天津城南诗社的活动,是天津城南诗社的社友,他与严修、刘庚尧及《大公报》社张季鸾等人诗书往来,诗社同仁以"今之王远亭誉之"。

马钟琇有两本未刊书稿,很有文献价值,被国家图书馆收藏:一本为1929 年撰写的《城南诗社小传》,收录了 69 位城南诗社社员名单,每人各列有小传。除见于《城南诗社集》的 40 人之外,新增了 29 人。另一本为1939 年撰写的《城南诗社齿录》,书中依城南诗社成员姓氏笔画为序,列表填记了各人的姓名、字号、籍贯、年龄、住址等。《城南诗社齿录》共记载46 人,其中有 16 人未见于《城南诗社小传》。两书共收录城南诗社成员85 名,是我们了解城南诗社成员情况的较为完整的第一手资料,为了解、研究这些天津文人的生平、学术研究等情况提供了参考。

1937 年七七事变后,马钟琇患腿疾,移居北京,瘫痪达 10 余年之久,常日枕于书舍之中。马钟琇书斋名"味古堂",自号"味古堂主人",味古堂藏书达十余万卷,严修称其"收藏丰富备至"。

马钟琇著述颇丰,除上述书稿外,还编著有《味古堂诗集》《清诗徵》一百二十卷、《畿铺诗传》前编与续编、《安次得胜口马氏家谱》《马氏文录》等,并编有《昆曲剧目》《味古堂书目》。1920 年,马钟琇两次刊登启事,倡议汇集国会同人诗作,编有《国会同人诗钞》,辑录了"非常国会"时期议员赵藩、林森等多人诗作,并附诗人小传。他的《古燕诗集》十二卷,续编二卷中多为河北省人的诗作。

1949 年 1 月,马钟琇病逝于北京,终年 72 岁。

参考文献:

廊坊市政协文史资料工作委员会编:《廊坊市文史资料》第 3 辑,1986 年。

杨传庆:《严修与城南诗社》,《文学与文化》2014 年第 1 期。

(郭登浩)

梅 贻 琦

梅贻琦(1889—1962),字月涵,天津人,祖籍江苏武进(今常州)。父名梅臣,字伯忱,清末秀才,后为天津盐店职员,"庚子"后失业。母亲张氏,未曾入学,其先人在天津鼓楼北开设义升堂药店。梅贻琦1889年12月29日在天津出生,家住南运河畔梅家胡同。父母生五男五女,其为长子。

梅贻琦幼时在严修家塾中读书,熟读经史。1904年,进敬业中学堂(南开中学前身)读书。1908年毕业时名列榜首,被保送到保定直隶高等学堂。1909年夏,清政府游美学务处招考第一批"庚款"留学生,10月赴美。抵美后,入美国东部的伍斯特理工学院(WPI)学习电机工程。1914年夏毕业,获硕士学位。

从美国归国后,梅贻琦担任天津基督教青年会干事,服役一年。1915年他受清华学校校长周诒春的聘任教授数学和物理,后来还主讲过测量、电机、土木、机械、运输等副课。1919年,梅贻琦与韩咏华结婚。1921年,梅贻琦在清华任教满6年,由校方资助再度赴美深造,入芝加哥大学研究物理一年,其间一度担任纽约大学讲师。1922年深造期满,归国途中游历欧洲大陆国家,参观考察有关教育与学术研究机构。回国后,梅贻琦仍在清华物理系继续任教,后来以"物理系的首席教授"受聘为系主任。

1925年,由清华教授会推举,梅贻琦当选教务长。他将普通科改为学系制,将基础训练缩短为一年,大学改为四年一贯制,修业期满后授予学士学位。大学部依社会需要设17个学系,将全校教师按学历专长分为教授、讲师、教员、助教分属各系;制定"组织大纲"和"学程大纲"。梅贻琦发表《清华学校的教育方针》和《赠大一诸君》等文章,阐明他在大学教育方面的一些理论、观点和方针。是年,梅贻琦认为整理国故科学化,与西洋文化沟通,意义重大,故派学校英文教授为国学研究院筹备委员会主委,先后聘请王国维、梁启超、陈寅恪、赵元任担任研究院导师。另聘李济博士为讲师,吴宓为研究院秘书,办理学术研究事务。招收大学毕业研究生,先后有 73 人,学制模仿中国"书院"和英国大学,采用导师制,研究期限为一年,1927 年结束。

1928 年夏,南京政府控制北京,梅贻琦出任教育部高等教育司司长,9 月,南京国民政府委任他为清华大学代理校长,不久罗家伦接任校长,校名改为国立清华大学。11 月,梅贻琦被派赴美接任留美监督。1930 年,罗家伦去职,梅贻琦奉调回国,于 1931 年 12 月 3 日接任校长。在就职典礼上,梅贻琦谈及办校方针时说,办大学应有两种目的:一是研究学问,一是造就人材。为了达到这两个目的,须抓住两个基本环节,就是广聘名师和学术自由。[①]任校长期间,梅贻琦从实践中总结经验,提出了一些办好大学的理论观点:

一曰"大师论"。"所谓大学者,非谓有大楼之谓也,有大师之谓也。"根据这个论点,在他任校长期间,千方百计地罗致当代各门学科的著名专家和权威学者为教授,始终汇聚着一支高水平的师资队伍,为推动清华的教学和学术研究走向世界奠定了牢固的基础。二曰"教授治校"。从"大师论"出发,他坚持"教授治校"的办学方针,把校长摆在"公仆"的位置上,努力为教授服务,为学生服务,为国家教育的长远利益服务。他把校长比作京剧中的"王帽",即演帝王的角色。办学上的重大措施,他注意听取在清华有威望和影响力的教授的意见:设立一些专门性常设委员会,让教授们参

---

① 天津市政协文史委编:《近代天津十二大教育家》,天津人民出版社,1999 年,第 258 页。

与教学行政管理工作。清华远处郊外,并规定不能在外兼课。梅贻琦任校长后,把教授待遇从 160~360 元,提高到 300~400 元,有的可达 500 元。有家属的教职员逐渐都有一幢住宅,其标准与分配给美国教师的相同。另外,每 6 年教授可以休假一年,并资助出国进修。三曰"通才教育""全人格"教育。梅贻琦主张大学阶段要重视各种基础课的学习,知识面要广,以奠定进行专、深研究的基础。对学生,主张进行"德、智、体、美、劳、群"的全人格教育和熏陶,以造就为国家服务有真才实学的人才。四曰"主张学术自由、兼容并包"。梅贻琦引宋人胡瑗的一段话:"艮言思不出其位,正以戒在位者也。若夫学者,则无所不思,无所不言,以其无责,可以行其志也。若云思不出其位,是自弃于浅陋之学也。"在这种思想的指导下,他在 20 世纪 30 年代白色恐怖正浓时,允许冯友兰去苏联参观考察,归来后在全系大会上公开宣讲苏联之种种优越制度;在 40 年代,他可以允许吴晗、闻一多等在校园内公开进行革命宣传,并无视"上面"的压力,多次卫护他们的安全。

梅贻琦就任校长不久,即向全校宣布"本校拟向工程科学方面发展",随即呈请教育部,在原有土木工程系的基础上添机械、电机两系,组成清华工学院。并从 1934 年夏季起,与资源委员会合作开设航空讲坛,进行航空实验,建立了亚洲最大的航空实验风洞等,这既是清华航空系的前身,又是旧中国航空工程教育的开端。梅贻琦注重与国外进行学术交流。1933 年,与德国远东协会交换处及中国文化基金会约定互派研究生,设置科学讲座制度,请国外一流学者来校作长期或短期教学。1934 年 10 月,梅贻琦函请教育部同意,陆续创办了农业、航空、无线电三个特种研究所。抗战期间又在昆明兴办国情普查和金属两个研究所。

在梅贻琦任校长期间,清华出的人才特别多。冯友兰教授在纪念清华 80 年校庆时,曾发表论文说:"清华发展的过程就是中国近代学术走向独立的过程,清华校史不仅有一校的意义,而且是反映中国近代学术逐渐走向独立的历史。"在梅贻琦任校长的 20 年间,完成了这个过程。我国当代文、理、法、工、农各门类独立的科学、技术的创建人、奠基者,大都产生或荟聚于这个时期的清华园。

梅贻琦除致力于发展大学本科外,对创办各学科研究所也非常重视,特别对与国防有关的研究所更积极筹办。继成立文、法、理各学院,1933年,将原属理学院的土木工程学系扩充,增设电机工程、机械工程二系,成立工学院,先后延揽工程界成名的专家任教。据统计,在全国各大学设立的研究所中,清华几占半数。

在清华的基本建设方面,梅贻琦任校长后,建起了化学馆、生物馆、气象台、机械馆、电机馆、航空馆,又扩建图书馆、学生宿舍,又接收圆明园旧址(约5000亩)及松堂,筹设农事实验场,建设金工、木工、锻铸等工场,又建能容1500人的自取制大食堂,增建教职员住宅数十所,加筑围墙、航空实验馆和飞机库房。

1937年七七事变爆发时,梅贻琦正在庐山参加会议,次日立即电话通知教务长张子高和外语系教授:组织北平校产保管委员会分别应变;通知教职员及暑假回家的学生,尽快集中长沙。梅贻琦在庐山与北大校长蒋梦麟、南开校长张伯苓,交换平津沦陷后的计划,并同赴长沙参观清华预建的校舍,又与湖南教育厅长朱经农洽商,借当地文化教育或宗教机构的房屋,设法收容三大学的师生,联合组成临时大学,命名为国立长沙临时大学,并组成校务委员会。

1938年,梅贻琦出任清华大学、北京大学、南开大学联合组建的国立西南联合大学校务委员会常务委员兼主席。鉴于形势,他以务实的精神,及时有效地处理了一些应该当机立断的问题,使西南联大成为当时国内规模最大的高等学府。在1938年至1946年的8年间,毕业2522人,日后成为蜚声国际的科学家与国内著名学者之人,较之国内其他大学都多。北大、清华、南开三校虽然历史和学风不同,而8年合作无间,取长补短,相得益彰。梅贻琦校长主持期间,以集思广益、兼容并包之精神,内创学术自由之规模,外树民主堡垒之称号,完成了战时教育的使命。

1948 年,梅贻琦出任教育部部长。北京解放前夕,梅贻琦从南京取道上海到香港,1949 年 10 月飞往纽约。后在华美协进社内设立办公室,负责保管清华基金。华美协进社是中华教育文化基金会的驻美机构,清华大学在美的一大笔庚款基金就由梅贻琦管理。从 1951 年起,梅贻琦在纽约组织"清华大学在美文化事业顾问委员会",以清华的基金利息协助在美华籍学人研究。

1955 年 11 月,梅贻琦去台湾筹建台湾新竹清华大学并担任校长,开始用清华基金款筹办清华原子科学研究所,订出"复校"步骤:先恢复研究院,以原子科学为主,设立 3~5 个研究所。1956 年 1 月起,在新竹清理基地,兴建第一批校舍。1958 年在台出任"教育部长"。1961 年 2 月奉准辞职。1962 年 2 月当选为台北"中央研究院"院士。同年 5 月 19 日因病医治无效逝世,终年 73 岁。

参考文献:

邵宝仁、柴寿安:《为主持清华校政 30 年的梅贻琦》,载天津市政协文史资料委员会编:《近代天津十二大教育家》,天津人民出版社,1999 年。

孙海麟:《怀念教育大家梅贻琦先生》(之一、二、三、四),《今晚报》2012 年 5 月 9 日、10 日、11 日、12 日。

张绍祖主编:《近代天津教育图志》,天津古籍出版社,2013 年。

韩吉辰:《从天津走出的梅贻琦》,《天津老年时报》2009 年 3 月 16 日。

智效民:《张伯苓与梅贻琦的一则轶事》,《今晚报》2009 年 11 月 19 日。

(张绍祖)

穆　旦

　　穆旦(1918—1977),本名查良铮,曾用笔名梁真,祖籍浙江省海宁袁花镇,出生于天津。查姓是海宁的世家大族,查良铮的曾祖父带领海宁查氏的一支定居天津。在天津查家也曾是个大家族,但到查良铮出生时家族已败落。查良铮的父亲憨厚老实,母亲精明强干,家庭境遇造就了他坚韧、好强、敏感、细心的个性。

　　1923年,查良铮进入天津市北马路城隍庙小学读书。他读书勤奋、认真,开始对文学萌发了兴趣,经常利用午休时间到图书馆阅读《小说月报》《东方杂志》等刊物,作文常被国文老师在课堂上朗诵。二年级时他的作文《不是这样讲》选登在邓颖超、刘清扬主编的《妇女日报》上。1929年9月查良铮考入南开中学,在这里开始了诗歌创作,在就读高二、高三的两年时间里,他先后在《南开高中生》上发表了新诗《流浪人》《两个世界》《夏夜》《神秘》《一个老木匠》《前夕》《冬夜》《哀国难》,杂感《梦》,散文《事业与努力》,论文《亚洲弱小民族及其独立运动》和长达8000余字的学术论文《〈诗经〉六十篇之文学评鉴》。高三下学期时,查良铮担任《南开高中生》主编。

　　查良铮就读南开期间,正值国家遭受日本帝国主义疯狂入侵的多事之秋。他写下了《哀国难》,大声疾呼:眼看祖先们的血汗化成了轻烟, / 铁鸟击碎了故去英雄们的笑脸! / 眼看四千年的光辉一旦塌沉, / 铁蹄更翻起了敌人的凶焰! 1934年,查良铮将"查"姓上下拆分,"木"与"穆"谐音,得"穆旦"（最初写作"慕旦"）的笔名。

1935 年 7 月,穆旦从南开高中毕业,进入清华大学外文系学习。12 月 9 日,他参加了北平 6000 多名学生在新华门前的集会游行,高呼"停止内战,一致对外!""打倒日本帝国主义"! 在给高中同学的信中,他详细描述了"一二·九"运动的情景。此外,他还参加了左翼作家联盟成立的清华园小组。清华大学聚集着一大批热衷文学的青年,成立了很多学术、文艺社团,还创办了《清华学刊》等刊物。穆旦在这里继续读书、写作,并陆续在《清华学刊》上发表诗歌。穆旦创作的《更夫》,发表在《清华学刊》第 45 卷第 4 期上,1937 年又创作了长诗《玫瑰的故事》和诗歌《古墙》。

1937 年 7 月抗日战争全面爆发后,清华大学、北京大学和南开大学迁至湖南长沙,组建国立长沙临时大学。穆旦是清华大学"护校队员",他和 80 多名同学辗转乘车到国立长沙临时大学南岳分校上课。他选修了英籍教师燕卜荪和吴宓的课,旁听了冯友兰的"中国哲学史"。作诗《野兽》刊登在南岳分校其中一期诗歌墙报上。在西南联大,他参加了"南湖诗社",和同学组织了青鸟社、高原社、南荒社等文艺社团,在国内各报刊上陆续发表自己的诗作。

1939 年,穆旦创作了《合唱二章》《防空洞里的抒情诗》《劝友人》《从空虚到充实》《童年》《蛇的诱惑》《玫瑰之歌》《漫漫长夜》等,有的还是长诗,一部分发表在香港《大公报》的文艺副刊上,有的收进了他以后出版的诗集《探险队》和自选集《穆旦诗集》。组诗《窗》和《出行》,显示了他的创造性诗才。

1940 年 7 月,穆旦以优异的成绩从西南联大毕业,留校任助教,还推出新作《在旷野》《不幸的人们》《悲观论者的画像》《还原作用》《我》《智慧的来临》等。

1942 年 2 月,穆旦作出了一个惊人的决定——投笔从戎。24 岁的穆旦响应国民政府"青年知识分子入伍"的号召,以助教的身份报名参加中国入缅远征军,以杜聿明部中校翻译官的身份随军奔赴缅甸抗日战场。4

月,中国远征军战事失利并被日军切断了回国的主要通道,奉令撤退至印度。5月至9月,穆旦随杜聿明率领的第5军军部和新22师撤退,穿越野人山原始森林无人区,上有日军的飞机,下有追兵,又恰逢6月森林雨季,山洪暴发,部队给养严重不足,历时4个多月,历经九死一生。11月部队抵达印度,穆旦在中国军营中养病,回国后退役。

1945年9月,穆旦根据入缅作战的经历,创作了中国现代主义诗歌史上的著名诗篇——《森林之魅——祭胡康河谷上的白骨》,创作了《阻滞的路》《活下去》。同年穆旦来到沈阳,创办《新报》,并担任总编辑。这一年,昆明文聚社出版了穆旦的第一部诗集《探险队》,收录诗作24首,署名穆旦。1947年5月,穆旦自印出版《穆旦诗集(1939—1945)》,收入诗歌58首。1948年4月,穆旦的诗集《旗》列入巴金主编的《文学丛刊》第9集,由文化生活出版社出版,收录诗歌25首。20世纪40年代,穆旦与唐湜、辛迪等诗人合出诗集《九叶集》,因而得名"九叶派诗人"。

1949年8月穆旦赴美留学,进入芝加哥大学英语系学习,攻读硕士学位,并刻苦学习俄语,选修了俄罗斯文学课程。12月23日在美国与周与良喜结连理。1950年获文学硕士学位。

1953年初,穆旦夫妇几经辗转回到北京。后经教育部分配,夫妇俩均到南开大学任教。穆旦在外文系英文组,周与良在生物系微生物教研室。除了日常教学,穆旦开始翻译苏联文学作品,翻译出版了季摩菲耶夫所著《文学原理》、普希金的《波尔塔瓦》等诗歌作品。50年代中期以后,穆旦遭到错误批判,身心受到严重摧残。1975年,他恢复诗歌创作,写出了《智慧之歌》《停电以后》《冬》等近30首作品。

1977年2月,穆旦因病在津离世,终年59岁。

穆旦的主要创作有《探险队》(1945)、《穆旦诗集(1939—1945)》(1947)、《旗》(1948)、《穆旦诗选》(1986)、《穆旦诗文集》(1996)等。主要译著有俄国普希金的作品《青铜骑士》《普希金抒情诗集》,英国雪莱的《云雀》《雪莱抒情诗选》,拜伦的《唐璜》《拜伦抒情诗选》《拜伦诗选》及《布莱克诗选》《济慈诗选》等。

参考文献:

陈伯良:《穆旦传》,世界知识出版社,2006 年。

易彬:《穆旦年谱》,中国社会科学出版社,2010 年。

张大为主编:《天津文学史·新中国初十七年的文学》,天津人民出版社,2011 年。

郝岚等:《世界文学与 20 世纪天津》,中国社会科学出版社,2011 年。

南开大学办公室编:《南开人物志》,南开大学出版社,1999 年。

（冯智强　赵云利）

南汉宸

南汉宸(1895—1967),1895 年 12 月 14 日出生于山西省洪洞县韩家庄,11 岁在本村私塾念书。1911 年南汉宸到太原,入官费的第一师范学校读书,结识同盟会山西负责人王用宾,加入同盟会参加民主革命活动。

辛亥革命爆发后,南汉宸和十几个同学被派回晋南,到赵城、洪洞、汾西一带招兵。南汉宸回到家乡,很快就参加了哥老会,利用哥老会的关系,不到半月就集合了两千余人。他们把这两千多人带到太原,队伍番号是义务敢死队,开拔到娘子关,归新军一路统领杨潜夫指挥。不久,南北议和,阎锡山投靠袁世凯。1912 年,部队遣散,南汉宸重回师范学校读书,后又考入官费的太原高级工业专门学校。

南汉宸在太原高级工业专门学校任班长兼斋长,常常组织学生们闹学潮。因此,他被学校当局视为眼中钉,在 1913 年间的两个月中就被开除 3 次。1915 年,南汉宸回乡教书。1917 年,晋南革命人士不堪忍受阎锡山的统治,联络陕西革命志士郭坚攻打山西。南汉宸参加了赵城的反阎活动。他们在赵城集合百余人,黑夜进入安泽县,缴了公安局的 70 余支枪,又抵霍县缴枪 60 余支,后因郭坚部被陕西督军陈树藩勾结阎锡山堵截而以失败告终。

南汉宸返回家乡,开始兴办实业的尝试。经和友人商议,大家集资5000 元在赵城东山开办义集煤炭公司,南汉宸被推为经理。公司于 1920年正式开业,还兼营水力纺织和轧花。但由于资金不足,交通不便,无力与大企业竞争,两年后公司停办。

1923年,南汉宸抵达天津,参加陕军第一师,重新投入轰轰烈烈的反对北洋军阀的斗争。1924年北京政变后,冯玉祥、胡景翼、孙岳三方改编为国民军第一、第二、第三军,南汉宸参加孙岳的第三军,任军需官,不久奉孙岳令到郑州招集兵马。1925年秋,南汉宸又被派到第三军训练处任处长,培训10个队的学员。津浦路战争爆发,国民军开赴天津,训练处的8个队随军作战,南汉宸率其余两队到河北灵寿、平山一带招募新队员。1926年春,南汉宸带6队新兵开到津浦线泊头镇参战。国民军累战累败,南汉宸和训练处辗转保定等地,后与胡德夫旅的训练处合为第六混成旅,续范亭任旅长,南汉宸为参议。

1926年9月,冯玉祥由苏联回到五原,在五原誓师大会上就任国民联军总司令。冯玉祥此时执行亲苏政策,成立了以共产党人刘伯坚为副部长的总政治部;各军也成立了政治工作委员会,南汉宸担任第三军政治工作委员会委员长。在国民联军转战的两年中,南汉宸曾与共产党员蒋昕松、王一飞、卢绍亭等一同工作,阅读了《新青年》《向导》上刊载的大量文章,对共产主义有了较深刻的认识,认为只有共产党才能救中国,提出了加入中国共产党的申请。不久,南汉宸由刘伯坚和高敬轩介绍加入中国共产党。11月,南汉宸参加国民联军参观团访问苏联,在莫斯科、列宁格勒等地旅行3个月,参观了许多机关、学校、军队和农村,听取了苏方关于十月革命历史经验和社会主义建设成就的介绍,受到鼓舞和启发。

1927年6月,南汉宸回到西安。这一时期,冯玉祥先后参加汪精卫、蒋介石召开的郑州会议和徐州会议,公开投靠蒋介石,准备在所属部队反共"清党",刘伯坚嘱咐南汉宸尽力留下工作。随后南汉宸随鹿钟麟到开封,任河南省政府秘书主任兼第一科科长,在党内受河南省委负责人任作民领导。南汉宸撰写了16万字的《游俄视察记》,介绍苏联十月革命的历史经验和革命后的建设成就,指出人类社会的光明前途,以鹿钟麟的名义印行了5000册,影响颇大。不久,冯玉祥电令烧毁此书。

1927 年夏,杨虎城的国民革命军第十军在陇海路东段与直鲁联军张宗昌、褚玉璞作战失利,退到皖北太和。杨虎城部和原驻太和的第十七军高桂滋部的共产党员,在军内外积极开展革命活动。同年冬,为加强党对皖北工作的领导,中共河南省委决定派南汉宸带一批共产党员去皖北。南汉宸接到通知后,以"有病"为由向鹿钟麟告假。南汉宸等到皖北后,向驻军和地方党组织传达了党的八七会议精神,同共产党员魏野畴一起,积极做杨虎城的工作。按照南汉宸的建议,杨虎城决定从基层军官中选择 400 多名进步青年,成立革命军事干部学校,并任命南汉宸为校长。这所学校建立后,为第十军训练出大批军政干部,并在其中发展了一批共产党员。

1927 年 12 月,中共皖北第二届特别委员会在太和成立,南汉宸任特委书记。在皖北特委领导下,太和等县发动农运,同国民党反动派进行尖锐斗争。杨虎城的夫人谢葆真作为妇女工作领导人,也参加了这场轰轰烈烈的运动。

1928 年 4 月 8 日,南汉宸领导发动太和起义,由于敌我力量悬殊,激战两日后失败。这时河南省委也遭到破坏,南汉宸只身在开封隐蔽 10 余天,不得已又找到国民革命军第二集团军前线总司令鹿钟麟,等待机会。不久,河南省代主席邓哲熙任命南汉宸担任豫南赈灾委员会主任委员。1928 年 10 月,山东军阀韩复榘接任河南省主席,经鹿钟麟举荐,南汉宸任信阳县县长。在县长任内,南汉宸理政有序,一时传为佳话。他还利用合法职权,掩护了许多革命同志。1929 年夏,南汉宸调任省政府主任秘书、行政人员训练所主任和区长训练所教育长等职。南汉宸设法营救了开封监狱里关押的近百名共产党员。

1930 年,南汉宸奉鹿钟麟命令去南阳联络杨虎城,被杨虎城委任为陕西省政府秘书长。南汉宸进入西安后,以秘书长身份和杨虎城所授之权整顿陕政。他根据杨虎城释放政治犯的命令,释放和安置了大批被关押的中共党员,有的就被安排到第十七路军和各地、县部门工作。1931 年春,刘志丹被捕。南汉宸得知后,力劝杨虎城下令放人,刘志丹终得出狱。在南汉宸的协助下,杨虎城采取整顿经济、肃清吏治、安定秩序、改革文教等措施,陕西各方面情况焕然一新。杨虎城更加器重南汉宸,省府一般事务都交由南汉宸全权负责。1932年夏,国民党行政院电告杨虎城,南汉宸是共产党员,证据确凿。但杨虎城托病不理,南汉宸和夫人王友兰赴日本避难。

1933年夏,察哈尔民众抗日同盟军在张家口誓师,吉鸿昌电邀南汉宸回国共商抗日大计。南汉宸于8月回国。同盟军失败后,南汉宸住在天津租界,寻找党的组织,继续开展抗日斗争。1933年冬,中共中央批准南汉宸前往孙殿英处开展统战工作,担任高等顾问。南汉宸尽量争取孙殿英,帮助他加强同红军和杨虎城的联系。同时,在南汉宸的动员下,孙殿英决定送给陕北红军两千余支枪,约定陕北红军派遣部队前往黄河渡口接应。然而,孙殿英企图孤军突进与马家军决战,最终失败。

南汉宸于1934年四五月间回到天津后,奉上海中央局指示,到泰山访晤了冯玉祥,共策抗日大业。很快,冯玉祥领导成立了中国人民反法西斯大同盟,南汉宸任同盟中央委员会秘书长。11月,南汉宸调往上海工作,扮作商人登车南下。中途,获悉吉鸿昌被捕,迅即返回天津,组织营救工作。吉鸿昌牺牲后,南汉宸赴上海中央局工作,负责编辑国际情报。

1935年,上海中央局遭到严重破坏,同党中央、共产国际失去联系。为保存党的力量,上海中央局人员转移到天津。1935年7月,南汉宸从上海抵达天津后,到北方局下属的联络局工作,主持情报收集和兵运工作。东北军退入关内后,东北军将领马占山把所部军官集中到天津由南汉宸训练,并组织了抗日同志会,由南汉宸负责。

1936年12月,张学良和杨虎城发动西安事变。中共代表团到达西安后,周恩来征得杨虎城同意,决定调南汉宸来西安协助代表团工作。南汉宸到达西安后,根据周恩来的指示,在杨虎城的第十七路军总部处理第十七路军和西安绥靖公署的公务,并参加了因西安事变而专门成立的委员会。张学良遭到软禁后,南汉宸奉命前去做杨虎城的工作,反复宣传中共关于和平解决西安事变的方针。

中共代表团返回陕北后,南汉宸受党的委托,代表第十七路军参加抗日联军西北委员会联合办公厅工作,处理西安事变善后事宜。此后,南汉宸按照周恩来的指示,到华北开展统战工作。他帮助东北籍人士建立了东北抗日总会。

七七事变后,南汉宸随周恩来、彭德怀等前往太原会见阎锡山,商谈在山西建立合作抗日组织事宜。1937年10月1日,由各党、各派、各军及晋、绥、察各省政府代表组成的战区总动员委员会(简称"动委会")在太原成立,续范亭任主任委员,南汉宸任组织部副部长。"动委会"积极配合八路军一二〇师开辟晋西北根据地,续范亭任保安司令后,"动委会"实际由南汉宸主持。1938年5月,阎锡山强行解散战区总动员委员会。不久,党中央指示"动委会"的我方同志到晋察冀边区工作,南汉宸奉命处理善后。9月,南汉宸回到延安,担任中共中央统战部副部长。不久,南汉宸到驻榆林的东北军何柱国部动员抗日。1940年3月奉中央指示又到榆林,做晋陕绥边区总司令邓宝珊的工作,后返晋西北帮助新军总指挥续范亭筹划建立行政公署和地区经济局、银行。

1941年,由于日寇的进攻和残酷"扫荡",以及国民党顽固派的军事包围和经济封锁,各抗日根据地的财政和经济遇到了极为严重的困难。中央决定南汉宸任边区财政厅厅长。为了保证供给,解决财政与发展生产所需的资本,南汉宸提出禁止法币流通,由边区银行发行边币的建议,对克服边区财政困难,促进边区生产发展,起了很大作用。

为搞好商品流通,南汉宸注意建立健全边区的税收政策。在调查研究的基础上,他主持起草了各项税务政策和粮食征收章程,改进征税征粮办法,吸收大、中、小商人参加商会领导。同时,采取与胡宗南、阎锡山部队以物易物等特殊措施,解决了陕甘宁边区的物资困难问题。

抗日战争胜利后,南汉宸被派往张家口,任晋察冀边区政府财政处处长。不久,应董必武的邀请,南汉宸到河北平山,任中共中央工委财委副主任,后又调任华北财经办事处副主任、华北银行总经理,为统一华北、西北、华东和东北等解放区的财政、经济和货币,支援人民解放战争胜利进军,做了大量工作。

1948年12月1日,中国人民银行成立,南汉宸被任命为中国人民银行行长,以主要精力投身于建立新中国金融体系的事业,如调整金融业中的公私关系和劳资关系、金融业与工商业的关系,开展金融系统的社会主义改造。

为发展对外贸易,中央决定建立中国国际贸易促进会。1952年春,周恩来派南汉宸主持贸促会工作,担任贸促会主席。南汉宸首先与日本议员接触,经友好协商签订了第一个中日民间贸易协定,打破了中日关系禁锢的局面。此后,南汉宸率中国代表团多次出访亚非各国,增进了中国人民同亚非人民的友谊。南汉宸还担任民主建国会副主任委员、党组书记,全国工商联副主任委员、党组书记,中非友好协会副会长,中日友好协会副会长。在第一、第二、第三届全国人民代表大会上,当选常务委员会委员。

"文化大革命"期间,南汉宸遭到林彪、江青反革命集团的迫害。1967年1月27日含冤逝世,终年72岁。1979年1月24日,中共中央为南汉宸平反昭雪,邓小平和中央其他领导同志参加追悼会。中共中央悼词说:南汉宸是"中国共产党的优秀党员,中国人民的忠诚战士"。

参考文献:

中共党史人物研究会编:《中共党史人物传》第26卷,陕西人民出版社,1985年。

(周　巍)

潘子欣

潘子欣(1876—1951),名志禧,字和仲,号子欣,江苏苏州人。

潘子欣之父潘澎有子女 7 人,潘子欣最小。1881 年子欣 5 岁,父亲去世,由母亲沈氏抚养管教。潘母沈氏出身江南名家,文学功底好,对子女管教甚严,1888 年去世。大伯潘蔚爱侄胜过爱子。潘蔚,字伟如,曾任福建按察使、福建布政使兼管台湾防务、湖北布政使、湖北巡抚、江西巡抚,1884 年出任贵州巡抚,潘子欣随其前往贵州。潘蔚对子侄们管理非常严格,把他们安排在巡抚衙门中读书,并派亲兵每日在操场上教他们学习打拳、骑马、射箭等。1891 年,潘蔚辞职回归乡里,潘子欣随其回到苏州。

1893 年,17 岁的潘子欣完婚,开始独立生活。潘子欣特立独行,不拘小节。1902 年在苏州第一个剪去辫子,惹得族人大愤,但他依然我行我素。不久,他携夫人一同去日本东京高等蚕丝专门学校留学。赴日留学期间,潘子欣结识了秋瑾,并受其影响。学成回国后,潘子欣应学部考试,获得举人头衔,被派到顺天府黄村农务学堂做教习,他的夫人当时亦在北京学部官立的女子师范讲习所做教习。

1909 年,潘子欣得即用知县衔,分发到直隶天津,自此迁居天津生活。1917 年,潘子欣与天津著名实业家范旭东等人一起创办塘沽永利碱厂。1922 年,潘子欣与天津美丰洋行买办兼三北轮船公司华北总经理李正卿,租用瑞士人鲁伯那的地皮,兴建国民饭店。投资方式是先租地造房,交外商经营,分 15 年全部收回资金和利润,然后产权归经营者所有,这种投资方式为当时国内所罕见。1923年国民饭店建成开业，是当时天津为数不多的高档饭店之一。饭店开业后不久，潘子欣以55000元的价格从李正卿手中接兑过来，自任董事长，开始独自经营。1929年，他与陈调甫一起集资创办永明油漆厂，生产"飞艇牌""仙鹤牌""灯塔牌"油漆。他还投资火柴生产等实业，成为天津活跃的实业家。

潘子欣善于交际，待人接物有其独到之处。潘子欣久居天津，皇室遗老、北洋军阀、特务汉奸，三教九流无所不交。他乐于为人排忧解难，被北方人称为"潘七爷"。他在调解纠纷中与帮会人物逐渐熟识，结识了不少帮派中的头面人物，且交情深厚，经常出入帮派之间，人们误认为潘子欣也是帮会中人，其实他不入帮，也不收弟子。遇到有求于他的人，潘子欣来者不拒，事成之后也不接受酬金。潘子欣逐步在天津树立起了地位和威望，天津各帮派都要买"七爷"面子。他与袁世凯次子、青帮"大"字辈袁寒云来往最为密切。上海三大亨——杜月笙、黄金荣、张啸林经常托他处理北方的各种事务，上海青帮中的人出了问题，通过潘子欣均能在天津落脚，上海三大亨对潘子欣很尊重。

20世纪30年代初，罗隆基应南开大学之聘担任政治学教授，并兼任天津《益世报》主笔，经常撰文批评蒋介石。1933年7月，蒋指派4名特务前往天津狙杀罗隆基。特务们到天津先谒见潘子欣，说明来意后，潘敷衍特务，表示不认识罗隆基，需要考虑一下再行答复。潘子欣把特务送走后，立即派人到罗隆基在天津英租界贵州路津中里的住处通风报信。潘子欣敬慕罗隆基不避安危、力主抗日的文人骨气。他的目的是拖延时间，稳住刺客，让罗早行躲避。

潘子欣作为留日归国的实业家、社会活动家，非常受日本驻天津领事的重视。1933年，日军妄图袭击天津警备司令部，潘子欣事先得知，密告天津当局早作准备，日军未能得逞。1935年春夏之交，潘子欣与"中华民族复兴社"（又名"蓝衣社"）特务处处长戴笠取得了联系，日本宪兵队探知后，开始派特务监视他的行动。潘子欣在各帮弟兄的协助下，星夜化装逃往上海。

1937年"八·一三"淞沪抗战爆发后,潘子欣和敌伪一些人物亦多有往来,他的朋友中也有各界爱国人士。上海沦陷后,封锁甚严,潘子欣寓所成为中共地下人员秘密接头地,直到抗战胜利。解放战争期间,他多方营救被捕的中共地下工作者。解放后,上海市副市长潘汉年亲自登门拜访潘子欣,上海军管会也对他的生活给予多方照顾。1950年,潘子欣的旧病肺结核复发,急需盘尼西林针剂,当时此药完全依赖进口,不但价格昂贵,而且市上有价无货,上海军管会想方设法将药送来。

1951年1月,潘子欣因病医治无效逝世,终年75岁。

参考文献:

张绍祖:《"奇才"潘子欣:天津"杜月笙"》,《天津政协公报》,2009年第3期。

顾荣木:《回忆舅公潘子欣》,载上海市政协文史资料编辑部编:《上海文史资料选辑》,2002年第2期。

潘家怡、任嘉尧:《关于潘子欣生平的几点补充》,载苏州市地方志编纂委员会办公室、苏州市政协文史委员会编:《苏州史志·资料选辑》,2000年。

徐傅霖:《潘子欣》,载苏州市地方志编纂委员会办公室、苏州市政协文史委员会编:《苏州史志·资料选辑》,1999年。

（高　鹏）

饶毓泰

饶毓泰（1891—1968），名俭如，字树人，江西临川人。饶毓泰的父亲饶之麟是清朝举人，拔贡生，曾任户部主事，其母余娥之。幼年时期，其父教他国学。1905 年，14 岁的饶毓泰只身来到上海，就读于中国公学。当时，胡适正在这个学校读书，后来中国新公学成立，由于缺少教员，该校聘请胡适担任教员。不久，饶毓泰转到中国新公学读书，胡适曾经教过其英语。

饶毓泰毕业后回到江西，于 1912 年担任江西临汝中学英语教师。1913 年 2 月，饶毓泰考取了江西省公费留学，远渡重洋去美国求学。最初在加州大学，后到芝加哥大学学习物理学，并于 1917 年获得了学士学位。此后，饶毓泰转到普林斯顿大学，在 K.T.康普顿教授的指导下，从事气体放电的研究。当时，这个研究方向是物理学界研究的前沿。1920 年，饶毓泰与朱毅农结婚。1921 年，饶毓泰获美国普林斯顿大学硕士学位，1922 年 6 月获得该校授予的博士学位。他的博士论文《关于水银蒸汽的低压弧光和它对荧光的影响》发表在当年美国的《物理评论》上，这是当时气体导电研究的一项新成就。

1922 年初，饶毓泰在美国攻读博士学位时，就接到南开大学校长张伯苓的聘请。获得博士学位两个月之后，他在 8 月份回国任南开大学教授兼物理系主任，还兼任南开大学理学院院长，成为南开大学物理学的创建人。任教南开期间，饶毓泰开设普通物理、分析力学、初步光学等课程，采取启发式教学方法，讲课时既突出重点和基本概念，同时辅以科学史论证,使学生获益匪浅。他注重将教学与科研相结合,将最新研究成果融入教学,讲稿几乎每年修改。

饶毓泰十分关心人才的发现与培养,对青年人多予鼓励和帮助,在南开大学任教期间培养了一批人才。当时,南开大学数学、物理、化学等系学生,很多曾受教于饶毓泰,多人成为后来的国内外知名学者,如刘晋年、江泽涵、申又枨、吴大猷、吴大任、陈省身、郑华炽等。

1929年,饶毓泰利用学术休假的机会,并得到中华教育基金会的资助去德国留学,先后在莱比锡大学和波兹坦天体物理研究所从事科学研究。1931年他与朱毅农离婚。1932年8月,饶毓泰由德国归来,先在北平研究院物理学研究所任专职研究员,次年6月受聘于北京大学,任研究教授、物理学系主任,兼任理学院院长。饶毓泰还是当时中国物理学会常务副理事长、《中国物理学报》编委。

饶毓泰在北大除了亲自给学生讲课和指导实验外,还制定计划,采取一系列措施,加强了教学和科研工作。他特别重视实验室建设和开展实验研究工作,与吴大猷、沈寿春等人开展了斯塔克效应和喇曼光谱等研究工作;建立了金工车间,利用进口摄谱仪的光学元件自制大型摄谱仪一台。当时系里教师少,教学任务繁重,饶毓泰就同时讲授两三门课。饶毓泰强调高等学校的教师一定要做科学研究,坚持教学和科研并举不可偏废。在他的领导下,系里教师积极从事科学研究,在分子光谱理论和光谱学实验研究等方面收获了不少有价值的成果。在教学上,他重视演示实验,并决定把原北大理学院的一个小礼堂改为阶梯教室,建立了演示实验室。1937年5月底,被誉为"现代理论物理大师"的丹麦物理学家N.波尔来北大演讲。据郑华炽教授回忆,演讲前N.波尔参观了物理系的实验室,他看到我国竟能制造这样大型先进的光谱仪,并能拍照出984谱线时,给予了很高的评价。1934年,饶毓泰与张因明女士结婚。

抗日战争时期,清华大学、北京大学和南开大学在湖南长沙组成长沙临时大学,后来在昆明组成西南联合大学,饶毓泰先后担任长沙临时大学和西南联合大学物理学系主任、理学院院长。饶毓泰患有胃溃疡病,胃痛经常折磨着他。饶毓泰的爱妻张因明女士又在上海感染伤寒,终因医治无效而不幸逝世。面对种种困难和痛苦,怀着对亲人深切又痛苦的思念,饶毓泰始终坚持在第一线,领导全系教师认真教学,并进行科学研究。饶毓泰住在离校很远的乡间,交通又不便,他只能坐农村的马车或步行到校上课或办公,还亲自讲授"光学"和"光的电磁理论"等课程。他主张在艰苦的条件下也不要放弃科研,教师把棱镜装置在木架上拼凑一台光谱仪就进行喇曼效应实验研究。他严格督促青年助教写出论文,有的在《中国物理学报》或美国《物理评论》发表。饶毓泰一如既往地关爱学生。去上海看女儿还替老学生吴大猷校对专著《多原分子的结构及其振动光谱》,该书获丁文江奖金并饮誉海外;他关怀流落在沦陷区北平的研究生虞福春,帮助虞福春辗转抵昆明任教;为了扶植物理学后起之秀黄昆,他设法腾出编制,聘其为助教。

1944 年饶毓泰自费赴美国,先后在麻省理工学院、普林斯顿大学和俄亥俄州立大学工作,历时 3 年。1947 年初回国后,受北京大学校长胡适的聘请,任北京大学教授、理学院院长,兼任物理学系主任。1948 年,饶毓泰教授当选为中央研究院院士。北平解放前夕,胡适多次找到饶毓泰,力劝他跟随国民党南下,但饶毓泰始终不改初衷,仍要留在北平,迎接解放。

新中国成立后,饶毓泰积极投身于新中国的科学和教育事业。1952 年全国高等院校进行院系调整。这时饶毓泰已年逾花甲,加之长期患有胃溃疡,身体虚弱多病,医生只允许他半日工作。虽然他不再担任领导职务,但仍然时刻关心物理学系的工作,并亲自参加光学专门组的建设,使北京大学物理学系光学专门组成为我国最早成立的光学专门组之一。1955 年,饶毓泰当选为中国科学院首批学部委员,他还是全国政协第二、第三届委员,第四届全国政协常委。

1966 年"文化大革命"开始不久,党中央通知北京大学,明确地指示:饶毓泰同志是保护对象之一。但饶毓泰仍遭到打击和迫害。1968 年 10

月,饶毓泰在京去世,终年 77 岁。粉碎"四人帮"后,1978 年 9 月 7 日,在北京八宝山革命公墓礼堂,为饶毓泰举行了隆重的追悼会。

参考文献:

范群:《中国现代物理学奠基人饶毓泰》,载南开大学办公室编:《南开人物志》,南开大学出版社,1994 年。

白金骙:《中国现代物理学奠基人饶毓泰》,载天津市政协文史资料委员会编:《近代天津十二大自然科学家》,天津人民出版社,2011 年。

（张绍祖）

阮务德

阮务德(1914—1939),曾化名张德民,1914 年 3 月 24 日出生于河北省山海关一个教会家庭。阮务德的父母都是知识分子,曾参加过辛亥革命,他幼年经常听父母讲辛亥革命的故事。在长辈的影响教育下,他幼小的心灵便播下了爱国主义的种子。

阮务德 1922 年起上小学、中学,在校属于品学兼优的好学生。1933年春,日军占领热河,大片国土沦丧于日本侵略者的铁蹄之下。此时,阮务德正值高中毕业,他由山海关逃到天津,后考入天津河北省立法商学院大学部的法律系。在该院任教老师、地下党员杨秀峰等的指导下,阮务德积极参加进步学生组织的"经济学会""政治学会"和"时事座谈会"等群众性团体,积极开展抗日救亡宣传活动。由于工作出色,当选为学院学生自治会的负责人之一。同时,阮务德还利用法商学院学生会负责人的身份,帮助汇文中学成立抗日救亡的学生自治会,后来这里成为天津市学联开会的秘密地点之一。

1935 年"一二·九"运动爆发后,天津各院校代表立即召开联席会议,确定在 12 月 18 日举行天津市学生游行。12 月 18 日下午,游行队伍在南开中学操场召开全市学生大会,宣布成立"天津市学生联合会",阮务德参加了学联的工作,主要负责联络工作。1936 年初,阮务德经学联党团工作负责人朱纪章介绍加入中国共产党。入党后,阮务德深入各院校联络,对青年人进行耐心的教育和培养,为党在天津开展抗日救亡运动发展壮大了骨干队伍。

1936年,根据北方局的指示,天津党组织决定再次组织学生和群众示威游行,壮大抗日力量,打击日本帝国主义的侵略气焰。5月28日,天津学生和各界群众在党组织的领导下,走上街头,高呼抗日口号,展现了爱国群众的伟大力量。在游行中阮务德发表了演讲,号召各界群众加强团结一致对外。在官银号召开了市民大会,会议通过了《反对华北特殊化》等议案,并宣布从次日起全市学生罢课三天。后游行队伍前进到南开中学操场,阮务德又发表演说,阐述了此次游行示威的重大意义,号召为抗日救国努力奋斗。"五二八"大游行后,阮务德负责天津学联的工作。

由于阮务德经常活动在天津各大中学校,又在公开场合露面,遭到了反动当局的监视。1936年10月下旬,阮务德被市公安局传讯。学生会、学联闻讯后立即组织营救。反动当局惧怕事态扩大,将阮务德等秘密押往北平监狱。阮务德在狱中经受各种酷刑,坚持斗争300多天,1937年七七事变后,经党组织多方营救才被释放出狱。出狱后,他参加了北平西山抗日游击队。在一次战斗中,阮务德腿部受伤,他化名张德民辗转多地养伤,同时坚持向群众宣传抗日道理。

1938年7月,阮务德参加冀东抗日武装暴动,在冀东抗日联军第五总队政治部工作。1939年初,第五总队一、二支队与滦县南部一带暴动队伍高志远部会合后攻下乐亭县城。后阮务德担任二十三总队政治部主任,由于他平易近人,讲求工作方法,关心同志、深受干部战士的敬佩。11月初,抗联二十三总队奉命返回丰(润)滦(县)迁(西)地区坚持游击斗争,当部队进驻滦县的东安河和杨庄附近时,与日伪军遭遇。8日,在率领部队从东安河村突围战斗中,阮务德壮烈牺牲,年仅25岁。战斗结束后,当地人民在掩埋烈士遗体时,发现在阮务德身旁有一堆纸屑,那是他在生命最后一息,忍着伤口剧痛销毁的身上携带的文件和名册。

参考文献:

中共天津市委党史资料征集委员会编:《天津抗日英烈》,天津古籍出版社,1995年。

(孟　罡)

盛宣怀

　　盛宣怀(1844—1916),字杏荪,又字幼勖、荇生、杏生,号次沂,又号补楼,别署愚斋,晚年自号止叟。江苏武进人。1844 年 11 月 4 日,盛宣怀出生于常州武进县一个官僚地主家庭。1860 年 2 月,太平军将至常州,盛宣怀随父母逃往江阴长泾镇,再逃至盐城。1862 年,盛宣怀之父盛康任湖北盐法道。1866 年,盛宣怀与二弟一起回武进县应童子试,双双入泮,补县学生。1867 年,盛宣怀乡试落第,意颇怏怏。

　　1870 年,盛宣怀经杨宗濂推荐,投入李鸿章幕下,任行营内文案兼充营务处会办。由于盛的父亲和李的关系深厚,盛宣怀迅速取得李的信任。同年秋,李鸿章调任直隶总督,自此以后,盛宣怀不断受到李鸿章提拔。

　　盛宣怀是李鸿章兴办洋务的得力助手。早在 1872 年,盛宣怀建议李鸿章用建造商船经营航运来提供建造兵舰的费用,被李鸿章采纳。李鸿章委任盛宣怀办理中国第一家轮船航运企业——轮船招商局,这是盛办理轮船航运的开始。同年,盛宣怀拟定中国第一个集商资商办的《轮船招商章程》。1873 年,轮船招商局正式营业,盛宣怀担任会办。从此他开始正式成为清末洋务运动的核心人物之一。

　　1875 年,李鸿章又委任盛宣怀办理湖北煤铁矿务,盛宣怀在湖北广济盘塘设立"开采湖北煤铁总局",雇英国矿师郭师敦查勘湖北煤铁矿藏。1877 年 7 月,郭师敦等勘得大冶铁矿。11 月,盛宣怀赴黄石港会同大冶知县林佐等,对铁山土地产权进行详勘。盛宣怀又自民间购得部分铁山土地产权,准备在黄石港东吴王庙旁(今沈家营)设炼铁厂,后因经费难筹,未获李鸿章批准。1879年,盛宣怀任天津河间兵备道。1880年,盛宣怀向李鸿章建议仿照轮船招商局办法筹办中国第一个电报局——天津电报局,次年被派为电报局总办。1886年,盛宣怀任山东登莱青兵备道兼东海关监督,创办中国第一个山东内河小火轮公司。

1889年8月,张之洞决定将原准备在广东兴建的炼铁厂迁至湖北。适逢盛宣怀以事谒见张之洞,言及炼钢之事。张之洞提到尚无铁矿,盛宣怀当即表示愿将原在大冶购得之铁山矿交给张之洞开办。1889年底,盛宣怀又和张之洞面谈开办铁矿事宜,为张之洞出谋划策。张之洞遂兴建汉阳钢铁厂,开办大冶铁矿。大冶铁矿于是成为中国历史上第一座用机器开采的大型铁矿。

1892年,盛宣怀任直隶津海关道兼津海关监督。1895年10月2日,盛宣怀通过直隶总督王文韶,禀奏光绪皇帝设立新式学堂。获准后成立天津北洋西学学堂,后更名为北洋大学,此为中国近代史上的第一所官办大学,也是天津大学的前身。北洋大学堂创建后,盛宣怀秉承"事事研求"的宗旨,不断丰富和完善"中学为体,西学为用"的办学方针,形成了"西学体用"的思想理念。他聘请美国教育家丁家立具体掌管大学堂,并聘请了一批外籍教员。针对当时清王朝在处理内政外交上急需熟悉法律的人才,以及急需开发矿业资源、发展机械加工业的实际,开设了法律、土木工程、采矿冶金、机械工程等学科。盛宣怀注意因材施教,培养专门人才。学生入头等学堂先学习第一年基础功课,学完后由总办、总教习考察每一个学生的资质,酌定今后的学习内容,即便是出国留学,也要根据每人的资质,选其专门学科去深造。

1896年,盛宣怀任芦汉铁路公司督办,接办汉阳铁厂、大冶铁矿,奏设南洋公学(交通大学前身)于上海。1897年,盛宣怀创建中国通商银行。1904年春,盛宣怀在上海创办红十字会,并被清政府任命为中国红十字会第一任会长。

1908 年,因汉阳铁厂受制于日本而无法获利,盛宣怀遂将汉阳铁厂、大冶铁矿、萍乡煤矿合并,成立汉冶萍煤铁厂矿有限公司,盛宣怀被荐举为公司总经理,并在冶、萍两矿设总办,与汉阳铁厂鼎峙而三,广招商股,以解决扩大生产的资金。1909 年,盛宣怀鉴于"商业振兴,必借航业,航业发达,端赖人才",在南洋公学增设航政科,办航海一班,后于 1912 年独立成为吴淞商船学院,为今大连海事大学、上海海事大学前身。

1912 年初,盛宣怀在日本看到民国政府需款作军费,便以中日"合办"汉冶萍公司的办法取得日本借款,与民国政府搭上关系。盛宣怀与日本垄断财力秘密策划,民国政府分别在神户和南京同三井财团和正金财团签订两个性质相同的汉冶萍中日"合办"草约。2 月 12 日,盛宣怀从日本正金银行提取 300 万日元借款,把这笔钱的一部分转入三井洋行,又通过三井洋行转给南京政府约 250 万日元。消息传出,举国哗然。盛宣怀在人民的强大压力下,被迫同意废约,并辞去汉冶萍公司总经理职务。

1913 年 5 月,盛宣怀又出任汉冶萍公司董事长,重新掌握汉冶萍公司大权。盛宣怀根据 1909 年第一届公司股东大会的决议,着手兴建大冶铁厂,扩大生产规模。为解决基建资金,盛宣怀于同年 12 月 2 日,与日本制铁所、横滨正金银行签订 5 个合同,以汉冶萍公司全部财产作抵押,借款 1500 万日元,其中 900 万日元用于兴建大冶铁厂,600 万日元偿还日本旧债,订明用头等矿产 1500 万吨、生铁 800 万吨供给日本,作为偿还之用,40 年为期。这些合同使日本制铁所将汉冶萍公司的经营管理权完全控制在手中,汉冶萍公司逐步走向没落。

1916 年 4 月 27 日,盛宣怀在上海病逝,终年 68 岁。有《愚斋存稿》

100 卷及《盛宣怀未刊信稿》等存世。

参考文献：

夏东元:《盛宣怀传(图文版)》,上海交通大学出版社,2007 年。

宋路霞:《盛宣怀家族》,上海科学技术文献出版社,2009 年。

上海图书馆编:《上海图书馆藏盛宣怀档案萃编》,上海古籍出版社,2008 年。

盛承洪主编,易惠莉编著:《盛宣怀与日本——晚清中日关系之多面相》,上海书店出版社,2014 年。

李新等主编:《中华民国史·人物卷》,中华书局,2011 年。

（王 进）

史俊生

史俊生(1913—1981),天津静海人。1913 年 7 月 7 日,史俊生出生在静海县杨官屯一个贫苦农民之家。15 岁时他只身来到天津醉春园饭庄学徒,从此走上了一生为之奋斗的厨师生涯。

史俊生聪明好学,待人宽厚,深得师傅们的喜爱。从打杂到初通刀工切配,前后一年之余,史俊生了解和熟悉了厨房的各方面。他不满足于每天切切配配,立志要做一名掌勺厨师,于是来到天津朝阳饭庄学习炒菜。每天起早贪黑,为师傅们做好落桌的辅助工作,然后紧随师傅们的左右,随时听候支使,还善于捕捉师傅们的每个动作、每个眼神,半学艺、半偷艺,谨慎小心,不敢出一点小错。师傅看到他勤快利索,也愿意教他一些技术,从颠勺、翻勺练起,到简单的炒菜,寒来暑往苦练不辍,初步掌握了一些烹饪技法,为日后厨师生涯打下了坚实的基础。

1931 年,史俊生为掌握更多技能,慕名来到慧罗春饭庄,拜在津门名厨牛宝山门下。牛宝山为"八大成"传人,身怀绝技,驰骋天津烹坛多年,满汉全席、南北大菜皆能,本帮津菜更是精道,厨艺享誉津门。史俊生仰慕牛宝山厨艺,对牛宝山的厨艺心慕承追,每天形影不离,尽弟子之礼,在师父的指导下技术猛进,练就了一身过硬的勺工。史俊生翻勺舒展大方,左右开弓;颠勺轻巧灵动,前后左右四面开花,尤其是带火彩的步步高,更是令人叹为观止。这些技巧并不是随意卖弄,而是根据不同菜品的火候需要而采用不同的技巧,技巧要服务于菜品。这时的史俊生不论是

228

对津菜的理解还是技法的掌握都上升到一个高度。

牛宝山看到史俊生孺子可教，日后必能传承自己的技艺，于是将平生所学传授给史俊生。每天有时间就向他传授新知识，从原料鉴别到发制，从原料属性到烹制，从简单的八大碗到参鸡席，从鸭翅席到满汉全席。师父每天传艺不倦，徒弟学习也如饥似渴。每当有重要客人，师父都会站在史俊生身边指导操作。如遇到老食客，师父还会前去向客人致意，把史俊生介绍给客人，请客人点评，请客人常来捧场。如此抬举爱徒，令史俊生深为感动。师父的人品和厨德使史俊生受益终身，也为史俊生日后成为一代德艺双馨的烹饪大师树立了榜样。师徒间建立了深厚的情意。

在餐饮界崭露头角之后，史俊生从慧罗春辞职来到便宜坊饭庄，在便宜坊大展身手。便宜坊一时生意火爆，顾客盈门。史俊生是一个外表温顺、内心好强的人，他敏而好学，从不自满，深知艺不压身的道理，故在自己的技艺达到一个高度时都会回过头来看看走过的路，检查一下自己的不足。后来他又辞去了便宜坊的主厨，来到恩来顺回民饭馆，从头学起了清真菜的制作，在这里放下身段，拜人为师，很快就掌握了清真菜的烹饪技法和全羊大菜。

1938年，史俊生受同乡辛秀普之邀来到中立园饭庄，史俊生的到来使名不见经传的小饭馆一下火爆起来。他推出独具津门特色的美食，如麻栗野鸭、软硬飞禽、坛子肉、油盖烧茄子、炒清虾仁等几十种菜式，菜品应时到节、味美价廉，一时中立园名传津门，吸引了一批社会名流前来就餐，成为常客。

1956年公私合营，史俊生奉调到地处天津鸟市的大众食堂工作。这里是天津最早的美食街，史俊生凭借高超的厨艺为这里的食客奉献出一道道传统美食，得到这里讲吃、懂吃的食客们的敬佩。1963年，为加强红旗饭庄的技术力量，扩大红旗饭庄知名度，史俊生被调入红旗饭庄，为饭庄增添了大量菜品，许多菜品成为红旗饭庄的看家菜，如烧肉、软熘鱼扇、饝蹦鱼、官烧鱼条、烹虾扁、炸熘飞禽、脱骨鸡、脱骨鱼等。史俊生在这里培养了许多弟子,其中多人已成为津菜大师。

史俊生以手头麻利、动作潇洒为人称道,菜路宽广,精通津菜、清真菜,旁通鲁、湘、京菜,有"活菜谱"之称。南北大菜、陆海山珍无所不精,其脱骨鸡、脱骨鱼堪称一绝。其勺工无人比肩,精于爆、扒、熘、炒、烧等技法,代表菜有红扒鸭子、扒鱼翅、溜黄菜、玉带鱼、溜鱼扇、溜鱼腐、爆肚仁等;其烹调特色鲜明,突出原料本味,口味中正平和,回味无穷,菜品中规中矩,被誉为津菜圭臬。

史俊生于 1958 年加入中国共产党,曾任红旗饭庄党支部委员,红桥区饮食公司党委委员。从 1958 年至 1965 年连续 7 年被评为天津市劳动模范,多次被评为河北省及天津市先进工作者。

1981 年 6 月 16 日,史俊生逝世,终年 68 岁。

参考文献:

天津市政协文史委编:《近代天津名厨》,天津人民出版社,2017 年。

(吴玉书)

史绍熙

史绍熙(1916—2000),本名史绍华,江苏宜兴人。史绍熙于1916年8月出生在宜兴县官林镇义庄的一个三世同堂的普通农家。1921年,5岁的史绍熙入私塾,受启蒙教育,7岁入浒渎庵初小,1927年上官林镇高小。1929年先考取宜兴中学,后又考入著名的无锡中学,更名绍熙。1932年初中毕业,考入常州中学,1935年高中毕业。当年他考入北洋大学机械工程系。1937年暑假回乡探亲期间,得知七七事变爆发,无法返津回校上课,遂参加了家乡组织的青年抗日救亡宣传队,经安庆至武汉,后知母校内迁,急奔赴西安完成未竟学业。1939年以全班第一名的优异成绩从北洋大学机械工程系毕业,获学士学位并留校任教。

1939年至1945年间,史绍熙先后在西北工学院、四川铭贤学院和武汉大学任教。1945年,史绍熙考取公费留英,入英国曼彻斯特大学研究生院深造。他不仅学习成绩优异,而且在研究中提出了一些新的论点和概念,受到导师Gibson教授的推荐,直接攻读博士学位。1949年7月,史绍熙以《测量内燃机空气消耗量及其它脉动气流用层流流量计的研究》为题,通过了博士学位论文答辩,获英国曼彻斯特大学博士学位。文中首次推导出了在平行平面间周期性、脉动式层流运动的通用速度分布方程,从而解决了自20世纪30年代出现层流流量计之后一直悬而未决的理论问题和设计问题。这一成果受到伯明翰大学著名教授Mucklow和吕卡图研究所著名内燃机专家Alcock等的高度评价,并为英国内燃机界所重视。

1949年至1951年，史绍熙受聘为英国威尔士大学斯旺西学院研究员，继续从事内燃机的研究，并在英国《工程》杂志上发表了《稳定流及脉动流的临界雷诺数》论文，进一步引起了国际上的瞩目。斯旺西学院的教授劝他加入英国籍，曼彻斯特大学的教授也推荐他到美国麻省理工学院任教。1951年，史绍熙放弃了优越的物质生活和工作条件，谢绝各种挽留与劝阻，几经周折，返回祖国。他先到武汉大学任教，随即接受母校的邀请，到天津大学任教授。

1952年至2000年间，史绍熙历任天津大学教研室主任、系主任、副校长和校长。自1951年回国创立并领导天津大学内燃机专业以来，他又先后创建领导了天津内燃机研究所、天津大学热能研究所、内燃机领域及燃烧学领域中第一个国家重点实验室——内燃机燃烧学实验室，以及国内第一个内燃机学科方面的博士后科研流动站。

1953年5月，史绍熙与曲贤敬女士结婚。曲贤敬女士亦毕业于北洋大学，曾任部属企业的总工程师和大学科研处处长。她品学兼优，性情温厚，工作上颇有建树，对史绍熙的事业和生活也给予了巨大的支持和帮助，使其得以将全部精力集中于教育与科学事业。

史绍熙于1956年加入中国共产党，曾当选为党的第十一次、第十二次全国代表大会代表。

1979年至1986年，史绍熙在担任天津大学副校长、校长期间，承上启下、开拓创新，在改革开放中引领天津大学进入一个全面发展的新时期，引领中国大学探索具有中国特色的科教兴国和创新发展之路。在他任职期间，天津大学不仅取得了长足的进步，并且他所提出的把学校办成一所多科性、综合性大学的办学思想，为后来学校的建设与发展奠定了十分重要的基础。在他任职期间，天津大学成立了研究生院、管理学院、石油化工学院、石油化工技术开发中心，成立了材料科学与工程系、物理系、化学系、数学系、力学系、外语系、人文与社会科学系。天津大学由一所多科性工科大学,发展成为初具规模的以工科为主,理、工、文、管相结合的综合性大学。他对科研工作的领导与重视,加速了学校科研工作广泛而深入的开展,推进了学校向"教学、科研两个中心"发展的进程。他倡导"严谨治学""从严治校"精神,提出发扬北洋大学的光荣传统和优良作风,对树立良好的教风与学风起了积极作用。后被聘为一级教授,并当选为中国科学院学部委员。

史绍熙还在国内外担任着许多重要职务。他曾担任中国工程热物理学会副理事长、代用燃料分会理事长,中国内燃机学会理事长、名誉理事长,国际内燃机学会领导小组成员、常务理事和学术委员会委员,国际燃烧学会中国分会主席,中国科学技术协会全国委员会委员,天津市科协主席、名誉主席,中国高等学校工程热物理研究会理事长,中国大学内燃机学科组主席,中国汽车工程学会名誉理事,等等。

史绍熙还是国务院学位委员会工程热物理学科评议组组长,中国自然科学基金委员会工程热物理与能源利用学科组组长,中国自然科学奖励委员会委员,国家科学技术委员会工程热物理学科组常务副组长与机械学科组成员,国家教育委员会科学技术委员会委员兼机械工程及工程热物理学科组组长。同时,史绍熙还受聘兼任江苏工学院、安徽工学院和山东工业大学名誉教授,华中理工大学和华南理工大学兼职教授,北方交通大学和洛阳工学院顾问教授,以及美国世界开放大学研究生指导教授。

史绍熙于 1959 年获天津市及河北省先进工作者称号;1960 年获全国先进工作者称号;1961、1980 年两次荣获天津市劳动模范称号;1978 年获全国科学大会先进工作者称号,并获天津市科学技术一等奖;1982 年获国家发明二等奖;1986 年又获国家教委科技进步二等奖;1987 年获英国威尔士大学斯旺西学院荣誉院士称号;1988 年获世界文化协会"爱因斯坦"科学奖状;1990 年获国家教委和国家科委联合授予的全国高等学校先进工作者称号和国家计委、国家教委与中国科学院联合授予的先进工作者称号,同年又获中国科学院荣誉证章。

自 20 世纪 80 年代以来,史绍熙被英国剑桥国际传记中心(IBC)和美国传记研究院(ABI)等传记中心及其他国内外多家传记出版单位列入世界名人录和名人传记专著。

2000 年 9 月 16 日,史绍熙在天津病逝,终年 84 岁。

参考文献:

史连佑、王仁仲、尹明丽:《中国科学院学部委员 内燃机、燃烧学专家史绍熙教授》,载左森主编:《天津大学人物志》,天津大学出版社,1993 年。

王仁仲:《史绍熙传略》,载左森、胡如光编:《北洋大学人物志》,天津教育出版社,1990 年。

王杰:《著名内燃机及燃烧学专家史绍熙》,载天津市政协文史资料委员会编:《近代天津十二大自然科学家》,天津人民出版社,2011 年。

（张绍祖）

孙奂仑

孙奂仑（1887—1956），字药墀，号庸斋，直隶玉田人。

孙奂仑生于 1887 年 1 月 22 日，祖父孙维泽，贡生，候选训导；父孙毓桂，邑庠生，候选州同。孙奂仑幼年好学，博览群书，曾到宁河县拜清室太傅高文通为师，高文通对其十分赏识，但又觉得他锋芒太露，便为其起号为"要痴"。为牢记老师的教诲，孙奂仑以此为字，并谐音改为"药痴"或"药墀"，并一度以字行。

1902 年，孙奂仑应县试入泮，就学于广平书院。成年后，孙奂仑只身到山西平遥县衙游幕。1909 年乡试开考后，孙奂仑参加考试，考中宣统己酉科拔贡。又经朝考，分发到学部供职，任主事衔。1911 年，各省咨议局在北京开联合会，孙奂仑以学部主事身份参与其事。

1912 年，孙奂仑由谭延闿推荐，应直隶省政府之聘，出任北洋铁工厂总办。①孙奂仑到任后，整顿厂务，恢复生产。孙奂仑于 12 月上报实业司司长，要求实业司知会直隶、鲁、豫、秦、晋等地各务公司、农商会，今后矿界需用机器应来北洋铁工厂采购。此举不仅为铁工厂扩大了产品销路，同时也有益于推行国货，收回利权，为该厂日后发展奠定了基础。

1913 年，孙奂仑调任乐亭县知事。当时乐亭皮影戏的演出活动十分红火，引起了孙奂仑的关注。他认为皮影戏也蕴含着教化的功能，提出

① 亦有记载为坐办、厂长或管理员。

"按其曲本删旧撰新,以期化俗移风,借以辅助社会教育之不足",着手在县劝学所内组织改良社,聘请当地知名的文化人张廷荫任社长,对乐亭皮影戏的剧本和唱腔都做了一定的改革工作,促进了乐亭皮影的发展。

1915年3月,孙奂仑调任山西,署洪洞县知事。在任期间,孙奂仑主持续修《洪洞县志》十八卷,并为之作序,地方志中开始用经纬度、图例、比例尺等要素编制地图由此志始。①北京政府内务部赞其"考据尚属精详,体例亦称完善足征"。1916年冬,孙奂仑编修《洪洞县水利志补》二卷。长期以来,由于浇灌不均,民众常起争讼之事,历任知县均未能妥善解决。孙奂仑到任后,详细询问历史沿革,考证利弊,征求图册,搜索碑碣,亲自率下属勘查全县41条灌溉渠道,绘制了全县河渠总图和37条河渠平面图,每条渠道都附有沿革叙说,将每渠所经村落、灌溉土地数目、水程期限、渠规渠例、惩罚条款等一一写清,编辑完成后付印分发。此水利志成为当地民众公正使用渠水,避免水利纠纷而人人必须遵守的一部地方法规,为当时全国唯一的一部县级水利专著,山西之水利志亦仅此一种。在洪洞任职5年,孙奂仑为当地民众办了不少实事。其间,孙奂仑为其家乡也做了贡献,他曾与孙子声共同出资,在玉田县创办一所小学,并委托村中孙钊、孙柏山等人"共任督建之役"。为了节约资金,孙钊等人从青沟庄孙氏祖茔砍伐树木,"择其成材者取以充梁柱之用",在孙氏宗祠之西建正房五间,作为教室和教员卧室,又建围墙数十丈,门楼一间,还有夫役室、厕所等。当年秋天学校开学,"子弟入学者三十余人"。1917年5月8日,孙奂仑被授予五等嘉禾章。

1919年1月13日,山西督军阎锡山将其调任阳曲县(即太原旧治)任县知事。孙奂仑在任内整饬吏治,积极推行阎锡山提出的"山西新政"。1919年,在孙奂仑的组织领导下,举行了山西省有史以来第一次学生运

① 吴传钧主编:《20世纪中国学术大典·地理学》,福建教育出版社,2002年,第192—196页。

动会。五四运动后,在孙奂仑的倡导下,北京大学、山西大学山西籍的学生和山西大学教授,募集资金,先后办起新民中学、并州中学、平民中学、三晋中学等多所中学,几年间阳曲境内创办的中学达到11所。1921年,孙奂仑支持商人刘宗法创办商营公记汽车行,在阳曲县城桥东街(即现在太原汽车站处)建起汽车站,首条运营线路由阳曲县城至太谷,客运、货运兼营,为后来太原市汽运交通的发展打下了扎实的基础。孙奂仑在洪洞、阳曲两县的政绩得到了阎锡山的认可,由孙奂仑出任冀宁道尹,负责监督财政、司法、行政。

1928年7月,河北省政府成立,在中央特派员周震麟的监督下,省政府各委员宣誓就职,孙奂仑任委员兼民政厅厅长。孙奂仑就任厅长后在河北省力主施行清乡编村、调查户口、考试官吏、厉行禁烟、剪发放足、筹办救济等政策。孙奂仑依照"山西六政"筹办各县村政,制定村制总纲,实行区、村、里、闾、邻组织制度,即所谓"施行政治必以村为基"。在清乡编村的基础上,孙奂仑有效地查清了全省普通户口。孙奂仑积极整顿吏治。他提议成立了河北省县长考试委员会,对每位县长都进行严格的考核,还按照《县长任用条例》,所有考取县长一律送到河北省训政学院接受训练,然后再注册委用。同时,孙奂仑还充分利用奖惩手段对各级官吏进行管理,派员视察各县,把全省划为14个区,委任视察主任1人、临时视察员14人。经过孙奂仑的努力,河北的吏治大为改观。根据《禁止男子蓄发、女子缠足条例》,孙奂仑派出男女检查员,对各地实行检查,并把蓄发缠足的利害编成白话文布告,以期唤醒民众自行革除陋习。经过一段时间的努力,全省十分之七八的女子均已放足,男子发辫也大部分剪掉。在孙奂仑任职的两年多时间里,河北省共剪发114万人,放足349万人,基本革除了这两项陋习。

1928年至1929年,河北省与北平、天津两特别市开始划界,孙奂仑等人负责与两市府接洽。1928年底,孙奂仑将平津划界图说呈交行政院,经审议案准。至此,天津市县并立的行政区划一直延续到1949年,而北京、天津、河北的界线一部分沿用至今。

孙奂仑对各县警察机构加以改造,将全省所有警察厅、局、处,一律改称公安局,同时设置直辖于民政厅的公安局和水上公安局。孙奂仑提出全省警察、警备队、保卫团必须统一建制、统一指挥,所有警察轮流训练,警察长官必须经考试合格方可任命。1928年,孙奂仑为了加强海上门户的防御和治安,提议创设塘(塘沽)大(大沽)公安局,强调塘大是中国领土,不容外人染指,塘大是天津对外通商口岸,必须保障正当贸易。

1930年5月至10月,蒋介石与阎锡山、冯玉祥、李宗仁等之间爆发一场新军阀混战,又称为"中原大战",蒋介石取得胜利。10月15日,阎锡山宣布下野,他所任命的晋系官员也纷纷随之下台,孙奂仑等亦于11月4日被免去本兼各职。1932年,蒋介石与阎锡山的紧张关系渐趋缓和,蒋介石乃授意国民政府于2月20日任命阎锡山为太原绥靖主任,孙奂仑被任命为太原绥靖公署参议官。同年9月1日,孙奂仑出任山西省政府委员兼山西省民政厅厅长,主持山西民政。孙奂仑到任后,对山西全省各县的吏治进行了改革,有功必奖、有过必罚,使山西省政界一片肃然。

1936年6月,孙奂仑被免去其兼任民政厅厅长职,专任省政府委员。1938年2月,孙奂仑被免去山西省政府委员职。1939年12月,任国民政府行政院秘书。1942年3月,任考试院法规委员会委员;5月任行政院铨叙部简任秘书。1948年7月29日,免去其铨叙部秘书职。1949年,孙奂仑出任考试院秘书处主任秘书。1月19日,孙奂仑请假送家眷至台湾,派傅文绮代理主任秘书之职。国民党政府迁往台湾,孙奂仑随之赴台,并出任考试院台北办事处主任。在1950年至1955年举行的考试院历届职员考绩中,孙奂仑均担任考绩委员会委员。

1956年3月29日,孙奂仑病逝于台北,终年69岁。

参考文献:

陈天锡:《迟庄回忆录》,台湾文海出版社,1974年。

孙奂仑辑:《山西省民政刊要》,1933年铅印本。

民国时期文献保护中心、中国社会科学院近代史研究所编,韩永进、王建朗主编:《民国文献类编·政治卷》,国家图书馆出版社,2015年。

何德骞、李作仁:《阎锡山幕府官员孙奂仑》,《文史月刊》2014年第5期。

（王　冬）

田　野

　　田野(1915—1942),本名赵观民,曾化名赵耕田、陈华、张健翼等。1915 年出生于河北保定一个贫苦家庭。田野幼年时勤奋好学。1930 年,田野考入保定第二职业学校,在校期间他积极组织学生开展反帝反封建斗争,成为保定市学生抗日救亡运动的重要组织者和领导者。

　　1931 年九一八事变爆发后,田野参加了保定二师等学校发起的以抗日救国为中心的学潮活动,誓言"宁可站着生活一秒,也不能跪着生活一生"。田野的革命行动,引起中共地下组织的注意,经过组织的培养,田野确立了共产主义信仰和为之奋斗的人生观。1934 年夏,田野加入中国共产党。从保定二师毕业后,他以化学分析室管理员的身份为掩护,从事党的地下革命活动。

　　1935 年夏,田野受党组织的派遣来到天津,担任河北工学院地下党支部书记,公开身份是学院助理。在中共天津市委的领导下,田野积极组织学生开展抗日救亡运动,参与领导天津工人救国会、天津各界救国会的有关工作,参与组织"海风社",用诗歌和文艺的形式开展抗日宣传,推动天津抗日救亡斗争不断形成高潮。

　　抗战全面爆发后,根据北方局的指示,河北省委决定将平津大批党员转移至敌后开展抗日游击战争,改组华北各界救国会为华北人民抗日自卫委员会。田野化名赵耕田参与自卫委员会的工作。他多次深入冀东,调查了解情况,宣传党的抗日救国主张,为开展冀东抗日暴动,创建冀东抗日根据地做准备。

冀东抗日暴动胜利后,北方局根据形势需要,决定撤销河北省委,成立平津唐点线工作委员会,以加强对城市秘密工作的领导。田野与葛琛共同负责委员会工作,田野任委员,具体负责天津和北宁路党委工作。在他的领导下,平津唐点线工作委员会积极恢复和发展党的组织,秘密开展抗日救亡运动,为配合根据地的抗日斗争做出了重要贡献。

为坚持冀东抗日斗争,创建冀东抗日根据地,1939 年 5 月田野赴冀东开展恢复和重建地方党组织的工作。他化名张健翼、陈华,到丰润、玉田、遵化一带发动群众。7 月,任中共冀热察区党委冀东分委委员,后又调往冀中,任文(安)霸(县)新(镇)武(清)联合县县委书记,开展抗日游击战争,后又赴蓟县、平谷、密云、三河领导群众抗日斗争,曾任冀东西部地委书记兼蓟(县)宝(坻)三(河)联合县县委书记。在担任县委书记期间,田野关心爱护群众,注重加强干部的革命理论和科学知识学习,严格执行党的政策,壮大抗日力量,有力地推动了各项工作和斗争的开展。在田野的领导下,经过两年左右的时间,冀东西部地区的抗日斗争形势发生了重大变化,党的组织陆续建立,抗日武装力量不断发展壮大。为提高干部的政治素质,1940 年至 1941 年,田野在蓟宝三联合县先后举办了多期干部训练班,培养了一大批革命干部和抗日骨干,为冀东抗日根据地的坚持、发展和壮大做出了重要贡献。

在主持冀东西部地委工作期间,田野始终将工作重心放在军事斗争上。他深入了解实际情况并制定战略战术,粉碎了日伪军对根据地的多次"扫荡",展示了高超的军事指挥才能。1942 年 9 月,敌人进行"第五次治安强化运动"。为保存抗日力量,避免更大的伤亡,田野按照冀东地委的部署,率领干部和游击队转移至兴隆一带山区,坚持反"扫荡"斗争。由于长期战斗和过度疲劳,田野身患重病,组织决定将田野转移至石门台村小沙峪沟窑洞治疗休养。这一消息很快被敌人获悉。19 日,300 多名日伪军包围沙峪沟,由于敌众我寡,田野将敌人火力引向自己,掩护同志们突围,不幸壮烈牺牲,年仅 27 岁。

田野牺牲后,冀东西部地区干部群众将烈士遗体埋葬在他最后战斗过的沙峪沟山坡上,1957 年迁葬于盘山烈士陵园。

参考文献:

中共天津市委党史资料征集委员会编:《天津抗日英烈》,天津古籍出版社,1995 年。

（孟 罡）

王崇实

　　王崇实(1915—1938),1915 年出生于蓟县门庄子一个教师家庭。父亲王秀冬,五四运动时期接受教育救国思想,一直在家乡从事教育工作。王崇实从小就受到良好的家庭教育,自幼颖异聪慧。他功课好,书法也好,尤其喜爱文学,爱看进步书刊。

　　王崇实在十四五岁时就开始写童话,后来写小说和诗歌。作品有《雕王的故事》《麦田里的风波》《一粒真的葡萄》《一个乡下的姑娘》《在花园门外》《转眼成人的孩子》和长诗《镜与炼》。

　　王崇实与蓟县党组织领导人李子光是表亲,从小就特别喜欢听李子光讲"打土豪"的故事。少年时代的王崇实在表哥的影响下,受到了革命的启蒙教育和熏陶。1931 年九一八事变后,日本帝国主义侵占了我国东北,并步步向南推进,冀东和华北岌岌可危。正在北平师范大学附中读书的王崇实毅然参加了中国共产党领导的反帝大同盟。王崇实积极组织学生参加校内外各种抗日活动,因此被学校开除学籍。他毫不气馁,回到家乡继续从事抗日救亡活动,不久遭到蓟县公署警察局通缉。为了躲避反动政府追捕,王崇实投奔了玉田县的亲戚,之后辗转来到唐山赵各庄煤矿中学求学,并暗中寻找党的组织。1933 年,他终于找到了唐山中共地下组织,并正式加入了中国共产党,时年仅 18 岁。

　　入党后的王崇实一面上学,一面在党组织的指导下,更加积极地从事革命工作,后被学校反动当局发现,又被开除学籍。离开学校后,党组织派他到林西、古冶一带的煤矿矿区,从事工人运动。当时,王崇实没有职业,生活无着,只能靠捡煤渣、打短工挣钱来维持生活。他同工人打成一片,向他们宣传革命思想,同他们一起组织罢工斗争。在罢工活动中,王崇实很快成为工人兄弟的知心朋友,活动范围也逐渐扩大。后来,王崇实还进入天津,在天津的书店、报馆谋到工作,积极参加天津文化战线的斗争,并秘密领导工运工作。

1936年,王崇实接受党组织的委派,回到家乡,以教书为掩护开展抗日救亡工作。七七事变后,蓟县被日军侵占。为了发动群众开展抗日救亡斗争,发展党的组织,王崇实从蓟县东部一区门庄子、瓦岔庄开始,向西向南发展,二区朱华山、太平庄、沿河,六区清池、别山,七区下仓,五区泗溜,四区新集、段甲岭,三区盘山塔院,以及蓟县城内,到处都有他的足迹,活动范围几乎遍及蓟县整个城乡。其间,为了扩大和发展抗日队伍,他还积极贯彻党的抗日民族统一战线政策,与表兄李子光一起,通过登门拜访和深入细致的思想工作,争取团结了一区民团团总秦化南、旧军人商香阁、三区民团团总王景轩等接受党的领导,主动率部投入抗日救亡洪流。后来这些人不仅成为蓟县抗日大暴动的骨干,有的还成为抗日民族解放斗争重要领导人。

由于王崇实杰出的工作才能,1938年4月,中共河北省委任命其为蓟县县委书记。此后,王崇实领导全体党员在基本群众和上层士绅、伪职人员中发展救国会员,建立抗日救国会组织,准备抗日武装暴动。

7月,冀东抗日武装暴动开始后,王崇实立即配合行动,组建了抗日联军第五总队,商香阁任总队长,王崇实任政治部主任。随后,王崇实带领五总队一部,向别山六区、下仓七区一带发展,摧毁日伪区村政权,宣传抗日,收集枪支,筹备粮款,扩大队伍。不久,王崇实与六总队取得联系,共同组建了第五总队军事委员会,并担任军委会成员。7月底,王崇实带领五总队一部与十六总队、十八总队、三区队等抗日队伍,配合八路军四纵三十三大队攻克蓟县县城。战斗中,王崇实身先士卒,冲锋在前。王崇实经常说,共产党员应该吃苦在前,享受在后,要抗日就不能怕牺牲。

　　1938 年 8 月 16 日,王崇实带领五总队一部、六总队、十六总队等抗日队伍,转战蓟县东部一带,攻克了彩亭桥伪警察分局。随后,又带领抗联队伍向玉田进军,配合洪麟阁部攻克了玉田县城。17 日,抗联回师攻克了别山镇伪警察分局。当晚,抗联各个队伍都驻在了别山镇。次日凌晨,伪满洲军甘珠尔扎布支队骑兵第五团,日军石川部队、山炮小队前来"围剿"抗日联军。王崇实得到情报之后,立即下令抗日联军各部撤退。但是,因为抗日联军一部没有接到通知,被日伪军包围。王崇实撤出别山后,发现抗联还有一部没有撤出来,立即率领抗联队伍回头解救被围的部队。经过激烈战斗,被包围的抗联队伍终于被解救出来了,随后向西北的翠屏山一带撤退。但是,伪满洲军甘珠尔扎布支队却紧追不放,尾随其后。王崇实指挥抗日联军一边阻击,一边撤退。来到翠屏山东部的普陀山下,王崇实率领抗联战士抢登普陀山的制高点,准备居高临下阻击日伪军。伪满洲军见抗日联军登山据守,不明底细,不敢贸然进攻,远远地向山上的抗日联军开枪开炮。此时,王崇实布置好队伍之后,登上了一座小庙外边的高地,观察山下的敌情,不幸被敌人狙击手击中,光荣牺牲,时年 23 岁。

参考文献:

中共天津市委党史研究室:《中国共产党天津历史》第 1 卷,中共党史出版社,2005 年。

中共天津市委党史资料征集委员会编:《天津抗日英烈》,天津古籍出版社,1995 年。

（赵风俊）

王佩臣

王佩臣(1902—1964),本名车凤祥,祖籍京东潞河,清光绪二十八年(1902)农历九月十日生于通州西集镇车家屯。

她出身贫寒,8岁开始随其父车汉文学唱平谷调,10岁以车小贵之名在北京东安市场、隆福寺、护国寺等地赶庙会撂地卖艺。她说大书,也说小段,风来雨去坚持演唱,锻练了坚实的嘴皮子功夫。后来拜著名艺人王宪章为师,改学铁片大鼓,师父给她改姓王名佩臣。

王佩臣从13岁开始,在通州、天津及河北省一些城市"跑码头"流动演艺。1923年,进入天津北马路的北洋茶社和侯家后的义顺茶园两处中型曲艺场所演唱铁片大鼓,从此落户津门。当年铁片大鼓在天津称乐亭大鼓,其唱腔是在河北民歌《初一十五庙门开》的曲调上发展而来,它的音乐属于板腔体,一板一眼,眼起板落,唱腔行进平稳,使用的音域接近两个八度音程,但同一句中很少有大幅度的音差出现。民国初年,京津的一些曲艺场所已有艺人演唱乐亭大鼓,但旋律单调,个性特征尚不明显,基本上处于起步阶段。

彼时的天津,不单是我国北方著名的工商业大都市,也是流派纷呈、名角荟萃的曲艺之乡。百家之多的大小书场、茶楼,荟萃了众多南来北往携琴负鼓的民间艺人。刘(宝全)、白(云鹏)、张(小轩)三派京韵大鼓创始人,梅花鼓王金万昌,梅花歌后花四宝,单弦大王荣剑尘,相声泰斗张寿臣,分别在各主要杂耍园子挑大梁。铁片大鼓艺人王瑞喜、蔡桂喜、赵宝玉、芮伯生等也都在盛时。天津民间曲艺演唱群星燦灿,盛极一时。天津为初出茅庐的铁片大鼓新秀王佩臣,提供了从多种演唱艺术吸取养分的外部环境。

王佩臣聪颖好学,不足 20 岁时就表现出多方面的演艺才能。她在天津既唱小段和有故事、有情节、有人物的中短篇大书(行内称"小八棍儿"),还能唱《秦英征西》《回杯记》《朱买臣》等长篇大书。所会曲目之多,为一般铁片大鼓艺人所不能及。她在不断提高个人演唱技艺的同时,认真吸收其他艺术的优长,与弦师卢成科密切配合,对自已所唱曲目锐意加工、规范,尝试铁片大鼓的新发展。卢成科帮她在传统特色的基础上,废弃一板一眼的板式,改用一板三眼的新板式,旋律比原来加长了周期,打破了节拍和字韵的框框限制,行腔多为下行音与不稳定音,曲调上糅进了"闪板""挂板",唱法上也发生了变化,特别是第二、第四句的尾音,由下行改为上挑,出现了抢、掏、垛等"耍板",唱出的声腔舒展、灵巧、婉转,较之老曲调韵味增强了明快、俏皮的成分,三弦在弹奏"过门"时,加入乐器模拟演唱声腔(行话称"学舌")。这些音乐上的改变,不仅使王佩臣形成了巧、俏、媚、美的个人演唱风格,而且引导铁片大鼓由原始、粗犷急剧朝着精细方向发展,极大地丰富了铁片大鼓的表现力。

几年间,王佩臣在不断探索与实践中广收博采,个人的演唱艺术日益腾飞,声誉随之步步高升。1926 年,她进入天津新世界茶社,这是租界里的大型杂耍园。稍后又进入歌舞楼,与鼓王刘宝全、梅花鼓王金万昌、相声泰斗张寿臣同台演出,声价步步提升,由此引起评论界关注。1927 年天津《大公报》刊载《新世界人物考》一文,称王佩臣"会书 120 余段,尚不包括成套大书在内。最长的鼓词有一句中 21 个字之多,每一个字她都唱得平平整整,一丝不乱,清清楚楚送到听众的耳朵里。"

王佩臣演唱变革之后的铁片大鼓,观众最认可的特点是她说唱结合,演唱节目既保留了大书中的说白形式,还吸收了"蹦蹦儿"戏里唱中加白、半说半唱,听上去语气亲切,别有韵味儿。她的艺术功力达到较高程度之后,对板眼的处理,已达随心所欲之境。她可以在任意一处起唱和收音,节奏的灵活多变使唱腔更加开阔、绚丽。她善于用简洁、夸张的形体动作和丰富细腻的面部表情,烘托情节和刻画人物。如她演唱《太公卖面》,唱到"大风刮了三四阵,白面刮得个影无踪",她用手里的鼓键子向左、向右、向后轻轻地点了三下,就把曲中的情景自然而然地展示在观众面前。

王佩臣最精彩的大书是《西唐传》《书囊记》《铁冠图》等,小段以民间传说和反映市民生活内容为主,大书、小段无不脍炙人口。从 20 世纪 20 年代末至 40 年代,她灌制过《独占花魁》《玉堂春》《情人顶嘴》《朱买臣休妻》《洪月娥》《拴娃娃》《王二姐思夫》《太公卖面》《刘伶醉酒》《高亮赶水》等几十张唱片。如今听王佩臣当年灌制的唱片,字的喷吐非常考究,她把吐字、气口、唱腔、韵味合为一体,喷口如断金破玉,吐字如板上钉钉。譬如她在《太公卖面》里唱"一言唱不尽太公卖面"的"太"字,《刘伶醉酒》里"杜康他造酒万古流传"的"康"字,使用丹田气,字头字尾、出音归韵,都在唱腔中自然地表现出来,以字带腔,以声传情,字重而不拙、字轻而不飘。每段唱,行腔婉转流畅,口齿伶俐,发音清脆,交待故事清清楚楚,描绘人物活灵活现,观众闻其声如见其人。王佩臣的嗓音天赋十分难得,宽阔的音域,唱高音毫不费力,唱低音照样清亮。演唱铁片大鼓,因为没有长腔和大的甩腔,不需要经过装饰的假嗓,似乎也不需要很强的气力,然而唱句连接紧密,句与句间的空隙很小,许多时候速度很快,而王佩臣唱得轻松、从容,绵、糯、酥、软的味道浓厚。

王佩臣尝试改革并取得成功后的铁片大鼓,在曲坛的影响迅速扩大,天津的各类杂耍园子,甚至电影院、戏院加演曲艺节目,都离不开铁片大鼓。一时间铁片大鼓呈现蓬勃红火的局面,一跃而上升为北方的几大重要曲种之一,备受民众欢迎。从 20 世纪 20 年代末开始,在天津唱铁片大鼓的艺人除王佩臣之外,尚有杨莲琴、蔡桂喜、赵宝玉、芮伯生、高云舫、高桂云、富润卿等,大都在诸如天晴、燕乐、聚华等高中档杂耍园子登台演唱。王佩臣的养女小王佩臣也一度登台献艺。艺人队伍急剧增多,标志着铁片大鼓的繁荣。而铁片大鼓的勃兴,王佩臣功不可没。

20世纪30年代初,王佩臣的艺术已经达到炉火纯青的地步,她所创立的流派,深受世人推崇,流传广泛。1932年春,王佩臣在天津大中华报社举办的观众票选活动中,与享"梅花歌后"美誉的花四宝、天津时调翘楚赵小福并称"女鼓三杰"。几年后她又与京韵鼓王刘宝全、梅花鼓王金万昌并称"鼓界三绝"。此时王佩臣的艺术生涯已经进入巅峰时期,她演唱铁片大鼓受到平、津、沪、沈等地观众喜爱。

1939年,王佩臣应北平哈尔飞茶社之约,到那里演出。与其同台献艺的奉调大鼓演员魏喜奎,倾慕王佩臣的演唱技艺,虚心向她请教。王佩臣喜欢好学的年轻人,毫无保留地把演唱诀窍传授给魏喜奎。多年后已成长为曲艺名家的魏喜奎,念念不忘前辈艺术家的提携之恩,在其所著回忆录《曲海扬帆》中,对王佩臣早年向她传艺的情节作了详细的记述。

抗日战争全面爆发后,天津演出市场萧条,王佩臣为了维持生计,与白派京韵大鼓创始人白云鹏等人在天津燕乐杂耍园勉强演唱,同时,兼在电台进行商业广播演唱。进入20世纪40年代,王佩臣辗转于平津两地,在颠沛流离的日子里,仍致力于铁片大鼓的唱腔改革,为同曲种的艺人开拓新路。

新中国成立之初,王佩臣参加了天津市曲艺工作团(天津市曲艺团前身),在新文艺工作者的帮助下,积极排演反映现实生活的《小姐俩拣棉花》《七个小英雄捉特务》《小俩口下地》《十女上寿》《包子诉苦》《申请补助金》《平安家信》等新曲目。其后,又陆续整理演出了《刘伶醉酒》《太公卖面》《王二姐思夫》《孔明招亲》《高亮赶水》等传统曲目。1953年,她随曲艺工作团慰问归国志愿军,深入营房为战士演唱,演出期间早出晚归,不辞辛苦,多次受到部队及文化局的嘉奖。

1958年,王佩臣调入天津曲艺团少年训练队,专事培养曲艺接班人的工作。得她亲授的新韵霞、刘秀玲、姚雪芬等弟子,出师后都成为曲艺界的名家。1962年天津举办第一届"津门曲会",王佩臣应邀演唱《朱买臣休妻》,年届六旬的她,台风亲切朴实,无论是慢板还是快唱,依然举重若轻,唱得字字珠玑,被新闻记者赞誉为"不老的宝刀"。

1964年1月21日,王佩臣病逝于天津,终年62岁。

参考文献:

上海艺术研究所、中国戏剧家协会上海分会编:《中国戏曲曲艺词典》,上海辞书出版社,1981年。

马献廷:《不落之星——天津已故文艺名人录》,中国华侨出版公司,1991年。

20世纪二三十年代《北洋画报》《大公报》。

鲁学政、孙福海主编:《天津当代曲艺人物志》,百花文艺出版社,2003年。

魏喜奎:《曲海扬波——魏喜奎舞台生活》,中国戏剧出版社,1999年。

(甄光俊)

王少奇

王少奇(1912—1944),本名王季如,化名王瑛、黄忠、李广。1912年生于河北省香河县一个中农家庭。他自幼勤奋读书,1926年考入河北省通县师范学校就学。在学校中共地下组织的教育影响下,他树立了革命思想,积极投入反帝反封建斗争。

1931年,王少奇参加了反帝大同盟,积极投入抗日救亡斗争。1931年秋和1932年春,他两次带领卜荣久等6人,回到家乡开展抗日救亡宣传活动,号召群众抵制日货、抗日救国,在当地产生一定的积极影响。

1933年,他考入北平医大,一面认真学习医学专业,一面积极参加校内爱国活动,成为学生爱国运动的骨干分子。1935年底,王少奇积极参加了党领导的"一二·九"爱国学生运动,被推选为北平西城学生示威游行队伍领导人之一。12月9日,他率领学生游行队伍从学校出发,高呼"反对华北自治""打倒日本帝国主义""停止内战、一致抗日"等口号上街游行。游行队伍行至地安门时,遇到国民党二十九军军长宋哲元乘汽车迎面驶来,后面跟着一队荷枪实弹的武装军警。王少奇不顾个人安危,立即率游行队伍冲上前去,拦住汽车,要求宋哲元取消华北自治,停止内战,一致抗日。他带领学生徒手与军警的血腥镇压展开激烈搏斗,不幸被捕。在扣押期间,他同反动当局进行了英勇的斗争,随后越狱,继续开展抗日斗争。1936年3月,王少奇光荣加入了中国共产党。

1936年春,王少奇受党的派遣离开学校到蓟县(现蓟州区)参加革命工作,与卜荣久来到县城大同医院。他们一面工作,一面向周围群众开展抗日救亡宣传,发展抗日救国会组织。在他们的影响下,医院院长张顾三、医生周华庭等许多人参加抗日救国会,成为抗日救亡活动积极分子。

为了有利于开展革命活动,1937年2月,王少奇同卜荣久二人在板桥村卜荣久家西厢房开设了一个诊所。他们以医生职业为掩护,每天背着药箱深入各地农村,一边给群众看病,一边进行抗日救亡宣传。由于他们待人热情,医术高明,穷人看病尽量少收或不收药费,富人看病则加倍收费,迅速得到广大劳苦群众的信任和爱戴。在半年多时间里,发展了大批抗日救国会会员,在邻近20多个村庄建立了抗日救国会的组织。

全国抗战爆发后,蓟县沦陷。王少奇积极在群众中开展抗日救国活动。1938年4月,王少奇当选蓟县抗日救国会总会宣传部长。他深入龙山完小、太平庄中学和州河南岸五百户等地,向学生、教师和群众广泛宣传抗日救国思想,号召人们参加抗日救国会,组织起来,拿起武器,开展武装斗争,为举行抗日大暴动作了重要的思想和组织准备。

1938年7月,王少奇按时完成蓟县抗日暴动前的准备工作。暴动队伍配合八路军第四纵队,一举攻占蓟县县城,摧毁敌人的伪政权组织,建立了党领导的抗日政权。蓟县抗日大暴动胜利后,王少奇随军西撤,到达平西根据地,担任宣(化)涿(鹿)怀(来)联合县县委宣传部部长,后又调任平西专署民政科长。1939年9月,党组织又派他同夏德元一起,率领整训后的蓟(县)遵(化)兴(隆)和蓟(县)平(谷)三(河)抗日游击支队返回盘山,扩大抗日武装,开创盘山抗日根据地。随后与刘向道的游击队合编,称为挺进军蓟遵兴游击支队,王少奇担任游击支队政委。

王少奇了解到伪警防区队队长董雄飞原为东北军张学良旧部,有较强的民族观念,怀念东北故土,对中国共产党的抗日救国主张表示赞同,于是一面组织力量打击伪警防队,挫其士气,一面准备向董雄飞进行上层统战工作,争取其到抗日方面来。为此,王少奇同包森一起化装到塔院与董雄飞会面,向他详细阐述了党的《抗日救国十大纲领》,作了深入细致的思想工作,劝诫他不要与中国共产党抗日活动为敌。董雄飞受到很大触动,表示今后绝不再打八路军,不再破坏抗日政权,并答应如有敌伪军事行动一定设法通报。此后,伪警防队每次出城,董雄飞都通报出动的兵力和行动路线,使抗日军民做好准备免遭损失,支持了根据地的抗日斗争。

1940年10月,王少奇担任了蓟(县)宝(坻)三(河)联合县县长。从1942年8月开始,日军向抗日根据地发动第五次"治安强化运动",以蓟县为重点,实行"三光"政策。在极端残酷的环境下,王少奇沉着冷静地组织群众同敌人进行斗争,采取出奇制胜的战术,率领民兵配合主力部队打击敌人,粉碎了敌人第五次"治安强化运动"。1943年2月,王少奇等被日伪军包围,在盘山民兵班的掩护下他和几名干部钻进一个石洞隐藏起来。坚持15天后,率领大家寻机冲出敌人包围圈,安全转移。

1944年,王少奇担任冀东军区卫生部政委。10月17日,在杨家铺遭到5000多名日伪军包围。撤退时,卜荣久腹部中弹,王少奇冲上前去为他包扎,被敌人子弹射穿胸膛。为了保守党的机密,他忍着伤口剧痛撑起身子把随身携带的文件点燃销毁。火光吸引几十名敌人向他冲来,他顽强地朝着扑上来的敌人射击,痛骂前来劝降的汉奸,从容举起手枪,用最后一颗子弹射向自己头部,为全民族抗战献出宝贵的生命,年仅32岁。

参考文献:

中共天津市委党史资料征集委员会编:《天津抗日英烈》,天津古籍出版社,1995年。

(朱漓江)

吴家驹

　　吴家驹(1878—1964),字子昂,湖南湘潭人。1878 年 4 月 5 日,吴家驹出生于湘潭县土桥鹿鸣村。1898 年考入县学。1902 年官费派赴日本留学,入东京明治大学政学科学习。

　　1908 年,吴家驹毕业后回国,在天津北洋法政专门学校任教。同年10 月,学部发布归国留学生考试结果,吴家驹等 45 人名列优等。1911 年4 月,他与时任北洋法政学堂监督的李榘、教务长籍忠寅等多位老师合作创办了法政讲习所。这是一个成人法政知识补习机构,开设夜班,每日授课 3 小时,6 个月为一期,主要课程为宪法、行政法、民法、刑法、财政学和国际法。同年 7 月,他到北京的尚志学会任教。该会是一个从事新思想、新学说宣传和推广的机构,初期主要活动是法学教育,以"发达政治教育,促进社会事业"为主旨。

　　1911 年底,吴家驹卸职回湖南。1913 年 1 月任北京法政专门学校及明德大学讲师, 同时就任京师高等检察厅首席检察官;1914 年 9 月任贵州高等审判厅厅长;1916 年 8 月任北京国立法政专门学校校长;1918 年12 月任河南高等检察厅厅长;1920 年 11 月任黑龙江高等审判厅厅长;1925 年 1 月任京师高等检察厅厅长;1928 年 1 月辞职闲居;1930 年 12月任河北定县实验县长。次年 10 月被河北省政府聘为单行规章编审委员会主任委员。

　　1932 年 2 月,吴家驹返回天津,担任河北省立法商学院(前身为北洋法政专门学校)院长、法律系主任,兼河北省教育厅诉愿案件审议会顾问。吴家驹执掌法商学院后,吸收西方法学教育思想,对学院的课程设置等进行改革,改变了以往过于注重应用教育和文体活动的偏向,着重激发师生的学术兴趣,开设了更多的基础课。吴家驹的课程设置主要突出了专业课的基础性、比较性和时代性。在法律系不仅恢复讲授罗马法,而且增加了监狱学、劳工法、诉讼实务、外国法、刑事政策等课程。政治系开设了比较政府、新闻学、社会进化史等课程。1933 年 9 月,针对日本帝国主义对华侵略日深,北方政治形势趋于复杂的局面,又加设了"日俄政治研究"课,"'九·一八'在我国近代史上画下涂抹不掉的创痕,所以对于东北的研究成为一种单独的科目,大学部便已特设一种'日俄政治研究'的专科"①。

吴家驹认为,提高学院的教学水平,必须大力充实师资队伍,他从北平等地新聘了大批名师来校任教。法商学院聚集了当时国内,尤其是北方在金融、商业、法律教育方面的一流教师。吴家驹的治校思想主要从改造人心、注重科学两层着眼,在训育方面务求实际,极力引导学生养成善良、高尚品格。吴家驹从拓宽学生的视野、提高学生的兴趣着手,逐步提高师生的学术水平,这是其治校的主要着力点。仅 1933 年下半年这一学期,学院就先后邀请北京大学法学院院长周炳琳、北大教授陶希圣、朝阳大学教授王漱苹等名师来学院讲演,深受同学们的欢迎。不仅本校学生来听讲演,周围的一些学校,如省立师范、扶轮中学的同学们不下千余人都来旁听,在青年学生中影响很大。

1933 年下半年,吴家驹把扶助学生社团列为学院的重点工作。经济系同学组织成立经济学会,主要活动是举办讲座、讨论会和出版会刊。这是学院后期最重要的学术社团。法学系的同学成立法学励进会,主要活动是组织模拟法庭、案例讨论、学术研究及社会调查。

---

①《法商学院新气象》,《益世报》1933 年 9 月 7 日。

吴家驹大力支持学生的爱国民主运动,对于中共地下组织在校活动也注意加以保护。1932年10月,学院学生成立自治会。1933年,为了支援中国军队在长城沿线的抗战,全校师生捐款,购买了钢盔等物品,学院组织慰问代表团,派学生代表到前线慰问抗战将士。

　　1934年,吴家驹辞职寓居北平。1946年3月起,从事律师业务。

　　1951年12月,吴家驹被聘为中央文史研究馆馆员。

　　1964年10月20日,吴家驹在北京病故,终年86岁。

参考文献:

中央文史研究馆编:《中央文史研究馆馆员传略》,中华书局,2001年。

王晓天、王国宇主编:《湖南古今人物辞典》,湖南人民出版社,2013年。

刘国有:《法学大家吴家驹在天津》,《天津档案》2013年第3期。

(郭嘉宁)

吴 毓 麟

吴毓麟(1871—1944),字秋舫,回族,河北沧州人,祖籍安徽歙县。他出生于一个以运鱼贩鱼为生的贫苦家庭。1886 年,吴毓麟考入天津北洋水师学堂。由于他性格坚毅,吃苦耐劳,成绩优异,不断得到擢升。1891 年4 月于天津水师学堂管轮班毕业后,被选派赴德国留学深造。在德期间,吴在浮尔底船厂学习造船和机械专业知识。

回国后,吴毓麟历任候补知府、邮传部帮办、京东河道督办、交通部参事、海军中校视察等职。1913 年 2 月,任海军大沽造船所第一任所长。为解决生产任务不足和经费困难,他会同直隶行政公署筹建直隶省内河行轮董事局,开展津、保、蓟的内河航运业务。在他任内,造船所职工由200 余人发展到 1600 余人,共修理舰船 200 余艘,建造舰船 21 艘,其中包括为海军建造的"海鹤""海燕"等浅水炮艇。从 1917 年开始,他主持兴建大沽造船所 1 号、2 号、3 号炮厂,扩建厂房,添设机器设备,大量制造枪炮,使大沽造船所成为当时中国北方修造舰船和制造枪炮的重要军事工厂。为培养修造舰船的人才,他于 1920 年在大沽造船所创办大沽海军管轮学校,亲自兼任校长。他在大沽造船所克服种种困难,使该所修造舰艇的生产规模和技术设备都进入鼎盛时期,为中国舰艇工业的发展做出了一定贡献。

1922 年前后,吴毓麟出任津浦铁路局局长。他经常穿便服下车厢,一面观察车站秩序、铁路人员工作情况,一面同乘客闲谈,侧面了解工作人员的作风和品德。通过这些实际考察所得,对当时弊病丛生的铁路局面加以整顿。1923年1月,吴出任北洋政府交通总长。5月,山东临城发生大劫车案,1000多名匪徒绑架了火车上200余名乘客,其中有约40名是外国人。案发之后震惊中外,各国公使扬言要"军事共管中国",还要求褫夺曹锟、吴佩孚的职务。由于事态严重,北洋政府惶惶不可终日。得知案件情况后,吴毓麟亲自前往与劫车匪首孙美瑶谈判,后来达成协议,被劫持者全部释放,北洋政府除向相关国家正式道歉外,还赔偿了巨款。

1924年10月,由于政局的变动和其他原因,吴毓麟辞去职务,寓居天津租界。吴毓麟在津期间,张自忠还曾聘其为顾问。他热心公益,1939年天津大水时,吴毓麟积极联络各方力量,派出五条小船每日在市内巡驶,来往渡人,船上还备有粮食,救济贫苦家庭的妇女儿童。日本占领天津时,冈村宁次、王克敏等人曾多次登门劝说吴毓麟"出山",吴以老来多病为由,坚决表示不能任职。

1944年秋,吴毓麟在天津逝世,终年73岁。

参考文献:

吴淑芳:《我的父亲吴毓麟二三事》,载天津市政协文史资料委员会编:《天津文史资料选辑》第61辑,天津人民出版社,1994年。

《吴毓麟》,载石健主编:《中国近代舰艇工业史料集》,上海人民出版社,1994年。

韶华:《交通总长吴毓麟宅邸》,载天津市河西区政协文史委编:《河西文史资料选辑》第5辑《海河河西史话》,中国文史出版社,2004年。

（欧阳康）

喜彩莲

喜彩莲(1916—1997),本名张素云,又名张菡香,祖籍山东。1916年,喜彩莲出生在山东掖县后坡村。父亲张泰和是个农民,后到安东(今辽宁丹东)经商。母亲张桂芬是北京人,京剧演员,工须生。

喜彩莲从小随父在安东益民小学读书,在她幼年时代,母亲张桂芬已不再登台演出。父亲后因经商亏本,致使家境困窘。喜彩莲姐妹自幼爱好评戏,看完戏回到家,常以床做舞台,摹仿演员的表演。因家里生活困境,15岁的喜彩莲放弃学业,要求学评戏,以贴家用。

喜彩莲第一位开蒙老师是莲花落老艺人吴寿朋,艺名小元宝。吴寿朋一生培养了两位好徒弟,就是喜彩春、喜彩莲姐妹。喜彩莲性情活泼,面目清秀,身材姣好,聪敏善记,学艺进步极快,青衣花旦一学就会。加上她嗓音清脆、吐字干净,学艺时间不长便登台露演,安东广兴戏园是她演艺生涯迈出的第一步。之后,小有名气的她,在老师的带领下,先后赴奉天、大连一带巡回演出,由此声誉鹊起,成为一名极有希望的年轻女演员。那时的她还不能挑大梁,主要是陪大姐彩春唱,演戏主要以大姐为主。大姐15岁时,随师父李金顺到哈尔滨,参加了李金顺的元顺戏社。李金顺结婚离开舞台后,19岁的彩春担任元顺戏社主演。大姐结婚后,18岁的喜彩莲又接班戏社,继任主演。不久,她将剧团改名"莲剧团",有了自己的剧团,她开始到关内闯码头。不过三五年的时间,莲剧团已经驰名南北,她本人成为一代红伶。

1934年，喜彩莲带领莲剧团首次来天津，在法租界天祥商场楼上的大观园戏院演出。喜彩莲演的这些戏，戏中情节与词藻，再无荒谬和秽亵之处，清新靓丽。加上喜彩莲年轻，扮相俊美，嗓音清脆，表演自然，故而备受天津观众赞誉。论功底和戏目，喜彩莲自知比不过前辈艺人，于是她就向新编戏发展，每到一处都不忘吸收其他艺术门类的精华。在滦县演出，她曾向滦州皮影戏学了《二度梅》《天花雨》，并将其改编为评戏。她向京剧学戏，使评戏逐渐趋向京剧的大方、高雅。由于她致力于新戏创作，终于在评剧界争得一席地位，成为早期评剧的名旦之一。

　　九一八事变后，许多评戏艺人转入关内。1935年以后，白玉霜、芙蓉花、爱莲君等人先后奔往上海。1936年，喜彩莲也率团远征上海。当时的上海，恩派亚大戏院是白玉霜主演，新世界是芙蓉花主演，喜彩莲剧团就占据大新游乐园，形成"三足鼎立"的局面。评剧这一新兴剧种在大上海闹得十分火热，甚至出现同一剧种互相对峙、竞相飙戏的现象。由于大家都擅长传统戏，名角荟萃必然戏难演，所以开始竞相争演新戏。这一时期是评剧在上海发展最快、最火的一个阶段，两年多时间，陆续上演了几十出新编戏，大大丰富了评戏的剧目。

　　1937年初，喜彩莲进入恩派亚继续演出，因艺术上还不太成熟，故成绩不如白玉霜。但是在上海，她最大的收获是得到著名戏剧家欧阳予倩的赏识，因为她的表演雅而不俗，欧阳先生赠予她《人面桃花》一剧。该剧搬上舞台后，喜彩莲却一直未敢请大师看戏。欧阳予倩却不请自到，偕夫人两次到剧场看喜彩莲的表演，亲自给予指导，并邀请她到家中做客，当着众多京剧名家之面，收喜彩莲为徒。他语重心长地说："评剧是一朵鲜花，需要我们大家为它浇水施肥……"欧阳予倩还抽出时间为喜彩莲重排了《人面桃花》。大师的帮助和教诲使喜彩莲受益匪浅，这出戏后来成为她的代表作之一。在上海，她还结交了许多京剧界朋友，她向他们虚心求教，丰富了演出剧目，提升了演技水平。京剧演员金素琴以《斩经堂》剧本相赠，被她搬上评剧舞台。

从上海回到北方，喜彩莲的表演艺术水平又上升了一个新台阶。到了北平，她在广和楼演出。此园是中华戏曲专科学校的大本营，戏校学生经常在此演出。师生们观看她的演出，她也经常去戏曲学校观摩学习，戏校教师帮她排演了《孔雀东南飞》《花田八错》等戏。陈墨香先生还给她排演了《十三妹》，富连成社的许盛奎指导她排演了《坐楼杀惜》《凤还巢》等戏。喜彩莲将京剧表演的柔、韵、圆，与评剧表演的粗犷、豪放、朴实相融合，一洗过去学界鄙视评剧"俗"和"土"的看法。

1940 年是喜彩莲艺术上的极盛时期。是年夏天，莲剧团回到天津，在北洋大戏院演出，海报上冠以"时代艺人"称号。喜彩莲与当时的"电影明星、评剧皇后"白玉霜，红遍津门的"评戏女皇"刘翠霞，鼎足而三。这一时期，由于她不断革新上进，艺术逐渐趋向成熟。在北洋三个月的演出中，她基本上以新编剧目为主，如《潘金莲》《孟丽君》《人面桃花》《杨乃武与小白菜》《尤三姐》《卓文君》等戏，均是她的优势。三个月的档期中，演出新编戏 32 出，传统戏 11 出。莲剧团上演新编戏《人面桃花》《孔雀东南飞》，很受戏迷热捧。喜彩莲的演出雅而脱俗，不仅提高了评剧的艺术水平和演出格调，还促使评剧艺术的美符合时代要求，适应大众审美需求。喜彩莲在天津打下良好的基础后，从此每年至少来津演出一期，一般一期为三个月。1941 年春，莲剧团再次来津出演华北戏院，成绩极佳。转年再临天津出演北洋时，刘翠霞已经病故，白玉霜病危。竞争对手没有了，喜彩莲于此年在报纸和戏单上刊出"久负盛名评戏坤伶首席"的招牌。1943 年，莲剧团又莅临津城，扩大演出范围，在光明、天宝、群英等戏院巡回演出。此时莲剧团的阵容也不断扩大，王万良、小喜彩莲、张朵云、喜彩兰、喜彩君等陆续加盟。1944 年至 1946 年，莲剧团每年都要来津演出一到两次。

喜彩莲的艺术特点是嗓音高亢、明亮，表演细腻、准确。她追崇艺术品位，尽量摒弃低级庸俗的东西，不去迎合某些小市民观众的口味，这也是她艺术品质的可贵之处。譬如她在演传统剧目《玉堂春》一剧时，她重点演《起解》《会审》两折，其他则是一带而过。另外，喜彩莲在艺术上的创新是与她强烈的事业心分不开的。她不仅在演出剧目上大胆创新，在唱腔上也勇于革新、勇于借鉴。她向京韵大鼓、河北梆子、京剧、皮影等姊妹艺术学习，把其精华之处糅到自己的唱腔中来，增强了自己演唱的艺术表现力，提高了评剧唱腔的品格。她常说："我革新并没有革到评剧以外去，让观众还都承认我是评剧。"这的确是她革新成功之路。观众既喜欢她早期演唱的《人面桃花》《孔雀东南飞》《十三妹》《卓文君》等移植剧目和新编剧目，也喜欢看她在新中国成立后创作的"陈快腿"、"能不够"、革命母亲及付桂香等鲜活的现代人物形象。尤其是她在《野火春风斗古城》一剧中塑造的革命老妈妈杨大娘。其中"探监"一段唱，突出表现了杨母对党忠诚不二、为革命勇于献身的革命精神。在《南海长城》中，她扮演了另外一位在敌人面前凛然无畏的革命老妈妈，在"护旗"一段唱腔中，充分发挥了高音的特点，唱得刚劲洪亮、粗犷豪迈，力度很强但又潇洒自如，很好地再现了钟阿婆正义凛然的英勇气概。《小借年》中的农村少女爱姐，是喜彩莲在 49 岁时塑造的一个人物，年龄上有跨度，但她的"唱"和"做"依然活泼俏丽，充分展示了喜彩莲的风格和韵味。她在《袁天成革命》和《向阳商店》中分别塑造了两个落后的人物——能不够和付桂香，尤以付桂香的塑造为观众留下了极深刻的印象。在"好可惜的一双手"这段唱腔中，她以影调为基础，发挥喜派半说半唱的特点，把一个旧社会遗留下来的渣滓、没落阶级的人物，塑造得真实可信、活灵活现，显示了极其深厚的演唱功力。喜彩莲与魏荣元合作将京剧《赤桑镇》改编为评剧《包公赔情》，完善了评剧的行当，丰富了评剧花脸和老旦的唱腔，这出戏成为评剧经典剧目而得以流传至今。

新中国成立后，喜彩莲回到北京，与小白玉霜等评剧艺人成立了新中华评剧工作团，之后与其他剧团合并为中国评剧院。喜彩莲不仅是位资深艺高的艺术家，而且还是一位辛勤耕耘、培养评剧接班人的戏曲教育家。喜彩莲晚年在中国评剧院从事教学工作，成绩卓著。她连任中国评剧院三届学员班的班主任,为评剧艺术培养了一批又一批优秀演员。

1997年,喜彩莲在北京逝世,终年81岁。

参考文献:

天津市文化局戏剧研究室编,本卷李英斌、孙伟编著:《戏剧研究资料·评戏在天津(戏曲史料)》,1982年10月。

(杨秀玲)

夏 德 元

夏德元(1902—1942),天津蓟州人。1902年出生于蓟县宋家营王官屯一个贫农家庭。8岁起,全家节衣缩食供他上了6年私塾,后因家庭经济拮据而辍学。

1917年,夏德元在奉军当兵,后到冯玉祥部任骑兵连连长。他目睹军阀混战,百姓流离失所,心中愤愤不平,1928年寻机逃回家中。为了糊口,夏德元给地主打过短工,后来被聘为蓟县二区第六甲民团队长。民团虽然是地主武装,但其成员大部分是穷苦人。

夏德元返回家乡后,与村里的小学教师、共产党员徐智甫来往日益增多,关系越来越密切,经常在一起谈论国家大事。在徐智甫的引导下,夏德元逐渐懂得了许多革命道理,接受了革命思想。1937年七七事变后,蓟县县委在冀热边特委的领导下,开始进行抗日武装起义的准备工作,在全县各地相继建立了抗日救国会的组织,通过各种社会关系对民团上层人士开展统一战线工作,争取他们投入抗日斗争。在二区救国会负责人徐智甫、刘力生的影响下,夏德元明确表示愿意抗日救国。他利用各种方式,在民团内部进行宣传鼓动,使许多民团成员逐渐萌发了抗日救国的愿望。

1938年6月中旬,八路军第四纵队攻克兴隆,转战将军关、靠山集一带,蓟县敌伪政权急忙调民团赴长城各隘口堵截。夏德元和九甲民团队长赵合奉命率民团300余人向北进发,行至龙虎寺时,突然接到马伸桥伪公安分局局长、汉奸王树森的紧急命令,要求夏、赵二人速返马伸桥开会,并要民团原地待命。夏德元料定其中必有阴谋,与赵合、徐智甫等共商对策后,于6月20日带领民团返回马伸桥,当场击毙王树森及日方华北矿业公司经理铃木隆方等3个日本人,集合民团队伍,宣布起义抗日。

马伸桥起义引起敌人极大震动,扬言要血洗马伸桥。为保存抗日力量,夏德元按照蓟县县委的指示,率队转移到二区南部山区,化整为零,分散潜伏,等待大部队的到来。同时,我中共地下组织也相继在丰润县四户村举行暴动,成立了红军游击队。

1938年7月中旬,冀东抗日武装暴动爆发,夏德元任蓟县抗日联军第十六总队副队长。他和其他负责人一起指挥大王庄战斗,消灭30多名日伪军,缴获大量枪支弹药。十六总队首战大捷,声威大振。中共中央和北方局对冀东抗日武装暴动给予高度评价,特意致电冀热边特委并转抗日联军指出:"我们相信这一支在抗战中新进、生长、壮大的生力军,定能在冀东各党派各领袖的合作与正确的领导下继续胜利,创造冀热边新的抗日根据地,长期坚持抗战,给日寇的野蛮统治以更沉重的打击,收复冀东。望你们继续巩固团结,集中注意力打破敌人对你们的进攻,扩大和巩固部队,武装和组织民众,建立冀东抗日政权,肃清汉奸,扩大和巩固你们的胜利,为驱逐日寇,建立独立、自由、幸福的新中国而奋斗到底。"

随后,夏德元随军撤至平西整训学习,1939年6月加入中国共产党。9月,夏德元返回冀东,任蓟(县)遵(化)兴(隆)游击支队队长,和政委王少奇一起参加盘山抗日根据地的创建工作。当月中旬,他们与坚持在冀东开展游击战争的队伍会师,镇压了盘山北部山区的刘德彪、蔡老五等几个土匪头目,收编土匪队伍。同时,他还率部队在三百户村多次设置埋伏,利用地形之利消灭大量敌人。1940年8月,夏德元率队在三百户村,对经常骚扰本地区的伪军特务打了一个漂亮的伏击战,消灭敌人20余名,缴获十几枝长短枪和十余辆自行车。从此,这一地区逐步成为抗日基本区,伪军、汉奸不敢轻易来犯。夏德元带领队伍通过一系列的抗日行动,提高了广大群众的抗日积极性,为开辟盘山抗日根据地创造了非常有利的条件。

1941年,夏德元奉命去晋察冀抗大二分校学习,毕业后,于1942年初随护送部队由平西经平原返回冀东。当部队行至赤城40里长嵯山一带时,被日伪军四面包围。在突围战斗中,夏德元不幸中弹牺牲,终年40岁。

参考文献:

中共天津市委党史研究室:《中国共产党天津历史》第1卷,中共党史出版社,2005年。

中共天津市委党史资料征集委员会编:《天津抗日英烈》,天津古籍出版社,1995年。

(李占浦)

杨大章

杨大章(1909—1944),本名杨世瑛,又名章棣。1909年生于天津一个教员家庭。其父在一所业余补习学校任教员,思想开明,虽家境贫寒,仍竭力供杨大章读书,希望他将来成为对国家和社会有用的人。在父亲的熏陶下,杨大章自幼勤奋好学,追求进步。

1923年,杨大章以优异成绩考入南开中学。南开中学有着光荣的革命传统,学生思想活跃,党组织的力量较强。杨大章很快接受了革命理论,积极参加校内反帝反封建的斗争。他思想进步,为人正直,成绩优秀,团结群众,深得同学的赞誉和拥戴。

1928年,杨大章中学毕业。因家庭经济困难无力继续升学,同年考入天津北宁铁路车僮(列车服务员)训练班。结业后被分配到天津站行李房任管理员,不久被调到辽宁绥中县做站务工作。1931年九一八事变爆发,杨大章弃职回津,回到天津站继续做行李房管理员,积极寻求抗日救国出路。利用在列车上工作的便利,他广泛结交进步人士。杨大章在北平结识了共产党员杨思忠和黄树则,在杨、黄二人帮助下,他积极投入党领导的抗日救亡斗争。他立场坚定,沉着果敢,无私无畏,经杨、黄二人介绍,于1931年加入中国共产党。

入党后,杨大章以铁路职工身份为掩护,秘密从事党的地下工作。1936年,他被调往山海关—天津—郑州段做铁路联系工作。在中共北宁路党组织负责人李颉伯、吴德等领导下,他在北宁铁路沿线各车站秘密开展组建抗日救国会的工作。

为组织和领导北宁铁路职工的抗日斗争,1938年初北宁铁路党委成立,杨大章任首届党委书记兼组织委员。他在铁路职工中大力发展抗日救国会的组织,主编《铁救》刊物,秘密开展抗日救国宣传,团结了一大批爱国志士。在"铁路抗日救国会"(简称"铁救")的宣传和发动下,许多"铁救"会员积极投入党领导的抗日斗争,加入了中国共产党,使铁路党组织不断发展壮大。杨大章在大力组织铁路职工秘密开展抗日救国斗争的同时,利用铁路工作的便利条件,积极开展配合抗日根据地斗争的工作。搜集敌人铁路运输情报,准确掌握敌人军用物资和军队调遣的去向及铁路沿线敌人的军事部署,并及时向根据地提供军事情报,使我军能够准确地打击敌人。在敌人的严密封锁下,他顺利地完成为根据地采购运送物资、转发文件和经费、护送根据地干部通过铁路等任务,多次受到根据地领导的表扬。

1939年4月,按照党的指示,杨大章与妻子阎国珍(中共党员,当时天津"女同学会"负责人)赴平西根据地工作,先在冀热察区党委党校进行学习。同年7月,杨大章任平西专署民政科科长。此时恰逢平西遭受水灾,他到任后即投入紧张的救灾工作,昼夜奋战,甚至不顾个人安危,一次次冲入急流,抢救被困灾民。

1940年,杨大章兼任平西专署秘书主任。不久调任昌宛县长。平西是党在晋察冀最早建立的抗日根据地,斗争形势十分严峻。日本帝国主义实行"三光"政策,密布据点堡垒,屠杀抗日军民,企图消灭平西抗日根据地。昌宛是平西抗日根据地的战略要地,杨大章率领全县军民,多次粉碎敌人的"扫荡",使平西抗日根据地巍然屹立在敌后。在敌人控制的地区,他紧紧依靠群众,采取灵活的策略,建立两面政权,坚持开展抗日斗争。尽管敌人控制严密,根据地仍能很好地保证抗日部队军粮和物资供给,根据地的武装斗争和政权建设不断出现新局面,为此杨大章获得"模范县长"称号。

1943 年,中共冀东地委和晋察冀边区十三专员公署撤销,中共冀热边特委和冀热边行署建立,下设五个地委和专署,杨大章被任命为第一地区专署专员,负责在所辖冀东西部四个联合县——蓟遵兴、平三蓟、承兴密、丰滦密开展党的工作。这四个联合县曾遭敌人多次"扫荡",基层政权和党组织遭到严重破坏。上任后,杨大章建立规范的生活、工作和学习制度,制定工作汇报、请示和巡视等规定,印发边区政府发布的各项政策和法令,并带头严格执行,将专署打造成有严格组织纪律、有坚强战斗力的领导机构。他发出专署关于改造和建设村政权的指示信,要求各地清除立场不坚定分子,保证干部队伍的纯洁性,同时根据各地具体情况,提出了改造和建设村政权的具体措施。不到 10 个月的时间,整个地区改造和建设村政权的任务全面完成,有力地巩固和加强了根据地政权建设。

1944 年 5 月,为推进地方党组织的整顿工作,杨大章和冀东军分区十三团副政委廖峰,带领县委和县政府机关干部、各区主要负责人及专署警卫连共 200 多人到团子山开会。19 日拂晓,队伍在爨岭庙被敌人包围。在烧毁文件、指挥部分干部突围成功后,杨大章不幸中弹,英勇牺牲,年仅 35 岁。

此次战斗中牺牲的共有 100 多名同志,杨大章等烈士的遗体被当地干部群众埋葬在爨岭庙西南山坡上。新中国成立后,蓟县人民政府在该地建立了爨岭庙烈士陵园,将烈士们的遗骨移葬在陵园内,供后人凭吊和缅怀。

参考文献:

中共天津市委党史资料征集委员会编:《天津抗日英烈》,天津古籍出版社,1995 年。

（曹冬梅）

杨慕兰

杨慕兰(1903—1986),名景晖,别署近云馆主。1903 年 2 月 7 日,杨慕兰生于江苏无锡,后定居天津。

杨家为无锡名门望族,以一脉书香传世,历代官宦贵显,近代更是家声煊赫。杨慕兰的父亲杨寿枏,是清末民初显赫一时的政商人物。杨寿枏生育子女六人,杨慕兰排行第二。她从小在家读私塾,学国画,练刺绣。4岁时,常随同伯父、大姐去戏院和堂会听戏,逐渐对戏曲产生浓厚的兴趣,回家后就模仿学唱。几年后开始跟堂兄一起切磋技艺,哥哥拉京胡,她唱戏,为她日后票戏、登台打下了基础。

8 岁时, 杨慕兰随全家从北京搬到天津。父亲与周学熙关系莫逆,1924 年,杨慕兰 21 岁时,由父母做主,嫁给了周学熙的四公子周志厚。杨慕兰嗜好京剧,婚后将兴趣寄情于西皮二黄。她的第一位授戏老师是位姓戴的盲人,学的第一出戏是《女起解》,后广求名师,博采众长。她先后求教于律佩芳、郭际湘(艺名"老水仙花")、阎岚秋、姜妙香、魏莲芳等人,向他们学习青衣、花衫,陆续学了《红线盗盒》《霸王别姬》《廉锦枫》《二进宫》《武家坡》《骂殿》《坐宫》《会审》《春秋配》及整出的《大保国》等青衣传统戏。杨慕兰还向姜妙香、徐斌寿、包丹庭三位先生学小生戏。包先生给她说《雅观楼》,姜先生给她说《白门楼》《群英会》《罗成叫关》。她还向阎岚秋、朱桂芳学刀马旦戏。阎岚秋艺名"九阵风",他演武旦戏以"媚"出彩,以"俏"入胜。他继承父业,遵守绳墨,杨慕兰从他身上学到了不少东西。她还经常到王瑶卿先生家拜访。

杨慕兰第一次登台是在 1931 年九一八事变之后，全国上下抗日热情高涨。当时北平新闻界人士在北京哈尔飞戏院举办"抗战献机"义务戏汇演，被邀请人员中的非新闻界人士只有杨慕兰一人。那天，大轴戏是徐凌霄的《审头刺汤》，压轴戏是杨慕兰的《贺后骂殿》。这是杨慕兰首次粉墨登场，公开亮相。因怕家人知道，戏单和海报上均用"近云馆主"名字。她首次露演便一炮打响，获得满堂彩，也让人们记住了"近云馆主"的名字。杨慕兰第二次登台票戏是在北平的开明戏院，也是演义务戏。这次戏码是与女票友雍竹君合演《玉堂春》，她演上半场《起解》，雍演下半场《会审》。有了这两场义演，杨慕兰胆子越来越大，心越来越宽。她不知疲倦地潜心研究中华民族传统戏曲艺术，并将毕生心血用在钻研京剧表演艺术上。

杨慕兰在北平、天津均有房产，学戏、唱戏都很方便，更多时候她常住北平。七七事变后，她从北平回到天津居住，首次在津登台是在明星戏院（新中国成立后更名和平影院），也是参加义务戏演出，这次她演大轴戏《玉堂春》。

杨慕兰演技不断提高，在平津地区小有名气。她不仅与别人同台合演，还自己组班单演。在当时的时代背景下，一个票友，特别是一个女票友，敢于自己组班，独挑大梁，可以说独一无二，而且所有演出所需戏装、台帐、椅帔、桌幔等，都是她出钱购置。为使演出生色，她常常邀请名角助演，壮大声势。她曾和金少山联袂演出《霸王别姬》，与朱桂芳合演《廉锦枫》，与姜妙香合演《玉堂春》等。仅《十三妹》，她就与郝寿臣、侯喜瑞、姜妙香分别合作过。

不光是与名伶合作演戏，杨慕兰与京剧名伶的关系甚密，这种半师半友的情谊，对双方切磋剧艺，极为相得。她因喜欢梅兰芳的戏，与梅兰芳关系非同一般。梅来天津演出，必上门拜访于她。梅兰芳每次莅津，杨慕兰必热情招待，包场包戏，积极捧场。据说"杨慕兰"的名字也是因梅而得。她演梅的戏，可以说达到出神入化、以假乱真的地步。有一次，她特意赶到上海更新舞台,看梅兰芳和金少山上演的《霸王别姬》。不凑巧,那天梅先生的嗓子出现问题,当晚不能演唱。梅兰芳一见她来了,好不欢喜。因为梅先生深知,只有她能代替自己演出。于是,本打算看梅演戏的她,却装扮成主角,代替梅先生上台演出,成为梨园界的一段佳话。

杨慕兰不光喜欢看梅兰芳的戏,还潜心研究梅派艺术,经常给梅兰芳提出一些好的建议。一次,梅兰芳在天津中国大戏院演出昆曲《奇双会》,梅先生饰演李桂枝,俞振飞饰演赵宠,姜妙香饰演李保童。三个角色服装均为红色,天台上正面悬挂的"守旧"也是红色。看似满台鲜艳,但给观众感觉有些"顺色"。散戏后,杨慕兰便向梅先生提出自己的看法,梅兰芳觉得周太太提得很有道理,接受她的意见,等再演这出戏时,便换了一件白地绣花"守旧"。这一换,不仅突出了三个主要人物的形象,还增强了舞台效果。

杨慕兰还非常喜欢尚小云的戏,与尚交情深厚。因她是大户人家,房多屋阔,尚小云来津演出,常常住在她家。尚小云亲自授予她三出看家戏:《战金山》《昭君出塞》《失子惊疯》。其中最难的是《失子惊疯》,尚小云饰演的胡氏,因失子而惊疯,而且不是假疯,是"真"疯,更不是"装"疯。这样的功底,让杨慕兰学来,确实得下一番苦功。尽管如此苦练,杨慕兰仍然觉得没有达到尚先生所要求的地步,自知心有余而力不足,故此,该剧她始终没有演过。杨慕兰后来谈起此事,仍觉得辜负了当年尚小云竭诚相授的一番盛情。

杨慕兰与荀慧生先生相识较早,凡是荀先生排演新戏,杨慕兰总要去看。演完了戏,有时几位老友还相约去起士林吃夜宵。荀慧生个人私事从不对她隐瞒,遇到难事也愿意找她帮忙解决。荀先生曾先后赠杨慕兰四十余部剧本,可惜于"文化大革命"中散失。"文化大革命"后,有关部门给已然故去的荀慧生落实了政策,杨慕兰在弟子的陪同下,专程赴京拜访荀慧生的爱人张慧君。

杨慕兰经常提携后人,热心资助演员,且不惜重金。北平昆曲社在天津新中央戏院演出,卖不上座,最后连每天戏份钱都开不出来,社员马祥麟找到杨慕兰,请她搭桌帮忙,杨慕兰为剧社销票并参与演出,帮他们渡过难关。她曾给童芷苓说戏,教她怎么演好《玉堂春》。孙元喜先生演戏,都请杨慕兰"摘毛",哪个字念得瘟,哪个字唱得不好,她都能一一指出。

杨慕兰在今天津市和平区徐州道上有一座旧宅,为广集人才,1942年,她与袁青云在该住宅创办了"云吟国剧社",她亲任社长,还特聘天津著名票友刘叔度任名誉社长,袁先生和高海澄先生负责剧务。该剧社为京剧培养了不少新秀,成为京剧人才荟萃的一个基地。云吟国剧社成立后,剧务活动频繁且有章可循。每晚 5 点到 7 点,是说戏时间,星期天响排一次,戏码是之前商定好的。剧社对社员要求很严,不是科班却类似科班。在剧社存在的 24 年里,培养了不少京剧人才,有为荀慧生打鼓的刘耀曾,给张学津操琴的王鹤云,中国京剧院弦师周世麟,观众熟悉的女花脸齐啸云,云南京剧院的青衣王小盈,天津艺术职业学院知名教师孟宪蓉、葛小林,等等。

1966 年,云吟国剧社解散,杨慕兰的戏曲梦也戛然而止,她几十年来积存的戏曲文物、史料和自置的行头也不知去向。20 世纪 80 年代,晚年的她又重新开始戏曲的研究工作。她在自己的住所成立了一个昆曲研究小组,专门发掘传统剧目。本地和外地的中青年演员和京剧爱好者时不时登门求教,她都热情接待,竭诚相告。

1986 年 12 月 25 日,杨慕兰安详地离开了人世,终年 83 岁。

参考文献:

杨慕兰:《回忆我的戏剧生活》,载天津市政协文史资料研究委员会编:《天津文史资料选辑》第 48 辑,天津人民出版社,1989 年。

周慰曾:《近云馆主传略》,《天津文史》,第 31 期。

黄殿祺:《女票翘楚杨慕兰》,载天津市政协文史资料委员会编:《近代天津京昆名票》,天津人民出版社,2015 年。

（杨秀玲）

杨瑞符

杨瑞符(1902—1940)，号节卿，天津静海人。15岁进津当徒工。1921年入伍，在吴佩孚部队任排长。1929年杨瑞符随部编入国民革命军第88师262旅524团，先后任排长、连长、营长，后晋升为团长。

1937年8月13日，日本侵略军大举进攻上海，震惊中外的"淞沪抗战"爆发。10月下旬，杨瑞符奉命率一营全营400余名官兵驻守闸北，掩护数十万中国军队撤退。

10月26日晚，杨瑞符选定四行仓库为扼守据点，牵制日军。四行仓库是位于上海闸北区苏州河西岸的一座混凝土建筑，在新垃圾桥(今西藏北路桥)西北沿，是金城、中南、大陆、盐业四家银行共同出资建设的仓库，也是该地区最高的建筑。四行仓库的位置及建筑结构对守军相当有利。27日拂晓，全营官兵用仓库内的粮食包构成工事，并将楼内电灯全部破坏以便隐蔽，焚烧周围房屋，准备战斗。当日，多架日机飞抵四行仓库上空。四行仓库临近公共租界，日本此时尚不愿意同欧美开战，怕炮弹落入公共租界内，因此不敢用海军炮火和轰炸机投弹。杨瑞符深知日军的顾虑，于楼顶部架起高射机枪，逼迫日机不敢低飞。上午7时，日军第三师团开至上海北站，午后1时开至四行仓库附近。约10名日军接近防御工事进行侦察，很快被击毙。之后不久，一个中队的日军从西侧发动进攻，大约70名日军进入仓库西南墙根中国军队火力死角，中国守军爬上楼顶向其发射迫击炮弹、投掷手榴弹，炸死日军7名，伤约二三十名。在第一波攻击失败后,日军向储有燃料及木材的仓库西区放火。下午 5 时大火被扑灭。同时日军在闸北进行抢掠纵火。日军在西侧发动另一次主攻,占领了交通银行大楼,并在四行仓库北面部署加农炮进行攻击。加农炮对四行仓库厚重的墙壁无法造成致命伤害,而在交通银行大楼内的日军又很容易被占领制高点的中国守军压制住。两小时后日军放弃进攻,但切断了四行仓库的供电及供水。杨瑞符令士兵将所有污水、便尿妥为保存,以备急用。晚上,分批召见士兵,鼓舞杀敌报国情绪,并命每人写下遗书,以慰家人。

28 日,杨瑞符率孤军抗日的消息很快传遍上海,中外各界人士设法送来食物、药品、被服等慰问品和慰问信。何香凝女士亦致专函嘉慰。上海童子军服务团的女学生杨惠敏只身渡河,为孤军敬献国旗一面。29 日晨,日本侵略军见国旗升上四行仓库楼顶,恼羞成怒,多次用飞机轰炸,均被高射机枪击退。中午,日军以坦克开道,数百名步兵尾随强攻四行。当晚,日军妄图用掘土机、大炮、坦克摧毁四行,均被杨瑞符率部击退。30 日黎明,日军炮兵、步兵、空军一起出动,围攻四行。激战时,平均每秒发炮弹一枚,炮声震耳欲聋,四行周围一片火海。杨瑞符率官兵坚守阵地,拼死抵抗。30 日的战斗整整持续了一天,中国守军摧毁了日军数辆装甲车。

当战斗进行时,大批上海市民和公共租界中的西方人士在苏州河对岸的安全地带围观,甚至有记者团跟随拍照,将战斗过程现场直播给西方世界。全世界都在目睹残暴的侵略者用枪炮残杀几百人的守军,目睹中国的战士在自己的国土上拼死抵抗。最后,西方人士提出"出于人道主义原因"要求双方停止战斗。此时参加淞沪战役的中国军队绝大部分已经撤离并重新部署,战斗本身也已经引起了西方世界的注意,杨瑞符部队所奉使命已经完成。

10 月 31 日,蒋介石下令中国守军撤离四行仓库。午夜,杨瑞符带领剩余的 300 多中国军人分小队分批通过新垃圾桥撤入公共租界。日军又卑鄙食言,在西藏路口架设大功率探照灯、四挺重机枪,对撤退的孤军进行火力压迫,部队全部暴露在日军的弹雨下,杨瑞符左腿不幸被子弹击中。到凌晨2时,所有守军完成撤退。之后,蒋介石将所有参加保卫战的军人晋升一级,并授予杨瑞符青天白日勋章。

1939年5月,杨瑞符奉命携妻儿及负伤的内弟到重庆合川铜梁洞二仙观养伤。养伤期间,合川社会各界前往拜望这位抗日英雄。

1940年初,杨瑞符枪伤化脓复发,经送重庆抢救无效,病故于医院,年仅37岁。

参考文献:

天津市地方志编修委员会办公室编著:《抗日烽火在天津》,天津人民出版社,2005年。

王凯捷:《天津抗战》,天津人民出版社,2005年。

中共天津市委党史研究室编著:《津沽大地的抗日壮歌》,天津古籍出版社,2005年。

（刘轶男）

姚依林

姚依林(1917—1994),安徽贵池人,曾用名姚克广、许志庸。

1917年9月6日,姚依林出生于香港,幼年丧父,随母亲在江苏、浙江、上海生活。他在青少年时期就向往真理,追求进步。在上海读高中时,他阅读进步书籍,开始接触马克思主义。14岁时积极投身抗日救亡运动。1931年九一八事变后,姚依林从上海光华大学附属中学考入清华大学。此间,他在中共地下组织的影响下,加入党的外围组织——中华民族武装自卫委员会。1935年11月,姚依林加入中国共产党,先后担任北平学联秘书长、党团书记,从此走上了为争取民族独立、人民解放和国家富强、人民幸福而奋斗的道路。

姚依林是一二·九运动的主要领导人之一,为推动抗日救亡运动新高潮的到来作出重要贡献。1935年后,随着日本帝国主义向华北发动新的侵略,国民党当局不断妥协退让。为挽救民族危亡,12月9日,在中共北平临时工委的领导下,在姚依林等同志的具体组织和直接指挥下,数千名北平爱国学生涌上街头,举行声势浩大的抗议活动。12月10日起,全市各校学生宣布实行总罢课,姚依林等人为此付出了极大的精力。国民党当局迫于强大压力,被迫宣布冀察政务委员会延期成立。随后,姚依林参与组织学生南下宣传,到工农民众中去,揭露日本帝国主义企图吞并中国的阴谋,宣传中国共产党的抗日救亡主张。

为贯彻党的抗日民族统一战线策略和方针,1936年二三月间,刘少奇奉党中央派遣来到天津，主持中共中央北方局工作。其间，为加强北方局力量，中央决定北方局重组并与河北省委分设，由此天津市委领导成员也相应做出调整。5月，姚依林被派到天津，负责编辑市委机关刊物《世界》，同时参与《长城》杂志（后改名为《国防》《中国人》《人民之友》等）的编辑工作。1936年11月至1937年7月，姚依林任天津市委宣传部部长，此间，他深入广大工农和学生中间，宣传党的抗日民族统一战线方针，宣传抗日救国的道理，在广大民众中产生了极大的反响。

西安事变发生后，为深入贯彻执行党的抗日民族统一战线方针，按照北方局的指示，姚依林分别与民先队、学联负责人李哲人、杜文敏、王绶昌谈话，要求立即在民先队和学联中传达学习党的方针政策。通过学习，使党的停止内战、一致抗日的主张更加深入人心。1937年2月，在北方局的领导下，中华民族解放先锋队（民先队）在北平召开第一次全国代表大会，天津民先队派出代表出席了大会。大会结束后，为贯彻大会精神，在李铁夫、姚依林等的直接领导下，天津民先队充分发挥团结带领爱国青年学生投身抗日救亡运动的重要作用，从而使天津的抗日救亡运动不断深入发展。

1937年全民族抗战爆发后，在日本侵略军占领平津并进攻华北的严峻形势下，按照党的洛川会议精神，中共中央北方局领导华北各级党组织迅速将工作重心由城市转向农村，转移到发动群众、组织群众开展抗日游击战争的轨道上。为此，北方局指示河北省委："党在平津的组织转入长期的秘密工作，应利用一切合法的可能保存与积聚力量，以等待和准备将来反攻时期收复平津。目前的主要任务是援助平津附近乡村中的游击战争，城市工作服从乡村工作，干部人员除必须留在平津者外，应退到乡村组织游击队。"①为此，根据北方局指示，河

---

① 《刘少奇选集》上卷，人民出版社，1981年，第254页。

北省委在天津建立了新的领导机关,马辉之任省委书记,姚依林任省委宣传部部长兼天津市委书记。同时在西安道福顺里 12 号建立天津市委秘密机关。自此,姚依林领导中共天津地下组织开展了一系列艰苦卓绝的抗日斗争。

卢沟桥事变后,面对严峻的形势,中共河北省委按照党中央的指示,制定了"隐蔽组织,蓄积力量,等待时机,里应外合"的工作方针。决定利用外国租界的有利条件开展抗日斗争。当年,设在天津英法租界的党的地下组织,主要有华北各界救国联合会、中华民族解放先锋队天津队部、河北省委机关刊物《火线》编辑部、华北联络局、苏联驻津领事馆领导的情报组、河北省委交通站等。姚依林在领导这些秘密组织、团结各界群众、开展抗日救国宣传等方面做了大量卓有成效的工作,为抗战初期党在天津斗争策略的转变发挥了重要作用。

当时,转移抗日力量,支援敌后战场,成为天津市委承担的重要任务之一。平津沦陷后,平津各大专院校纷纷南迁,一些上层爱国人士也准备离开天津南下,特别是许多民先队队员和进步青年积极响应党的号召,准备奔赴抗日前线。8月中旬平津铁路通车后,北平等地的党员、民先队队员和爱国学生陆续到达天津,进入英法租界,打算从海路转移。此时,需要从天津转移的党员和进步青年学生达数千人,其中包括北平等地的大批党员和民先队队员、知名人士,以及在津的党员和民先队骨干等。根据北方局和河北省委的指示,为完成好转移抗日力量的任务,姚依林做了大量艰苦细致的准备工作。他号召大家有钱的出钱,没有钱的大家出力,实在没有办法的就去募捐。同时,他还指示市委从党费中拿出几百元资助转移工作。为安排好接待工作,姚依林领导天津市委通过各方面关系租借了开滦煤矿堆栈、太古洋行和怡和洋行仓库等地,以便把从北平及其他地方来津的民先队队员和进步青年安顿下来。姚依林还指示市委在市内建立了多处联络站,还在英租界泰来饭店租赁房屋,作为转移人员的中转站。为组织好转移,姚依林与先后来到天津组织撤离工作的北平学委负责人蒋南翔、李昌等一起研究、落实迅速转移疏散这些党的骨干的有效办法。姚依林指定从北平来到天津的华北各界救国会负责人杨秀峰及平津民先队负责人等具体负责此项工作。其间，姚依林又同刚从延安返津的市委组织部部长李启华一起，有条不紊地组织指挥抗日力量由天津疏散转移。在姚依林的周密安排下，经过近两个月紧张而有计划的工作，至10月份，平津等地的许多党员、民先队队员和爱国学生，通过各种途径，先后撤离天津。姚依林作为直接领导者和组织者，为保存和积聚抗日力量，支援全国抗战和创建敌后抗日根据地，作出了重要贡献。

由于平津沦陷和大批党员、民先队队员奉命撤离，留下来的民先队队员在与组织失去联系的情况下亟须帮助和引导。姚依林根据严峻的斗争形势和任务，决定尽快恢复中华民族解放先锋队，把这支经受过锻炼和考验的队伍紧紧凝聚在党的周围。为此，姚依林找来地下学生区委书记程宏毅等研究决定，首先组建起天津民先队中共支部，然后分头组织、联系主要分散在市区各学校中的民先队队员；指定以原天津民先队队委、共产党员张淑贞为首，和由北平来津的民先队基层负责人组成党支部，具体领导天津民先队的恢复和整顿工作。1937年8月初，党支部在姚依林的主持下召开会议，决定选拔天津民先队一部分领导成员和骨干分子，重新建立民先队天津地方队部，以利于建立民先队各级组织，开展工作。姚依林号召全体民先队员要积极开展工作，密切联系周围群众，特别是要在青年学生和市民中积极发展组织，开展抗日宣传工作。会议还决定编印队刊《灯塔》。《灯塔》的创办，自始至终都是在姚依林的具体关心指导下进行的。每篇社论和重要文章都由姚依林亲自审定，从而给天津的爱国青年指明了前进的方向。

为更好地开展抗日斗争，在姚依林的提议下，中共河北省委将华北各界抗日救国联合会改组为华北人民抗日自卫委员会（简称"自卫会"）。从而形成了在党的领导下，由共产党员、国民党爱国人士和其他进步民主人士组成的抗日民族统一战线组织。民先队在姚依林的指示下，作为集体会员，参加了华北人民抗日自卫委员会。此后，他们参加"自卫会"召开的有关会议，多次接受任务，为冀中、冀东、冀南抗日根据地募集寒衣、药品、捐款和收集日军情报等。同时，姚依林等还创办了《新闻报》(后改名为《时代周刊》)，并负责撰写和编辑稿件。由于报道的消息迅速、真实而且内容丰富，号召力强，因此产生了很大的社会影响。此外，在姚依林直接领导下，在英租界秘密创办了《抗日小报》。不久，在姚依林的主持下，又出版了党的刊物《风雨同舟》。宣传了党的抗日政策，推动了天津各界群众抗日救亡活动的开展。

发动冀东抗日暴动是实现党中央开辟冀东根据地战略决策的重要举措。为此，中共河北省委和天津市委从思想上、组织上、物质上进行了紧张而充分的准备工作。姚依林指导天津市委充分利用租界隐蔽和物资流通畅通的便利条件，向冀东运送了大批物资。同时，派出一批干部到冀东协助工作。为确保通讯联络畅通，购置了多部电台送到冀东。其间，姚依林还通过国民党"桂系"官员刘绍襄的关系，利用刘设在天津家中的电台，建立了同北方局保持联系的通道。特别是在姚依林的策划和领导下，经王士光(王光杰)等努力，在天津英租界伊甸园建立了秘密电台，派女子师范学院学生王新(化名黄蕙)和王士光(化名吴厚和)组成"家庭"，在白色恐怖统治下坚持党的通讯联络工作。姚依林亲自找他们谈话，布置任务。他还亲自编定电台的呼号和密码，坚持每天阅发电报。在姚依林的领导下，他们出色地完成了与党中央、北方局的联络任务，使党的指示及时地传达到河北省委和天津市委，指导了冀津地区的抗日斗争。

1939 年 7 月起，姚依林调任中共中央晋察冀分局、中央局秘书长等职。其间，他创造性地贯彻党中央的指示，参与根据地党的建设、政权建设等各项建设的决策和政策制定，卓有成效地开展各方面工作，为渡过难关，坚持敌后抗战发挥了重要作用。

解放战争时期，姚依林先后担任晋察冀边区行政委员会工商处副处长、工业局长、财经办事处副主任，华北联合行政委员会工商厅长，华北人民政府工商部长等职。他遵循"发展经济、保障供给"的财经工作总方针，为华北解放区的经济发展和保证解放战争的胜利推进，尽心竭力，成绩卓著。1948年上半年，他主持召开华北财经会议，组织晋察冀和晋冀鲁豫两区物资交流，解决了边区的物资交流问题。

新中国成立后，姚依林长期担任国务院财贸部门的领导工作，先后任贸易部副部长、党组副书记，商业部副部长、党组副书记，中央财贸工作部副部长，国务院财贸办公室副主任，商业部部长、党组书记，中央财经领导小组成员，中央财贸政治部主任，国务院财贸党委副书记等职务。姚依林作为主管国家财贸工作的中央领导同志的主要助手之一，参与研究、制定和具体组织实施国家若干重大经济政策。20世纪60年代初，他坚决贯彻执行中央提出的"调整、巩固、充实、提高"的方针，积极参与国民经济的调整工作，把主要精力用于稳定市场、安排人民生活。他对当时财政经济的困难状况，进行认真的研究，提出国民经济调整阶段物价政策的设想，得到了周恩来总理的肯定。"文化大革命"开始后，姚依林遭受严重迫害，他坚持原则，进行顽强斗争。1973年11月，他担任对外贸易部第一副部长期间，与外贸部其他领导同志一起，顶着压力，为开辟出口货源、引进国外先进技术和设备、恢复和发展对外贸易做出了很大努力。在1975年邓小平主持党和国家日常工作期间，他坚决贯彻全面整顿的方针。1977年3月，姚依林先后担任国务院财贸领导小组组长，商业部部长、党组书记等职务，带领干部群众认真纠正"左"的错误，落实干部政策，平反冤假错案。他以极大的热情支持并投入真理标准问题的讨论，坚决反对"两个凡是"的错误思潮。

党的十一届三中全会以后，姚依林任中共中央副秘书长兼中共中央办公厅主任。为贯彻执行党的十一届三中全会精神，实现历史性的伟大转折，做出了积极的贡献。1979年3月，他任国务院财政经济委员会秘书长等职务期间,协助主要负责同志坚决纠正此前一段时间经济工作中的失误,认真清理过去长期存在的"左"倾错误影响,恢复党的实事求是、一切从实际出发的优良传统,在调整国民经济方面做了大量工作。1979 年 7 月,在全国人大五届二次会议上,姚依林被任命为国务院副总理,分管经济工作。此后,他还兼任了国家计划委员会主任、党组书记,中央财经领导小组副组长等职务。他主持编制和组织实施了国民经济和社会发展第六、第七个五年计划,主持编制了第八个五年计划。为此,他强调计划要从国力可能出发,建设规模必须与国力相适应。他多次强调在发展社会主义市场经济过程中,政府部门要从观念上、工作上转变职能,在加强宏观调控、搞好协调和服务上下功夫。他还积极参与了外贸改革与发展、建立经济特区、开放沿海城市和沿海地带的决策实施工作。

在党的十三届一中全会上,姚依林当选为中央政治局常委。他坚定不移地贯彻党的以经济建设为中心、坚持四项基本原则、坚持改革开放的基本路线,为加强和改善党的领导,为维护国家的社会政治稳定,为深化改革、扩大开放、促进国民经济发展作出了重大贡献。

姚依林在中共八届二次会议上被增补为中央候补委员,他是中共第十届中央候补委员,第十一届中央委员、中央书记处书记,第十二届中央委员、中央书记处书记、中央政治局候补委员、委员,第十三届中央委员、政治局委员、常委。他还是第一届全国人民代表大会代表,第三届全国政协常委,第四届全国政协委员。

在党的十四大和第八届全国人民代表大会第一次会议后,姚依林不再担任党和国家领导职务。1994 年 12 月 11 日,姚依林在北京逝世,终年 77 岁。

参考文献:

李克强:《在纪念姚依林同志诞辰 100 周年座谈会上的讲话》(2017

年9月6日),《人民日报》第2版,2017年9月7日。

曲青山:《在纪念姚依林同志诞辰100周年座谈会上的发言》(2017年9月6日),《人民日报》第8版,2017年9月7日。

中共天津市委党史研究室:《中共天津历史》第1卷,中共党史出版社,2005年。

姚锦编著:《姚依林百夕谈》,中国商业出版社,1998年。

（王凯捷）

袁 贤 能

袁贤能(1898—1983),别号问不、问朴、问卜,浙江天台人,出身于中产家庭。

袁贤能念过私塾、小学堂,有扎实的古文基础;在读中学期间,学习现代科学基础知识和英语。他于天台中学校毕业后考进上海文生氏英语专科学校,又转学杭州,入之江大学预科。为节省开支,加快学习节奏,他决定进行自修,来到赤城山"中洞"去自学,过起"腌菜铜罐饭"的清贫生活。他苦读两年,学业大长,一部英文字典,从 A 部至 Z 部,竟能倒背如流。

两年后,他再一次来到上海,准备报考复旦大学经济系插班生。经过考核,袁贤能已经达到大学二年级的水平,校长李登辉教授同意他插入经济系三年级。袁贤能喜出望外,从此如鱼得水,学习更加勤勉。他的求异思维特别发达,李登辉校长不但不以为他轻狂,反而当众表扬他独立思考的精神,认为袁贤能这样的人才难得,还赠给他一个"问不"的别号。他于是成了"复旦"校园里的新闻人物。

1921 年,袁贤能从复旦大学毕业,获得学士学位。李登辉校长以当年自己大学毕业时的学士衣和学士帽相赠。袁贤能将这一殊荣看作老一辈学者对自己最大的鼓励和鞭策。是年他考入燕京大学经济研究所,一年后获得硕士学位。1922 年袁贤能远渡重洋,入美国纽约大学博士班深造。由于家庭经济条件有限,所寄钱钞远远不够日常开销,他就坚持半工半读,节衣缩食付学费。

1927年,袁贤能获得博士学位。随即回国,到母校复旦大学担任讲师并兼训育主任。接着执教于南开大学,襄助何廉教授创建南开经济研究所。1930年至1931年,袁贤能任中央大学无锡推广部的副教授兼任民教系主任,以后又回到南开大学,任教授兼经济研究所导师。

1937年7月抗日战争全面爆发,南开大学奉命南迁。袁贤能应聘为燕京大学教授。不久北平沦陷,燕京大学被日军封闭。他和部分爱国师生因有反日言行,遭到日本宪兵的逮捕。出狱后,袁贤能回到天津,在天津战区教育督导员张卓然、教育部专员徐治的支持下,与北洋大学未撤退的教授黄邦桢商议创办天津达仁经济学院,收容不愿接受敌伪高等教育又不能到后方升学的青年学生。经商讨决定,下设会计、商业管理、银行三系。附设达仁经济研究所,袁贤能任所长,在英租界海大道租了几间平房,因陋就简开学上课。袁贤能任院长,黄邦桢任总务主任。袁、黄兼教主要科目,还请几位兼课教师担任国文、英文课等。学校除酌收学费外,主要靠私人捐助,并向重庆教育部备案请求经费。

1938年底,陈立夫派到天津的地下工作人员张卓然(当时化名张维平)秘密组织"天津教育促进会",袁贤能担任理事。该组织的使命是联络与敌伪不合作的天津教育界人士一致对外。袁贤能的社会声誉卓著,日寇多次"请"他出任伪职来装扮门面,都遭到拒绝。日寇头目恼羞成怒,将他关押起来,威逼利诱。1944年4月,天津教育界一些和张卓然有联系的人,被日军逮捕审讯,袁贤能第三次入狱。日寇对他用尽酷刑,但是他宁死不屈,大义凛然。后经门生故旧多方设法营救,袁贤能被保释外治。

抗战胜利后,袁贤能重返南开大学执教,目击达官贵人以"接收大员"的名义,巧取豪夺,发"国难财"的种种丑恶现象,痛心疾首,拍案而起,投书北平、天津报章,给予揭露、抨击。

天津解放解放军接管南开时,袁贤能出面接待。新中国成立之初,袁贤能担任南开大学经济学院院长,主持全面工作。1950年辞职南下。1951年任上海财经学院和杭州之江大学教授。1954年北上任北京对外贸易学院教授,直到退休。

袁贤能著有《经济学》《经济思想史导言》《柏拉图的经济思想》《亚里士多德的经济思想》《亚当·斯密前的经济思想史》,并在杂志发表多篇重要论文。他精通英语、德语,翻译了托马斯·孟的《英国得自对外贸易的财富》(署名"袁南宇")及约翰·勃雷《对劳动的迫害及其救治方案》等书籍,还与他人合译马尔萨斯《人口原理》(署名"南宇、子箕、惟贤",南宇即袁贤能,子箕是丁洪范,惟贤即宗惟贤),并留有尚未出版《中古时期经济思想》手稿。袁贤能还擅长美术欣赏、评论,对哲学也有研究。

1983 年 2 月 9 日,袁贤能病逝,终年 85 岁。

参考文献:

张卓然:《天津沦陷后我在教育界的抗日活动》,载天津市政协文史资料研究委员会编:《天津文史资料选辑》第 39 辑,天津人民出版社,1987 年。

邵华:《天津近代教育家、经济学家袁贤能》,载刘开基主编:《河西文史资料选辑》第 7 辑《天津河西老学校》,中国文史出版社,2008 年。

张建虹:《近代爱国教育家袁贤能》,载中共天津市河西区委宣传部、天津市河西区档案馆编:《天津河西历史文化名人传略》,线装书局,2013 年。

(张绍祖)

曾 延 毅

曾延毅(1892—1964),字仲宣,湖北黄冈人。1915年,曾延毅入保定军官学校第五期炮科学习,与傅作义为同校同学（傅为步兵科学员）。1918年毕业。

第一次世界大战期间,北洋政府于1917年8月对德宣战。段祺瑞于12月就任参战督办,编练参战军。1919年曾延毅入参战军军官教导团深造,后任参战军第1师第1团炮兵连长。1920年任山西督军公署少校参谋,不久即调至傅作义所在部队任职。1924年至1926年间,曾延毅历任营长、团长、旅长。

1927年,曾延毅随傅作义参加了涿州守城。1928年6月,晋军进入平津,傅作义任天津警备司令,曾延毅任天津市公安局局长。1930年10月,晋军撤离天津,傅作义被任命为第7军军长(后改为35军),曾延毅任中将副军长。1931年,傅任绥远省主席,曾延毅任军事处处长。九一八事变后,日军进攻长城各口,傅部奋起抗战。在1936年的绥远抗战中,曾延毅与傅作义一起率部挫败日伪进犯绥远的阴谋,并于11月23日一举攻克察西重镇百灵庙。此后,傅作义部调往山西作战,曾延毅任太原城防司令,但在1937年11月太原保卫战期间,临阵脱逃。后任晋西南隰州警备司令。1938年,曾延毅因伤病返天津治疗,从此脱离军职。抗日战争期间,曾延毅一直在津治疗、休养,始终拒绝为日本人工作。

抗战胜利后,曾延毅目睹国民党政治之腐败,婉言拒绝了对其出任军职之邀,亦未参与当时的政治活动,对民主进步活动,则抱同情的态度。曾延毅之女曾常宁、子曾亚宁均在耀华学校读书,并积极投入进步学生运动,先后成为共产党员和"民青"成员,对此,曾延毅一直持默许态度。1945年9月,中共耀华学校地下党支部建立,经研究决定由党员教师刘子安做曾延毅的工作。此后,中共地下党分析了曾延毅的政治态度,同时也考虑到当时的一些当权人物(如警察局长李汉元等人)多是曾延毅的老部下、老熟人,对他都很尊重,决定将一些革命团体组织的活动地点迁至曾延毅宅。所有这些活动,大多得到了曾延毅的默许。

曾延毅不仅同情进步活动,还亲自做了许多有益于革命的工作。1946年6月,国民党反动当局在市内逮捕进步师生,当时一些中共耀华学校地下组织的同志就住在曾宅,得以顺利地撤回解放区。1947年5月,天津进步学生开展"反饥饿、反内战、反迫害"运动,曾延毅为《耀华中学反饥饿、反内战行动委员会同学联络网》亲笔题写了封面标题。1948年8月,国民党反动派大肆逮捕进步学生,曾延毅不仅支持儿子曾亚宁去解放区,而且还亲自出面保释被捕的同学。

1948年3月,曾延毅之女、在南开大学读书的地下党员曾常宁去解放区接受任务。中共中央华北局城工部刘仁部长指示,要她做好曾延毅的工作,再通过曾延毅去做傅作义的工作,并派城工部负责敌工工作的王甦来津与曾延毅直接联系。王甦表明了自己的共产党员身份,谈了战争形势和党的政策,给曾延毅留下深刻的印象。曾延毅也有进步倾向。后来,曾延毅还向王甦介绍了他和傅作义的老师刘后同的情况。曾延毅表示可以去做刘后同的工作,通过刘再去做傅作义的工作。从此,曾延毅经常去找刘后同,并在争取傅作义调转枪口问题上取得共识。此后,刘后同积极说服和影响傅作义起义,直至北平和平解放。

1948年9月,城工部指示,要求除抓紧做傅作义的工作之外,还要通过曾延毅在军、政界的社会关系去掌握天津敌军的情况。1948年12月,天津解放前夕,中共天津地下组织领导人经曾常宁介绍与曾延毅见了面。曾延毅还配合曾常宁取得了塘沽城防图的有关信息。

新中国成立后,曾延毅曾任市政协委员。1964 年因病去世,终年
72 岁。

参考文献:

曾常宁:《回忆解放前我做父亲曾延毅的工作》,载中共天津市委党
史资料征集委员会编:《天津解放纪实》,中共党史出版社,1988 年。

王甦:《解放前夕做曾延毅、刘后同工作的回忆》,载中共天津市委党
史资料征集委员会编:《天津解放纪实》,中共党史出版社,1988 年。

郭长龄:《地下党活动阵地——常德道 1 号曾延毅寓所》,载李正中
主编:《近代天津名人故居》,天津人民出版社,2009 年。

（欧阳康）

张 相 文

张相文(1867—1933),字蔚西,晚号沌谷居士,江苏桃园人。9 岁入乡塾,曾因家中无力支付学费而辍读。21 岁时补博士弟子员。

25 岁以后辗转于私人家中授徒。曾经参加过乡试,后弃科举,殚心新学,尤喜中外地理科学。除了遍读二十四史、诸子百家外,又喜读江南制造局出版的科学书籍。戊戌变法时,苏州护龙街墨林堂书店出售《时务报》《孔子改制考》等书刊,张相文都买来阅读,受这些书籍影响,他的思想发生了很大变化,甚至打算在康有为路过上海时,前去拜访。时在苏州的一位美国教士,赠与汪瑶庭以郑兆桐所译绘世界地图一册,因此引起他研究世界地理的极大兴趣,上海徐家汇土山湾天主堂所出版之《地理备说》等书,他都购得存阅。这时的张相文已经把地理学作为了研究方向。1900 年,张相文以 33 岁的年纪,带着儿子一起进入南洋公学,充师范生,兼教留学班国文地理等课,并向日本人栗林孝太郎学习日语。两年以后,张相文学通了日语,开始翻译日文书籍,曾转译日文版的法国孟德斯鸠《万法精理》。同年编成了中国最早的地理课本《初等地理教科书》《中等地理教科书》,两书印行达 200 万余部。

南洋公学与北洋大学都是盛宣怀一手促成的,这是国内废科举之前两所最早的大学。北洋大学旨在培养一流工科人才,南洋公学旨在培养一流"商战人才"。张相文在南洋公学教书的几年中结识了一批国内最优秀的人才,与章太炎、蔡元培等成为挚友,加入了同盟会,为他后来在北方的发展打下基础。1908 年秋,张相文接到直隶提学使傅增湘的聘请,到天津北洋女子高等学校任教务长。当时直隶总督袁世凯曾要求傅增湘选用年老者担任女校职务,傅见张相文 42 岁鬓发已斑,就多报了 10 岁,也没人怀疑。这一年,他编著了我国第一本自然地理著作《地文学》,书中说:"言地理,必济之以地文,其旨趣始深,乃不病于枯寂无味,且与他学科互相关联,如天文学、地质学、动植物学、气象学、物理学、化学,莫不兼容并包,以为裨益人生之功……此地文学所以为最重要之学科也。"此书是他试图建立新地理学的重要尝试。两年以后,张相文升任北洋女子高等学校校长,并在这一年创立了中国地学会,这是中国最早的地理学研究组织。几个月以后,会刊《地学杂志》的创刊号问世,这是中国第一个地理学术刊物。

在天津,张相文积极参加了同盟会在北方筹划起义的活动,曾参与同盟会友秘密组织"天津共和会",经常去法租界"生昌酒楼"共商策划滦州起义问题——生昌酒楼是共和会在天津的会址。他还让女儿张星华秘密传递武器,散发传单。

1912 年夏,张相文辞去了北洋女子高等学校校长职务,专办中国地学会事务。1913 年,张相文被选为众议院议员,始终反对袁世凯的独裁和复辟,7 月南下广州参加护法运动。为了躲避袁世凯的迫害,1916 年 4 月,张相文曾化妆成老农抵津,在法租界老西开恒安里租房居住。后来因政局变动,张相文曾多次来津避难。他曾多次到淮河中下游、黄河中下游及塞外高原山区,实地考察了解各地区的自然现象及人文现象。1914 年春,农商部长张謇委托他调查西北农田水利,回来后与张謇商量策划,各捐 2000 元,组织西通垦牧公司,到黄河后套开垦。由于官僚豪绅的敲诈勒索和土匪的抢劫,最终失败。

张相文最成功的事业还是他一手创办的中国地学会和《地学杂志》。学会建立之前,张相文曾征求张謇的意见,张謇告诫他要吸取湖北邹代钧曾为翻印地图几乎倾家荡产的例子。不出张謇之言,在之后建立学会的过程中,张相文经常陷入经费短缺的窘境,但是他筚路蓝缕,为事业坚持不懈。《地学杂志》自创刊起至 1937 年因抗战暂时停刊止,历时 28 年,共刊 181 期,共载文 1600 余篇。学会和杂志聚集了一支我国最早研究地理学的队伍,张相文把当时的国学大师章太炎、地理学家白眉初、地质学家章鸿钊、水利学家武同举、历史学家陈垣、教育家蔡元培、张伯苓等都团结在中国地学会里,撰稿人中还包括很多地理、地质等方面的专家,地理学在中国逐渐成为一门成熟的学科。

1933 年 1 月 16 日,张相文因病逝世于北平,终年 66 岁。

其主要著作有《初等地理教科书》《中等地理教科书》《新撰地文学》《最新地质学教科书》《南园丛稿》(24 卷)等。

参考文献:

张相文:《南园丛稿》,载《民国丛书》第 5 编,上海书店 1996 年影印版。
《地学杂志》创刊号,宣统二年正月(1910 年 2 月),天津博物馆藏。

(陈　克)

张 友 清

　　张友清(1904—1942),本名张学静,字守仁,号新侬,1904 年出生于陕西省神木县一个贫农家庭。他 8 岁入私塾,14 岁进入神木县立第一高小,17 岁考入山西省立第一中学。在一中学习期间,张友清受到社会主义青年团、青年学会等革命团体和进步组织的影响,开始阅读进步书刊,并与一些同志探讨马克思列宁的思想主张和社会主义国家苏联的情况。

　　1925 年 7 月,张友清考入北京中国大学。在这里,他阅读了《共产党宣言》和《中国青年》《向导》《觉悟》等革命书刊,思想觉悟进一步提高。不久,经安子文、李波涛介绍,张友清加入共产主义青年团,年底转为中国共产党党员。1927 年初,张友清被党组织派赴中央军事政治学校武汉分校学习军事。蒋介石发动四·一二反革命政变后,夏斗寅率部叛变,通电联蒋反共,进攻武汉国民政府,张友清参加了由叶挺领导和指挥的讨伐夏斗寅叛军的战斗。

　　大革命失败后,根据中共中央军委的指示,张友清等 30 多名共产党员离开武汉,到十九军(后改为四十七军)高桂滋部和第十军杨虎城部搞兵运工作,同时进行地方上的农运和建党工作。后因蒋介石在军队中实行"清党",张友清离开军队,转入皖北农村,任亳县分特委委员兼鹿邑县委书记。

　　皖北暴动失败后,张友清被党组织调回北方,从事城市中共地下组织工作。1928 年底,张友清被中共顺直省委派到北平,担任中共北平市委书记。1929年2月，他根据党的六大决议和顺直省委1月扩大会议"关于争取群众、发动群众、准备迎接新的革命高潮"的精神，并依照刘少奇巡视北平市委时的指示意见，研究制定了工作计划，确定北平党组织的总任务是争取群众，在群众中扩大党的政治影响，建立党的基层组织。经过一段时间的努力，使党在工运、学运及青年团、互济会等各方面的工作都有了新的起色，逐渐在北平所属的平汉、平绥、京奉三条铁路和各大站，以及市政（电灯、电话、电车）工人、邮务工人、印刷工人及人力车工人中，恢复和建立了党支部，并领导工人建立工会组织，开展了一系列经济斗争和政治斗争。10月22日，张友清在领导全市人力车工人举行声势浩大的"车潮"斗争中，被敌人逮捕。张友清被捕后，关押在北平宪兵司令部的监狱中。在敌人的严刑拷打和威胁利诱下，他始终坚贞不屈。1930年9月，统治北平的阎锡山倒蒋失败，东北军接管北平，张友清被党组织营救出狱。

1930年10月，张友清被中共中央北方局任命为中共天津市委书记，后又任中共河北临时省委委员。这一时期，河北省委内部在重大问题上看法不一，省委所在地天津市的党组织遭受严重破坏。张友清根据实际情况，在北方局和河北省委领导下，从维护党的团结和统一出发，与分裂党的活动进行坚决斗争，整顿和恢复了党的基层组织，并建立了南北两个区委。

1931年2月至7月，由于国民党反动当局残酷镇压和叛徒的告密，河北省委和天津市委等党的组织连续遭到破坏，一大批党的领导干部被捕，张友清也于6月被捕。张友清等39人被认为是共产党的"重要分子"和"危险分子"，被判了重刑，8月初被转送到陆海空军副总司令行营军法处。这时，张友清等利用行营军法处与宪兵司令部之间的矛盾，秘密串连进行"翻供"，并获得成功，最后全被改判减刑，8月底被送进北平军人反省分院（草岚子监狱）监禁服刑。他们在狱中建立了党支部，张友清是支部骨干成员。

为了反虐待、反迫害,争取改善狱中生活,狱中党组织经反复研究和准备,提出了全体下镣、自由阅读公开书报、增加火炉等要求,领导政治犯们从 1934 年 12 月 19 日开始进行绝食斗争。张友清患有肺病,身体十分瘦弱,支部劝他和其他几个重病号不要参加这次绝食斗争,但他仍然和大家一道,坚决投入绝食斗争。1936 年,华北地区的抗日救亡运动蓬勃发展。以刘少奇为首的中共中央北方局报经党中央批准,将草岚子监狱中的 50 多位同志先后营救出狱。张友清于 9 月下旬出狱。

1936 年 10 月,张友清被派到山西,任中共山西省工委书记。北方局还根据阎锡山的邀请,派以薄一波为首的一批共产党员,组成公开工作委员会,以合法身份从事上层统战工作和领导牺盟会等公开的抗日救亡团体,同阎锡山形成了特殊形式的统一战线。省工委与公开工作委员在中共中央北方局的直接领导下,迅速开创了山西革命新局面。

1937 年 7 月 7 日,全民族抗战爆发。7 月 12 日,张友清受命举办训练班(亦称北方局太原党校),组织当时在太原的 100 多名党员进行学习,提高他们对形势任务和党的路线方针的认识。根据北方局关于动员群众、动员一切力量参加抗战,准备独立自主地进行游击战争的指示,张友清、林枫召开工委会议,提出了"武装山西工人,坚持山西抗战"的口号,并指示太原、阳泉、榆次等地和铁路系统党的组织,把组建一支工人阶级的抗日武装,作为党组织的中心任务来抓。经过有关党组织和广大党员,以及牺盟会的共同努力,山西工人武装自卫队、铁工游击队和阳泉矿工游击队等工人抗日武装很快建立起来。

1937 年 9 月,八路军 3 个师的主力开赴山西前线对日作战,10 月 23 日,毛泽东发出在山西进行游击战争的指示电,提出在山西应分为晋西北、晋东北、晋东南、晋西南四区,开展游击战争和创建根据地。根据这一指示和北方局的决定,中共山西省工委改称中共山西省委,张友清继续任书记。11 月 8 日,太原失陷后,张友清率领省委机关人员随第二战区及山西省政府机关撤退到临汾。中共山西省委作出规定,共产党员不准过黄河,要在山西坚持武装斗争,发动群众,收集国民党军队丢弃的武器,组织抗日武装。此时,周恩来代表中共中央军委,向山西省委布置了"20天扩兵2000人补充八路军——五师和一二〇师"的紧急任务。省委立即采取有力措施,提前超额完成扩兵任务。

张友清还指示牺盟会总会,要重视和加强对农民的工作。从1937年底开始,各地牺盟会在当地党委的领导下,把工作重点放在农村,派出大部分骨干开展农村工作,认真贯彻执行合理负担和减租减息政策,普遍组织农救会,把广大农民团结在党组织和牺盟会周围,成为有组织的战斗集团。1938年5月,遵照党中央和北方局的指示决定,中共山西省委改为中共晋西南区党委,由林枫任书记,张友清任宣传部部长(后改任统战部部长)。其间,张友清除兼任区党委党校副校长培训大批党员干部外,主要是大力进行统战和武装工作。他经常深入各特委和新军指导工作。

1939年1月,张友清调任中共中央北方局统战部部长。1月下旬,国民党五届五中全会后,反动派掀起了一股"反共"逆流。阎锡山也采取"扶旧抑新"政策,更加向"右"转。三四月间,在宜川县秋林镇召开了军政民高级干部会议(史称"秋林会议")。这实际上是一次取缔牺盟会、消灭新军、反共反八路军,并阴谋投降妥协的准备和动员会议。在张友清和薄一波的正确领导下,参加秋林会议的党员和牺盟会、新军的负责人,对反共顽固派的投降妥协分裂倒退言论,进行了针锋相对的揭露和斗争,同时还以牺盟会的名义,通电声讨汪精卫的卖国罪行,有力地打击了反共顽固势力的气焰。

1940年至1942年,敌后抗日根据地进入最困难、最艰苦的时期,张友清在北方局主管统战工作,并兼管妇委、青年工作,同时兼任调查研究室主任,有一段时间还兼任宣传部部长。1942年2月,张友清又被任命为中共中央北方局秘书长和八路军前方总部秘书长。他每天要处理各种紧迫的日常工作,参加各种会议,同各方面的同志谈话,并起草和签发各种文件与撰写指导性文章,如《巩固党加强反奸细斗争》《纪念〈新华日报〉

（华北版）创刊两周年》《调查研究发刊词》《加强调查研究是 1942 年的一个重大任务》等。

1942 年 5 月,日军对太行根据地进行了规模空前的"大扫荡"。北方局等机关在转移途中被日军合围,张友清被俘。张友清被俘后,受尽敌人的毒打和折磨,始终没有吐露党的秘密,保持了共产党员的崇高气节。7月 7 日,张友清病逝于狱中,终年 38 岁。

参考文献:

中共党史人物研究会编:《中共党史人物传》第 72 卷,中央文献出版社,2000 年。

（周　巍）